차 근 차 근

파이썬 코딩 실습

차 근 차 근

파이썬 코딩 실습

–연구활용 대기과학편

초판 1쇄 발행 2020년 7월 27일

지은이 류지훈, 박훈영, 시호연, 심성보, 윤현석, 진대호, 최다영
기획 김춘지
펴낸이 이기봉
편집 좋은땅 편집팀
펴낸곳 도서출판 좋은땅
주소 서울 마포구 성지길 25 보광빌딩 2층
전화 02)374-8616~7
팩스 02)374-8614
이메일 gworldbook@naver.com
홈페이지 www.g-world.co.kr

ISBN 979-11-6536-641-4 (93000)

이 도서의 국립중앙도서관 출판예정도서목록(CIP)은 서지정보유통지원시스템 홈페이지(http://seoji.nl.go.kr)와 국가자료공동목록시스템(http://www.nl.go.kr/kolisnet)에서 이용하실 수 있습니다. (CIP제어번호: CIP2020030558)

연구활용 대기과학편

차근차근 파이썬 코딩 실습

Python coding

류지훈, 박훈영, 시호연, 심성보, 윤현석, 진대호, 최다영 지음 | **김춘지** 기획

좋은땅

머리말

지구과학을 전공하고 있거나 관련 자료의 분석이 필요한 사람, 혹은 프로그래밍을 처음 배우고자 하는 사람이라면 누구나 Fortran, Perl, C/C++, Java, Python 등 다양한 언어 중에서 어떤 것을 사용할 것인가를 두고 고민할 것입니다. 필자 역시 지난 수년 동안 지구과학 분야에서 연구를 했기 때문에 자료처리와 통계 분석을 목적으로 다양한 종류의 프로그래밍 언어를 사용했습니다.

그러다 우연한 기회에 직장 내 프로그래밍 교육을 담당하면서 파이썬을 선택하게 되었습니다. 그 이유는 문법이 쉽고 간결해 접근 장벽이 낮아서 학습용으로 적합했을 뿐만 아니라, 오픈 소스 개발 언어이기 때문에 무료로 제공하고 있어 실력 있는 개발자들이 만들어 놓은 훌륭한 패키지들이 많았기 때문입니다.

이러한 장점으로 파이썬의 인기가 높아짐에 따라 수많은 관련 책들이 출판되었으며 인터넷을 통해서도 다양한 영상들이 올라와 있어 파이썬을 손쉽게 접할 수 있습니다. 하지만 이러한 책들과 영상들을 통해 파이썬을 익힌 후, 정작 분석에 필요한 자료들을 처리하고 표출하고자 하면 예상치 못한 에러를 마주하기 마련입니다. 그러면 결국 해결 방법을 찾기 위해 많은 시간을 보내거나 급한 경우 손에 익숙한 언어로 돌아가게 되곤 합니다.

이런 경험을 바탕으로 이 책의 저자들은 파이썬을 사용해 기상/기후 분야의 자료를 다루면서 얻은 노하우나 문제 해결 등에 초점을 두어 이를 누구나 쉽게 이해하고 사용할 수 있도록 하는 데 중점을 두었습니다. 파이썬(Python)은 그리스 신화에서 중요한 일의 신탁을 담당하던 큰 뱀의 이름에서 유래한 것입니다. 그리스 사람들이 그러했듯 파이썬 사용자에게 이 책이 이러한 신탁소의 역할을 하게 되길 바랍니다.

그리고 대기과학뿐만 아니라 관련된 모든 분야에 종사하는 분들께 이 책이 도움이 되었으면 합니다.

2020년 5월

기상청 국립기상과학원

필자 심성보

발간사

2019년도에 출간한 『대기과학을 위한 NCL』을 배포하면서 만났던 대부분의 교수님들과 연구자분들께서 연구자를 위한 파이썬 프로그래밍 책의 필요성에 대해 언급하셨습니다. 그분들의 기원이 제게 에너지가 되어 연구자들에게 도움을 주기 위한 파이썬 프로젝트를 기획할 수 있었습니다. 저는 저자분들과 함께 2019년 12월 16일 온라인 킥오프 미팅을 시작으로 2020년 4월 20일, 8차 회의를 진행하며 저자님들과 함께 『차근차근 파이썬 코딩 실습』의 기본편과 연구 활용 대기과학편을 완성하게 되었습니다.

이 책의 목적은 연구자들이 파이썬 프로그래밍을 처음 배우는 단계에서 시행착오를 겪는 시간과 노력을 줄이고 그들이 보다 더 깊은 연구를 할 수 있는 시간을 확보할 수 있도록 하는 것입니다. 이를 위해 젊은 과학자들이 한 마음으로 위성자료, 태풍자료, 기상/기후자료 등 다양한 분야의 연구자료를 시각화한 자신들의 노하우를 파이썬을 처음 배우는 연구자들에게 설명하듯이 이 책에 담았습니다. 각 챕터의 첫 페이지에는 저자의 성함과 이메일이 적혀 있습니다. 이는 독자의 궁금한 사항이 있을 시 주저하지 말고 질문하여 저자와 소통하길 바라는 메시지이니 독자분들께서는 이것을 적극적으로 활용하여 프로그래밍 실력을 일정 수준으로 올리는 시간을 단축하길 바라겠습니다.

『대기과학을 위한 NCL』은 저자들의 100% 재능기부로 출판되었습니다. 이 책 또한 초보 연구자들의 프로그래밍 배움의 문턱이 낮아지길 바라는 저자들의 마음으로 시작했지만, 기획자로서 저는 저자들의 헌신에만 기대어 연구자들에게 도움을 주기 위한 프로젝트가 과연 지속될지에 대한 고민을 많이 했습니다. 운이 좋게 저자분들의 재능기부로 본 프로젝트가 시작될 수 있었지만 그들의 가치가 단순히 기부로만 끝난다면 프로젝트가 지속되기 어렵다고 생각했습니다. 좋은 영향력을 줄 수 있는 선순환이 되기 위해서는 각 전공분야 저자들의 경험의 가치를 높이 평가하고 그들의 노고를 제대로 인정해 주는 문화를 형성할 뿐만 아니라 향후 미래 연구자들이 함께 프로젝트에 동참하고 싶어하는 시스템이 갖추어져야 한다고 생각합니다.

무엇보다 저의 기획 의도에 공감하여 집필에 참여해 주신 류지훈, 박훈영, 시호연, 심성보, 윤현석, 진대호, 최다영 저자님들께 진심으로 감사의 마음을 전합니다. 저에게 본 프로젝트는 저자님들과 소중한 인연을 맺게 했을 뿐만 아니라 기획자로서 한 단계 성장할 수 있었던 소중한 기회였습니다. 제가 이 책을 기획하고 출판하는 과정에서 아낌없는 조언과 무한한 지지를 해 주셨던 국종성 교수님, 권민호 박사님, 김기영 대표님, 김백민 교수님, 김윤재 부장님, 김주완 교수님, 김주홍 박사님, 박선기 교수님, 박세영 연구관님, 손석우 교수님, 서명석 교수님, 성미경 박사님, 이민정 변리사님, 이상현 교수님, 이승우 연구관님, 이준이 교수님, 임영권 박사님, 전혜영 학회장님, 주상원 원장님, 차동현 교수님, 최용상 교수님께 진심으로 감사드립니다.

끝으로, 제가 하고자 하는 일에 대해 늘 뒤에서 응원해 주는 사랑하는 가족과 제 인생의 벗 모든 지인들에게 감사드리며, 이 책이 연구자분들의 파이썬 프로그래밍 공부에 많은 도움이 되길 진심으로 바랍니다.

2020년 5월

기획총괄 김춘지

감사의 말씀

류지훈 저자

훌륭한 저자님들 사이에서 의미 있는 작업을 할 수 있어서 영광이었습니다. 저술을 기획하시고 저자님들을 모집, 조율하여 파이썬 입문 교재가 완성되기까지 힘써 주신 김춘지 대표님께 감사드립니다. 아울러 이번 프로젝트 참여를 독려해 주신 손병주 지도교수님께도 감사드립니다. 저를 포함한 모든 저자님들이 각자의 분야에서 쌓아 왔던 파이썬 노하우들을 모은 이 책이, 대기과학을 공부하며 파이썬을 본격적으로 시작하고자 하는 독자분들 결심의 마중물이 되기를 바랍니다.

박훈영 저자

아직도 파이썬을 처음 시작하며 느꼈던 막막함이 기억납니다. 여러 사람의 노력이 모여 지어진 이 책이, 새롭게 시작하는 누군가에게 좋은 지침서가 될 수 있기를 기원합니다. 시작부터 마무리까지 노력하신 김춘지 대표님, 기꺼이 노하우를 나누어 주신 다른 저자분들, 많은 조언 주신 선후배님들과 친구들, 그리고 사랑하는 가족에게 감사의 마음을 전합니다.

시호연 저자

우연한 기회에 참여하게 된 출판 프로젝트에서 제가 나눈 지식보다 더 많은 것을 얻어 가는 것 같습니다. 비록 제가 다른 실력자들에 비해 많이 모자라다고 생각하지만, 파이썬에 익숙하지 않은 연구자들에게 조금이라도 도움이 되길 바랍니다. 함께 고생한 김춘지 선생님과 다른 저자분들께 감사드립니다. 특히 프로젝트에 참여를 독려해 주신 제 지도교수이신 손병주 선생님께도 감사드립니다.

심성보 저자

파이썬은 참 매력적인 프로그래밍 언어입니다. 문체에는 작가의 개성이 녹아 있듯 코딩에도 각자의 스타일이 담겨 있는 거 같습니다. 처음 파이썬을 접하는 독자님도 차근차근 따라 하시며 자신만의 프로그램을 만들어 가시면 좋겠습니다. 이번 교재를 통해 능력 있는 분들과 작업하면서 더 많이 배울 수 있는 시간이 되었습니다. 자신의 경험과 노하우를 아낌없이 나눠 주신 저자님들께 감사드립니다. 그리고 훌륭한 프로젝트를 기획하시고 참여할 수 있는 기회를 주신 김춘지 대표님께도 진심으로 감사드립니다.

윤현석 저자

파이썬 교재가 만들어질 수 있도록 많은 것을 기획하시고 조율해 주신 김춘지 대표님께 감사드리고, 쉽게 얻을 수 없는 파이썬 노하우들을 상세하게 정리해 주신 각 저자님들께도 감사드립니다. 또한, 부족한 실력임에도 이렇게 훌륭한 분들과 함께 프로젝트에 참여할 수 있도록 저를 추천해 주신 저의 지도교수님이신 손석우 교수님께도 감사드립니다. 파이썬을 사용해 대기과학 분야 연구나 공부를 하게 될 독자님들께 이 책이 유용한 가이드가 되길 바랍니다

진대호 저자

Python을 막 배웠던 몇 년 전을 떠올려 봤습니다. 당시에는 제가 뭘 모르는지를 그래서 뭘 찾아야 하는지를 몰랐기에 시행착오가 많았었습니다. 여전히 Python을 이용하면서 모르는 게 있고, 그래서 적절한 방법을 찾아보는 게 일상이지만, 그나마 제가 아는 것을 나눌 수 있는 기회가 주어져서 즐겁게 작업했습니다. 참여 기회를 주신 김춘지 대표님과 다른 저자분들에게 감사를 드리며, 저를 언제나 지탱해 주는 가족에게 역시 고맙다는 말을 전하고 싶습니다.

최다영 저자

이 책으로 저의 노하우를 나눌 수 있고 공동 저자들의 다양한 시각으로 파이썬을 다룰 수 있음에 또다른 배움을 얻을 수 있어 저에게는 뜻깊고 소중한 시간이었습니다. 배움이 가치가 되어 돌아올 수 있게 책을 기획해 주신 김춘지 대표님, 똑같은 일상 속을 살아가던 저를 추천해 주신 박세영 박사님 그리고 저를 항상 지지해 주고 사랑해 주는 저의 가족과 친구들에게도 감사를 표합니다. 이 책을 함께 저술한 공동 저자들께도 감사함을 전합니다. 이 책을 선택하신 독자 여러분께도 감사드립니다. 여러분은 각 분야의 연구자들의 노하우가 담긴 이 책을 통해 여러분의 시간을 아끼고 파이썬을 다루는 능력이 배가 될 것입니다.

저자 소개

류지훈(ryujih@snu.ac.kr)

- 공주대학교 졸업(대기과학 전공)
- 서울대학교 박사과정 재학중(대기과학 전공)
- 연구분야: GPM, 강수입자크기분포 특성 연구

박훈영(hypark432nm@gmail.com)

- 서울대학교 졸업(대기과학 전공)
- 서울대학교 박사학위(대기과학 전공)
- 연구분야: 기후-식생 상호작용, 지면 탄소순환 연구

시호연(hoyeon93@snu.ac.kr)

- KAIST 졸업(물리학 전공)
- 서울대학교 박사과정 재학중(대기과학 전공)
- 연구분야: 북극지역 인공위성 원격탐사

심성보(sbshim82@korea.kr)

- 연세대학교 학부 및 석사 졸업(대기과학 전공)
- 연세대학교 박사 졸업 예정(대기과학 전공)
- 기상청 국립기상과학원 재직중
- 연구분야: 기후변화 원인 및 기후변동성에 관한 연구

윤현석(yhs11088@snu.ac.kr)

- 서울대학교 졸업(대기과학 전공)
- 서울대학교 석사과정 재학중(대기과학 전공)
- 연구분야: 알타이-사얀 산맥 후면에서 발생하는 저기압 특성 연구

진대호(Daeho.Jin@nasa.gov; https://github.com/DJ4seasons)

- 서울대학교 졸업(대기과학 전공)
- George Mason 대학교 박사(기후역학 전공)
- USRA/GESTAR/NASA GSFC
- 연구분야: 구름과 강수 자료 분석 및 대규모 기상/기후와의 상호작용 연구

최다영(blingdy@korea.kr)

- 공주대학교 졸업(대기과학 전공)
- 공주대학교 석사 학위(대기과학 전공)
- 기상청 수치모델링센터 재직중
- 연구분야: 종관관측자료 품질검사 및 자료동화 연구

(저자는 가나다 순으로 나열하였음.)

본 교재는 (주)봄인컨설팅의 주관으로 기획되었으며 절대적으로 지지해 주신 후원자분들의 크라우드 펀딩으로 출판되었습니다(펀딩 문의: cjkim02@gmail.com).

코드 배포 안내

이 책에서 사용된 모든 실습 코드는 (주)봄인컨설팅(bomin.lnc@gmail.com)에서 배포하고 있습니다.

파이썬 프로그래밍 업데이트 집필진 모집

본 저서에 다양한 연구분야 활용 사례를 추가하여 시리즈 출판을 계획하고 있습니다. 프로젝트 참여에 관심있으신 분은 cjkim02@gmail.com로 연락 부탁드리겠습니다.

프로그래밍 교육 문의

연구 분석을 위한 실전 중심의 다양한 교육 프로그램을 기획하고 있습니다(교육 문의: (주)봄인컨설팅(bomin.lnc@gmail.com)).

(저명인사의) 감수글/추천글

대기과학계에서는 자연 현상을 이해하고 원인을 규명하기 위해 데이터 처리 및 분석결과를 표출하는 도구로 포트란, GrADs, NCL 등의 프로그램을 오랜 시간 사용해 왔습니다. 최근 머신러닝과 인공지능 등 최신의 기술을 접목할 수 있는 파이썬이 각광을 받고 있으나, 파이썬을 처음 접하는 연구자들이 이에 익숙해지기까지는 많은 시행착오를 겪습니다. 연구자들의 진입 장벽을 낮추고 배움의 초기 단계의 수고를 덜어주기 위한 파이썬 매뉴얼의 발간은 참으로 뜻깊은 일입니다.

'차근차근 파이썬 코딩 실습' 시리즈는 파이썬을 시작하는 연구자를 위한 기본편과 대기과학 분야의 연구 분석을 위한 연구 활용 대기과학편으로 되어 있습니다. 저자들이 지난 수년간 기후, 위성, 태풍 등 각자의 연구분야에서 연구 결과를 어떻게 표출할 것인지에 대해 다각도로 고민하고, 직접 코드 하나하나 찾아가며 본인의 연구 결과 분석에 최적화한 자료들이 이 책에 고스란히 녹아 있습니다.

이 책을 기획한 ㈜봄인컨설팅의 김춘지 대표님, 그리고 파이썬 노하우를 아낌없이 담은 류지훈, 박훈영, 시호연, 심성보, 윤현석, 진대호, 최다영 저자님들에게 축하의 말씀을 전합니다. 이 책의 기본편은 파이썬에 입문하고자 하는 일반인을 비롯한 학생, 연구자들에게 도움이 되고, 대기과학편은 대기과학 전공에서 학문을 시작하는 차세대 대기과학도들과 연구자들, 기상산업계 종사자들에게 큰 도움이 되길 기대합니다.

2020년 6월

한국기상학회장

전혜영

(저명인사의) 감수글/추천글

대기에서 발생하는 다양한 현상을 연구하는 대기과학 분야에 입문한 연구자들은 기상 관측 자료, 위성 자료, 태풍 자료, 수치 모델 자료 등 수많은 데이터를 처리해야 합니다. 따라서 연구자들은 다양한 데이터를 읽어 분석하고, 그림으로 표출하는 등 고 난이도의 컴퓨터 프로그래밍 능력을 필요로 합니다. 사람의 언어가 그러하듯 프로그래밍 언어도 각각의 특징이 있으며 통용되는 사용자 커뮤니티도 있습니다. 프로젝트를 진행하거나 협업을 진행해 본 경험이 있는 연구자는 공통된 프로그래밍 언어를 사용하는 것이 얼마나 중요한지 느꼈을 것입니다. 파이썬은 복잡함보다는 단순함을 선호하고 가독성을 위해 명료하게 구성된다는 장점이 있습니다. 그래서 파이썬 언어는 처음 접하는 사용자도 빠르게 배울 수 있을 뿐만 아니라, 다른 사람이 작성한 코드도 쉽게 해석하고 수정해서 사용할 수 있습니다. 또한 파이썬은 최근 이슈가 되고 있는 빅데이터, 머신러닝, 인공지능을 대기과학분야에 적용할 수 있는 라이브러리를 다양하게 보유하고 있습니다. 이러한 특징 때문에 파이썬은 대기과학분야에서 가장 핫하게 떠오르는 컴퓨터 프로그래밍 언어입니다. 저자들은 이러한 파이썬 라이브러리를 활용하여 본인의 연구 분야에 적용한 경험과 노하우를 이 책에 담았습니다. 독자들에게 다양한 형태의 기상 기후자료를 다루는 방법을 예시와 실습을 통해 친절하게 알려 주기 때문에, 처음 파이썬을 활용하면서 경험하는 시행착오를 줄일 수 있습니다. 이 책에 나와 있는 예시를 차근차근 이해하며 실습을 따라하면 독자가 다룰 수 있는 연구 자료의 종류가 더 풍성해질 것이며 데이터를 분석하고 시각화하는 강력한 도구를 얻게 될 것입니다. 또한 연구에 필요한 분석 요소를 발견하고 연구 성과를 높이는 데 기여할 것이라 믿습니다. 프로그래밍을 배우고 싶은 학생부터 분석 도구를 고민하고 있는 연구자에게 이 책을 추천합니다. 추천인이자 한 사람의 연구자로서 이 책을 읽고 있는 모두가 프로그래밍 공부를 시작으로 대기과학 분야를 개척하는 전문가로 성장하게 되기를 진심으로 바랍니다.

2020년 6월
국립기상과학원장
주상원

(저명인사의) 감수글/추천글

최근 들어 대기과학 연구 전반에 Python을 활용하는 사례가 많이 늘어나고 있습니다. Python을 배울 수 있는 일반 강의나 교재들도 등장하고 있어서, 대기과학자들에게 맞춤형인 특별한 교재가 있다면 그들에게 더욱 유용하겠다고 생각하고 있었습니다. 그러던 중 본 교재의 출판 소식을 알게 되었고, 추천하게 되어 기쁘게 생각합니다.

사실 대기과학 연구를 위해서는 어떤 다른 자연과학 분야보다도 숙련된 컴퓨터 활용 능력이 필수적입니다. 프로그래밍 언어와 쉘 스크립트(shell script)뿐만 아니라 계산 결과를 선명하고 효과적으로 보여 주기 위한 시각화에 이르기까지 대기과학은 연구자들에게 참으로 많은 능력을 요구하는 것 같습니다. 과거와 비교해 인공위성을 비롯한 관측 시스템이 더욱 발달하고 컴퓨터의 시뮬레이션 능력이 향상된 현재에는 다뤄야 할 자료가 방대해지고 처리/분석 방법도 다양해져서 이를 충분히 수행해 낼 수 있는 다기능의 도구가 필요해졌습니다. Python은 그러한 요구를 만족시켜서 현재의 대기과학 연구를 더 능률적으로 수행하는 데 매우 적절한 도구가 되고 있습니다. 본 교재는 다음에 나열한 Python의 대표적 장점들을 잘 이해할 수 있도록 구성했음을 발견할 수 있었습니다. 첫째 Python은 기존의 프로그래밍 언어나 수학 계산 소프트웨어들의 기능들을 포괄적으로 보유함과 동시에, 둘째로 배우기 어렵지 않은 문법들로 짜인 장점이 있습니다. 셋째, 계산과 동시에 결과를 훌륭한 그래픽으로 재현하는 기능을 겸비하고 있어 편리합니다. 넷째, 대기과학자들이 활용하는 모델/관측 자료들의 형식은 각기 다른 경우가 많은데 이러한 다양한 형태의 입력 자료를 쉽게 읽고 처리하는 데도 Python은 탁월한 능력을 갖추고 있습니다.

Python은 오픈 소스 기반이므로 누구나 쉽게 접근하여 본 교재에서 다루는 Python의 기능들을 경험할 수 있습니다. 본 교재가 Python의 문법 전수뿐 아니라 실제 연구에 어떻게 활용될 수 있는지 다양한 사례들을 제시해서 이해도를 높이도록 한 점도 인상적이었습니다. 대기과학을 활발히 연구 중인 현직 과학자들이 그들의 지식과 경험을 토대로 집필하여 독자들에게 생생한 현장감이 느껴지는 교재가 될 것으로 기대됩니다. Python을 이용한 무수한 응용 사례들을 하나도 빠짐없이 담아낼 수는 없겠지만, 독자들의 궁금증 또한 저자들에게 별도의 질문을 통해 해결할 수 있을 것으로 생각합니다. 본 교재가

Python을 활용해 대기과학 연구를 지속하고자 하는 모든 분들에게 유용하게 쓰이길 희망합니다.

2020년 6월

Universities Space Research Association, NASA Goddard Space Flight Center

임영권

(저명인사의) 감수글/추천글

연구의 시작은 관심 분야와 주제를 선정하고 참고 문헌을 읽는 것입니다. 더불어 어떤 자료를 어떻게 처리할지도 고민하기 시작합니다. 연구에서는 자료를 어떻게 처리하고 어떻게 보여 주느냐에 따라 결과가 달라질 수 있어 자료 처리와 분석의 시각화가 중요합니다. 따라서 자료를 처리하고 시각화 할 수 있는 프로그래밍 언어의 선택 또한 중요합니다. 처음 접하고 시작하는 프로그래밍 언어는 익숙해지면 최소 5년 혹은 그 이상 사용할 수 있기 때문입니다.

Python은 자료 처리부터 시각화까지 가능하고 Netcdf 형식도 지원하고 있어 NCL을 대신할 수 있으며 머신러닝과 인공지능 관련 라이브러리(Keras, Tensorflow, Pytorch)까지 있습니다. 저의 첫 독학 프로그래밍 언어는 NCL이었지만 자료 처리의 한계를 느껴 간단명료하고 컴파일러 없이 간편하게 사용할 수 있는 Python에 새로이 정착하게 되었습니다. 제가 Python을 시작할 때는 길라잡이가 되어 줄 책이 없어 여러 커뮤니티 사이트에 접속하여 독학하던 시절이 있었습니다. 또한 대기과학 분야의 자료를 사용한 예시가 많이 없어 자료를 처리하고 원하는 그림을 시각화하는 데 많은 시간이 걸렸습니다. 자료 처리나 시각화 과정 중 에러에 직면했을 때는 주변에 Python을 할 수 있는 분이 거의 없어 조언을 구하기 힘들어 에러를 해결하려고 들인 시간이 최소 3일에서 일주일 이상이었습니다. 그때 이 책이 있었다면 여러 커뮤니티 사이트를 거치지 않고도 주요하고 필요한 부분만 습득하고 심지어 혼자 해결할 수 없는 문제에 대해 조언을 받을 기회가 있었을 것입니다.

Python을 시작하겠다고 결심했다면 이 책을 추천합니다. 이 책은 기본부터 활용까지 갖추고 있습니다. 특히 저자들은 대기과학의 분야별 연구자로서 선정한 모든 예시 그림에 사용한 자료에 대한 설명과 함께 시각화까지의 과정을 상세히 언급하였고 예시 그림의 코드에도 간단한 설명이 더해져 있어 여러분의 이해를 돕고자 하였습니다. 여러분은 저자들의 노력이 깃든 예시를 차근차근 따라하다 보면 다양한 자료를 처리하고 원하는 그림을 그릴 수 있는 능력을 갖추게 될 것입니다.

2020년 6월

기상청 수치모델링센터

최다영

축하 메시지

좋은 책 만들어 주셔서 감사합니다!

- 김정규, 부산대학교 -

응원합니다!

- 김주홍, 극지연구소 -

많은 이들에게 도움을 줄 수 있는 의미 있는 책이 될 것 같아요. 책 발간 축하드립니다.

- 김진은, 국재난안전연구원 -

앞으로 대기과학을 연구하는 많은 사람들이 컴퓨터 코딩을 배우는 어려움을 덜 겪을 수 있도록 이런 류의 도서가 꾸준히 출판되기를 희망하며, 저자분들에게 감사와 응원의 메시지를 남깁니다. :)

-박두선, 경북대학교-

대기과학도들이 더 확장된 경험을 할 수 있도록 파이썬 책 집필을 해 주셔서 감사합니다. 저도 이 책을 잘 활용할 수 있게 되길 바랍니다. 책 발간을 축하드립니다.

- 박혜진, 울산과학기술원 -

큰일 해냈네요. 모두들 수고 많았어요.

- 서명석, 공주대학교 -

항상 필요하다고 생각했어요. 감사합니다!

- 이주희, 서울대학교 -

기회를 주셔서 감사합니다. 열심히 공부하겠습니다.

- 이준영, 공주대학교 -

수고하셨습니다. 파이썬을 시작할 수 있는 좋은 교재를 만들어 주셔서 감사합니다.

- 최용한, 극지연구소 -

선배님의 노력으로 많은 대기과학도들이 도움을 받고 있습니다! 선배님의 열정을 응원합니다! 항상 건강하세요.

- 최유미, 한국해양과학기술원 -

수고가 너무 많았습니다. 좋은 일은 나중에 더 큰 보답을 받는 법입니다.

- 현종훈, ㈜투씨솔루션

목차

1

위성관측:
구름 및 강수

1. 위성관측: 구름 및 강수

류지훈(ryujih@snu.ac.kr)

인공위성자료는 직접관측이 어려운 지역을 포함한 광범위한 영역을 관측할 수 있다는 장점으로 인해 대기과학을 포함한 여러 분야에서 널리 사용되고 있는 자료입니다. 이번 장에서는 파이썬을 활용하여 기상위성으로 관측된 구름 및 강수자료를 읽고, 이를 이용하여 필요한 변수에 대한 계산을 수행한 후 그 결과를 시각화하는 과정을 중점으로 다룰 것입니다.

1-1. Terra/MODIS

MODIS(Moderate-resolution imaging spectro-radiometer) 센서는 Aqua 및 Terra 위성에 탑재된 영상기로써, 대기과학 연구에 널리 활용되는 위성관측센서 중 하나입니다. 이 자료는 https://ladsweb.modaps.eosdis.nasa.gov/search/에서 다운로드 받을 수 있으며, 본 예제에서는 MOD021KM(복사량), MOD03(공간정보) 자료를 활용하였습니다.

그림 1-1 은 2019 년 9 월 7 일에 한반도상에 상륙한 13 호 태풍 링링 사례에 대해 Terra MODIS 의 복사량(Level 1B calibrated radiance) 자료인 MOD021KM 자료를 활용하였습니다. 이 중 대기창 영역인 31 번 밴드(중심파장: 11μm)의 02:35 UTC 및 02:40 UTC 복사량 자료를 이용하여 밝기온도를 계산한 후, 그 결과를 지도 상에 나타냈습니다. MODIS 밴드에 대한 자세한 정보는 http://ocean.stanford.edu/gert/easy/bands.html 에서 확인할 수 있습니다.

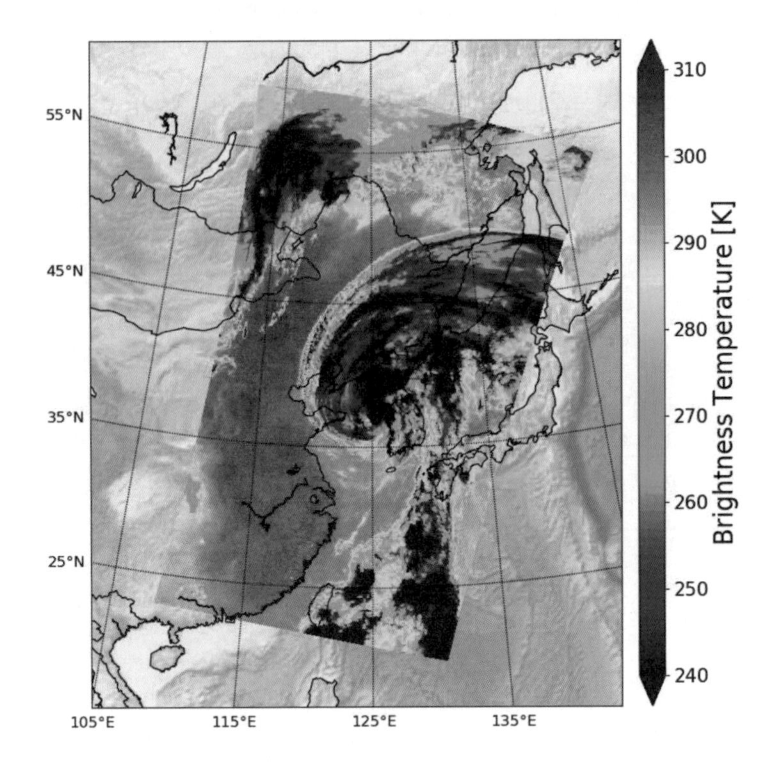

그림 1-1. 2019 년 13 호 태풍 '링링'이 한반도를 통과할 당시
Terra/MODIS 센서의 31 번 밴드(11μm)로 관측된 밝기온도(2019.9.7. 0235-0240 UTC).

이번 절에서는 위와 같이 여러 개의 MODIS 관측자료로부터 복사량 정보를 추출하여 밝기온도를 계산한 후, 이들의 분포를 지도 상에 그리는 것을 수행할 것입니다. 전체적인 진행 순서는 아래와 같습니다.

1) HDF4 형식으로 저장된 MODIS 자료 읽기
2) 복사량 자료를 입력하여 밝기온도를 계산하는 사용자 지정 모듈 생성
3) 위에서 생성한 사용자 지정 모듈에 복사량을 대입하여 밝기온도 계산
4) 위치정보(위도, 경도) 자료 읽기
5) 계산된 밝기온도자료를 지도상에 표출하기

MODIS 파일은 HDF4 형식으로 저장되어 배포되고 있습니다. 따라서 이번 예제를 통해 HDF4 형식의 파일을 읽어 오는 것과 이를 이용하여 밝기온도를 계산하고 지도상에 표출하는 과정을 수행해 보겠습니다.

제일 먼저 코드 수행에 필요한 모듈들을 아래와 같이 불러오는데, 이 중 'rad' 모듈은 파이썬 내장 모듈이 아닌 복사량을 입력자료로 활용하여 밝기온도를 계산하기 위해 실습에서 직접 제작한 사용자 지정 모듈입니다.

```
# 사용되는 모듈 불러오기
import os
import numpy as np
import matplotlib.pyplot as plt
from mpl_toolkits.basemap import Basemap
from pyhdf.SD import SD, SDC
import rad
```

우선, 폴더 내에 있는 모든 파일들을 불러와서 변수 내에 저장합니다. os.listdir('폴더명')을 이용하며 해당 폴더 내에 있는 모든 파일을 지정된 변수 내에 list 형태로 저장합니다. 자료를 읽기 위해서는 필요한 변수명을 자료 내에 저장되어 있는 이름으로 미리 선언해 주어야 합니다. 활용하고자 하는 MODIS 자료의 헤더파일을 확인하여 사용하고자 하는 변수의 이름을 미리 확인한 후 아래와 같이 지정해 줍니다. 본 실습에서는 적외채널 복사량(EV_1KM_Emissive) 및 위도(Latitutde), 경도(Longitude) 변수가 필요하므로 다음과 같이 작성합니다. 복사량자료는 MOD021 을 활용하였으며, 위경도 값은 MOD03 을 활용하였습니다. MOD021 자료의 모든 밴드에 대한 자세한 정보(밴드 번호, 파장대, 배열 크기 등)는 http://ocean.stanford.edu/gert/easy/bands.html 에서 확인할 수 있습니다.

```
# 파일 리스트 읽어 오기
data_flist = os.listdir('./data/radiance')      # MOD021KM (Radiance 자료)
geo_flist = os.listdir('./data/geo')            # MOD03 (Geolocation 자료)

# 변수명 저장
var_name = 'EV_1KM_Emissive'
lat_name = 'Latitude'
lon_name = 'Longitude'
```

메인 코드를 작성하기에 앞서 복사량을 입력했을 때 밝기온도를 계산하는 사용자 지정 모듈을 아래와 같이 작성하였습니다. MODIS 의 헤더파일에서 확인해 보면 복사량 값의 단위 중 파장에 해당하는 단위가 μm 로 나타내어져 있는데, 계산과정에서 이를 SI 단위계인 미터(m)로 바꿔 줍니다. 아래의 모듈 내에 있는 RAD2BT() 함수에 중심파장(μm) 및 복사량(W/m^2/m/str) 값을 입력해 주면 밝기온도가 계산됩니다.

```
# rad.py (사용자 지정 모듈의 파일명)
import numpy as np

def RAD2BT(wl,rad):
   h = 6.626e-34                        # 플랑크 상수 [Js]
   k = 1.3806e-23                       # 볼츠만 상수 [J/K]
   c = 2.9979e+8                        # 빛의 속도 [m/s]
   rad = rad*1e+6                       # 복사량을 SI 단위로 변경 [W/m2/m/strad]
   wl = wl*1e-6                         # 파장을 SI 단위로 변경 [m]
   P1 = h * c / (wl * k)
   P2 = np.log(1+ (2 * h * (c**2)) / ((wl**5) * rad ))
   BT = P1 / P2
   return BT
```

다시 메인코드로 돌아가서 앞서 불러왔던 자료 폴더 내의 파일들을 순차적으로 작업하기 위해 반복문 내에서 자료를 처리하는 코드를 아래와 같이 작성합니다. for 문을 포함한 조건문 이하에서는 모든 명령어들을 들여쓰기(tab) 해야 하는 점을 주의합니다. 아래 코드에서는 사전에 읽어 들인 파일 개수를 np.size(data_flist)를 통해 얻은 후에 해당 개수만큼 반복문이 수행되도록 작성하였으며, 순서대로 파일들을 다루게 됩니다.

```
# 반복문 내에서 파일 리스트에 있는 자료들을 읽고 저장
for fn in np.arange(np.size(data_flist)):
   data_fname = './data/radiance/'+data_flist[fn]
   geo_fname = './data/geo/'+geo_flist[fn]
```

위에서 얻은 복사자료 및 위경도 자료의 절대경로 형태의 파일명을 이용하여 HDF4 파일을 읽는 코드를 작성합니다. MODIS 자료는 16 개 밴드(Band 20~25, 27~36)의 적외채널 관측결과 값을 한 파일 내에 모두 제공합니다. 본 예제에서 활용하고자 하는 중심파장이 11μm 인 자료(Band 31, 16 개의 적외채널 중 11 번째 해당)만 추출하여 사용합니다. data_2d 배열의 크기는 (16,2030,1354)이며 이 중 11 번째 배열의 자료만 활용합니다. 파이썬의 배열 인덱스는 0 부터 시작하기 때문에 11 번째 자료에 해당하는 인덱스인 10 을 입력하였습니다. 이때 raw_data 의 자료 형식은 uint16 으로, 부호가 없는 16 비트 정수형입니다.

```
# 자료 읽기
  hdf = SD(data_fname, SDC.READ)                    # HDF4 파일 열기
  data_2d = hdf.select(var_name)                     # HDF4 파일 내에서 원하는 변수 읽어 오기
  raw_data = data_2d[10,:,:]                          # 11 번째 적외채널인 Band 31 (IR11) 자료
```

위성자료와 같은 대용량자료들은 실수형으로 직접 저장하는 것보다 uint16 과 같은 정수형으로 저장하고 이를 실수형으로 복원하기 위한 scale factor 와 offset 을 동시에 제공함으로써 자료의 용량 측면 효율을 극대화합니다. MOD021KM 의 헤더파일에는 scale factor 와 offset 이 각 16 개 채널에 대해 실수형으로써 제공되고 있으며, 이를 이용하여 정수형의 원시자료를 실수형의 복사량 자료로 복원할 수 있습니다. 원시자료에서 offset 값을 일괄적으로 뺀 후 scale factor 를 곱함으로써 복사량 값을 얻습니다.

```
# offset, scale factor 읽기
  attr = data_2d.attributes(full=1)
  aoa  = attr["radiance_offsets"];   add_offset = aoa[0][10]   # 10: Band 31
  sfa  = attr["radiance_scales"];    scale_factor = sfa[0][10]
  data = (raw_data-add_offset)*scale_factor                    # 복사량 계산
```

위 과정을 통해 얻어진 복사량 값을 사용자 지정 모듈에 중심파장과 같이 입력하여 밝기온도를 계산합니다.

```
  BT = rad.RAD2BT(11., data)             # 11.= 중심파장 [μm ]
```

계산된 밝기온도 자료를 하나의 배열로 이어 붙이는 과정을 수행합니다. 반복문이 처음 수행된 경우(fn=0)에는 계산된 값을 배열에 그대로 저장하고, 처음이 아닐 경우(fn≠0)에는 np.concatenate() 함수를 이용하여 배열을 이어 붙여 줍니다. 아래 과정을 수행하면, (2030, 1354) 크기를 가지는 두 개의 자료가 이어 붙여져서 bt_all, lon_all, lat_all 배열의 크기는 (4060, 1354) 크기를 가지게 됩니다.

```
# 두 개 이상의 배열 이어 붙이기
  if fn == 0: bt_all=BT; lon_all=lon; lat_all=lat
  if fn != 0:
    bt_all = np.concatenate((bt_all,BT),axis=0)
    lon_all = np.concatenate((lon_all,lon),axis=0)
    lat_all = np.concatenate((lat_all,lat),axis=0)
```

다음으로, 위에서 계산된 결과를 이용하여 그림을 그리는 과정을 수행합니다. 그림을 표출하기에 앞서 기본적인 설정이 필요합니다. 그리고자 하는 지도의 위경도 범위, 변수(밝기온도)의 최댓값, 최솟값 범위와 표출할 그림의 크기 그리고 사용할 컬러테이블을 설정합니다. 본 예제에서는 cm.jet 컬러테이블을 활용하였습니다.

```
# 기본 범위 설정
st_lon =105; ed_lon = 155; st_lat = 15; ed_lat = 60   # 지도 영역 설정
vmin = 220                        #  밝기온도 범위 최솟값 [K]
vmax = 310                        #  밝기온도 범위 최댓값 [K]
fig,ax =plt.subplots(figsize=(8,8))  # 그림 크기
ct=plt.cm.jet                        # 컬러테이블 지정
```

자료를 표출하기에 앞서 지도 및 지도 투영방법을 설정합니다. 투영방법에 따라 중심위치 정보가 필요한 경우가 있는데, 이를 lon0, lat0 에 저장합니다. 본 예제에서는 실제 위성의 시점과 유사한 모양으로 표출되게끔 Lambert Conformal Projection 프로젝션 방법을 사용하였습니다. 파이썬의 matplotlib 모듈에서 지원되는 다양한 지도 투영 방법은 https://matplotlib.org/basemap/users/mapsetup.html 에서 확인할 수 있습니다.

```
# 지도 설정
```

```
proj = 'lcc'                              # 지도 투영 방법 선택(Lambert Conformal Projection)
lon0 = 125.                              # 지도의 중심좌표(경도)
lat0 = 30.                               # 지도의 중심좌표(위도)
m = Basemap(resolution='l', area_thresh=1000., llcrnrlon=st_lon,urcrnrlon=ed_lon,
llcrnrlat=st_lat, urcrnrlat=ed_lat, projection=proj, lon_0=lon0, lat_0=lat0) # 지도 세팅
```

위에서 설정한 지도상에 국경, 해안선 및 위경도 격자를 그리고, 해당 격자에 대한 값을 지도의 끝에 표출하는 명령을 수행합니다.

```
# 해안선, 국경선 및 등위경도선
m.drawcoastlines(color='black', linewidth=1)   # 해안선
m.drawcountries(color='black', linewidth=1)    # 국경선
dlon = dlat = 10                               # 위경도 격자선의 간격
m.etopo(scale=0.5,alpha=0.5)                   # 지도 배경 표출방법 설정(지형도 형태)
parallels  = np.arange(st_lat,ed_lat+dlat,dlat)  # 등위도 격자 배열 생성
m.drawparallels(parallels,labels=[1,0,0,0],linewidth=1,fontsize=12)  # 등위도 격자선
meridians = np.arange(st_lon,ed_lon+dlon,dlon) # 등경도 격자 배열 생성
m.drawmeridians(meridians,labels=[0,0,0,1],linewidth=1,fontsize=12) # 등경도 격자선
```

이전 과정에서 계산된 밝기온도자료와 읽어 온 위경도자료를 활용하여 설정해 놓은 지도상에 그리는 과정을 다음과 같이 수행합니다. 그려진 그림은 원하는 경로에 저장함으로써 그림 표출 및 생산을 완료합니다.

```
# 시노상에 밝기온도 결과 그리기
xaxis,yaxis = m(lon_all,lat_all)
cs = m.contourf(xaxis, yaxis, zprof,levels = np.arange(71)+240,  extend='both',
cmap=ct)

# 컬러바 생성
cb = m.colorbar(extend='both',pad=0.2,location='right',fraction=0.05,aspect=50)
cb.ax.tick_params(labelsize=15)  # 컬러바 이름 작성
cb.set_ticks(np.arange(240,320,10)) # 컬러바 상의 변수값의 간격 설정
cb.set_label('Brightness Temperature [K]' ,size=20) # 컬러바 라벨 이름 설정
plt.tight_layout()  # 여백 최소화
fig.savefig('MOD021KM_sample.png') # 그림 저장
```

1-2. GPM/DPR 강우강도 분포

GPM(Global Precipitation Measurement) 위성에 탑재된 DPR(Dual-frequency Precipitation Radar) 센서는 두 개의 파장대(Ku-band; 13.6GHz, Ka-band; 35.5GHz)를 가지는 레이더에서 관측된 레이더 반사도를 이용하여 강우강도를 산출하는 강수레이더로써, 강수 연구에 널리 활용되고 있는 자료입니다. GPM 으로부터 관측된 다양한 자료와 산출물은 https://gpm.nasa.gov/data-access/downloads/gpm 에서 제공되고 있습니다.

이번 예제에서는 GPM/DPR 로 관측된 강우강도 분포를 지도상에 표출하는 것을 수행합니다.

그림 1-2 는 2018 년 7 월 9 일 0909 UTC 부터 1041 UTC 까지 GPM/DPR 을 이용하여 관측된 강우강도 분포입니다. A, B 사이에 2018 년 8 호 태풍 '마리아'가 관측되었고, 저위도 부근에 산발적인 약한 강우가 관측되었습니다. 붉은색 실선은 1-3 절에서 표출할 태풍의 연직 레이더반사도 분포의 위치를 나타냅니다.

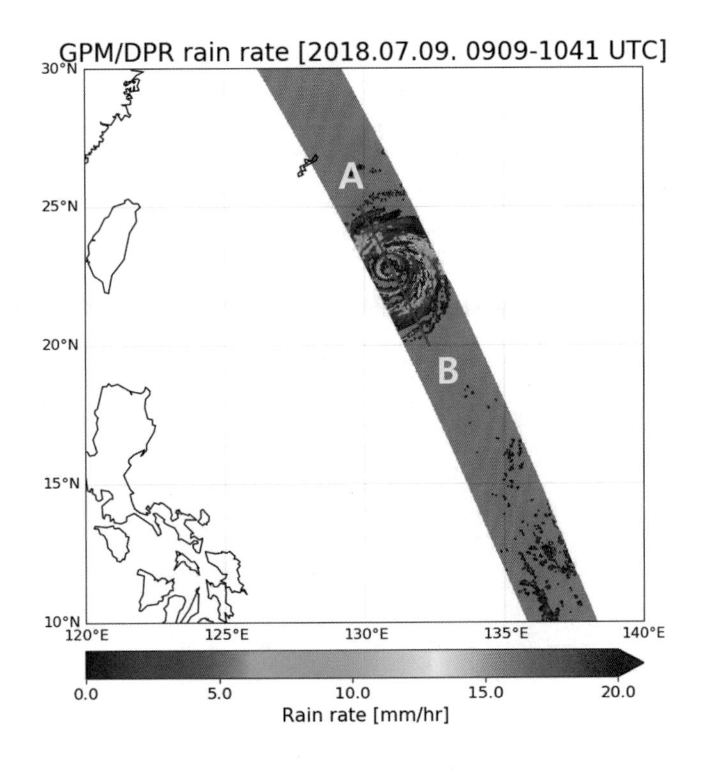

그림 1-2. GPM/DPR 의 Ku-band 레이더 관측으로부터 산출된
지표부근 강우강도 분포(2018.7.9. 0909-1041 UTC).

이번 절에서는 위와 같이 GPM/DPR 을 이용하여 관측된 강우강도자료를 읽고 이를 지도상에 표출합니다. 또한 추가적으로 연직분포를 그리고자 하는 위치를 나타내는 그림 1-2 의 붉은색 선을 그리는 실습을 수행할 것입니다. 자세한 순서는 아래와 같습니다.

1) HDF5 형식으로 저장된 GPM/DPR 에서 강우강도 정보 읽기
2) 강수가 없는 지역(rain rate = 0mm/h)을 찾기
3) 강우강도자료를 지도상에 그리되, 강수가 없는 지역은 회색으로 그리기
4) 태풍 영역에서 연직분포를 그리기 위한 영역을 붉은색 선으로 그리기

GPM/DPR 으로부터 관측된 자료들은 HDF5 형식으로 저장되어 배포되고 있습니다. 따라서 이번 예제에는 HDF5 형식의 위성자료를 읽어 오고 다루는 과정이 포함되어 있습니다. 제일 먼저 코드 수행에 필요한 모듈을 불러옵니다.

```
# 사용되는 모듈 불러오기
import h5py                    # HDF5 파일을 다루는 모듈
import numpy as np
import matplotlib.pyplot as plt
from mpl_toolkits.basemap import Basemap
```

읽어오고자 하는 파일명을 입력해 준 후, HDF5 파일을 읽은 작업을 수행합니다. 본 예제에서는 Ku-Band(Normal scan mode, NS)에서 산출된 강우강도자료를 읽고 다룰 것입니다. 헤더파일을 미리 확인하여 사용하고자 하는 변수의 위치를 입력해 준 후 아래의 코드를 수행하면 변수, 변수의 단위 및 위경도자료를 얻을 수 있습니다.

```
# 파일명
filename = '2A.GPM.DPR.V8-20180723.20180709-S090918-
E104150.024778.V06A.HDF5'

# HDF5 파일 읽기
with h5py.File(filename, 'r') as f:
  var  = '/NS/SLV/precipRateNearSurface'      # 변수(Near-surface rain rate) 위치
  longitude  = '/NS/Longitude'                 # 경도
```

```
latitude  = '/NS/Latitude'                    # 위도
data = f[var][:]                              # 변수 읽기
unit = f[var].attrs['units'].decode('ascii')    # 변수의 단위
lon  = f[longitude][:]                         # 경도자료 읽기
lat  = f[latitude][:]                          # 위도자료 읽기
```

위 과정을 통해 확보한 강우강도 자료에서, 비강수 지역을 따로 분류하는 과정을 수행합니다. 이를 통해 비강수지역을 흰색이 아닌 특정색으로 일괄되게 표현하면 GPM/DPR 이 지나간 영역을 그림에 나타낼 수 있습니다. 강수영역과 비강수영역은 np.where() 함수를 사용하며 강수영역과 비강수영역에 대한 배열의 위치정보를 각각 prp, nprp 에 저장합니다.

```
# 강수영역, 비강수영역 찾기
prp = np.where(data > 0)  # RR > 0
nprp = np.where(data == 0)  # RR = 0
```

강수분포를 그린 후, 다음 예제에서 다룰 태풍 내에서의 레이더 연직분포를 그릴 위치를 설정하고 이를 지도상에 표시하는 과정을 이어서 수행합니다. GPM/DPR 은 위성의 진행 방향에 대해 좌우로 총 49 개의 픽셀을 관측하기 때문에 한 자료의 배열 크기는 (7934, 49)입니다. 이 중 태풍의 눈을 지나는 왼쪽에서 15 번째 픽셀들을 일괄적으로 선택하고 이들의 위경도 자료를 추출함으로써 레이더반사도 연직분포를 그리고자 하는 위치 정보를 얻습니다.

```
# 그리고자 하는 연직 레이더 반사도 위치 설정
tlon = lon[:,15]              # 49 개 중에서 15 번째 픽셀들(경도)
tlat = lat[:,15]              # 49 개 중에서 15 번째 픽셀들(위도)
track=np.where( (tlat>20) & (tlat<25) & (tlon>125) & (tlon<135) ) # 태풍 영역이 포함된 위치
tlon=tlon[track]              # 태풍의 눈을 지나는 직선 (경도 정보)
tlat=tlat[track]              # 태풍의 눈을 지나는 직선 (위도 정보)
```

일련의 과정들을 통해 얻은 강우강도 및 위경도정보, 연직레이더 반사도를 그릴 위치에 대한 정보를 지도상에 그려 주는 과정을 수행합니다. 지도영역과 변수의 최솟값, 최댓값을 그림의 크기를 설정해 주고 사용할 컬러테이블을 지정합니다.

```
st_lon = 120; ed_lon = 140; st_lat = 10; ed_lat = 30   # 지도 영역 설정
vmin = 0.                                       # 강우강도 범위 최솟값 [mm/hr]
vmax = 20.                                      # 강우강도 범위 최댓값  [mm/hr]
fig,ax =plt.subplots(figsize=(8,8))    # 그림 크기
ctable=plt.cm.jet                               # 컬러테이블 지정
```

지도 설정은 앞선 과정에서 사용한 것과 같고 그림의 크기에 따라 등위도, 등경도 간격을 적절하게 조절할 수 있습니다.

```
# 지도 설정
m = Basemap(llcrnrlon=st_lon,llcrnrlat=st_lat,urcrnrlon=ed_lon,urcrnrlat=ed_lat,
        resolution='l',area_thresh=1000.,projection='cyl') # 기본 지도 설정
m.drawcoastlines(color='black', linewidth=1)    # 해안선
m.drawcountries(color='black', linewidth=1)     # 국경선
dlon = dlat = 5                                 # 위경도 격자선의 간격
parallels  = np.arange(st_lat,ed_lat+dlat,dlat)    # 등위도 격자 배열 생성
m.drawparallels(parallels,labels=[1,0,0,0],linewidth=0.2,fontsize=12) # 등위도 격자선
meridians = np.arange(st_lon,ed_lon+dlon,dlon) # 등경도 격자 배열 생성
m.drawmeridians(meridians,labels=[0,0,0,1],linewidth=0.2,fontsize=12) # 등경도
격자선
```

지도상에 강우강도자료를 표출할 때, 앞의 과정에서 강수영역 위치(prp) 및 비강수영역 위치(nprp)를 활용합니다. 각각의 위치에 대해 두 번 그리는데, 이때 비강수영역은 색을 회색으로 일관되게 표출함으로써 강수영역과 더불어 GPM/DPR 이 관측한 영역을 나타낼 수 있습니다.

```
# 지도상에 강우강도 자료 표출하기
m.scatter(lon[nprp], lat[nprp], c='grey', s=2, edgecolors=None)   # 비강수 영역 회색으로
m.scatter(lon[prp], lat[prp], c=data[prp], s=2, cmap=ctable, edgecolors=None,
linewidth=0, vmin=vmin, vmax=vmax) # 강수영역 컬러로 표출
```

컬러바에 대한 설정을 아래와 같이 수행합니다.

```
# 컬러바 설정
```

```
cb_thick = 5    # 컬러바 두께
level_cb = np.arange(vmin,vmax+cb_thick,cb_thick)          # 컬러바 간격 설정
cb = m.colorbar(location="bottom", pad='5%', extend='max',cmap=ctable) # 컬러바 그리기
cb.set_label('Rain rate ['+unit+']',fontsize=15) # 컬러바 이름
cb.set_ticks(level_cb)                  # 컬러바 간격 적용
cb.set_ticklabels(level_cb)             # 컬러바 간격별 라벨 적용
cb.ax.tick_params(labelsize=13) # 라벨 크기
```

위의 그림에 태풍을 관통하는 연직레이더 반사도를 그릴 위치를 붉은색 선으로 표시해 줍니다. 앞서 찾아 놓은 위경도 위치정보를 scatter 를 이용하여 표출합니다.

```
# 지도상에 연직레이더 반사도 위치를 붉은색 선으로 그리기
m.scatter(tlon,tlat, c='red', s=1.5, edgecolors=None) # 붉은색 선으로 표시
```

그림 제목을 plt.title()을 이용하여 그림상에 표출하고 여백을 없앤 후 저장해 주는 과정을 수행합니다.

```
# 그림 상에 추가정보 표기 및 저장
plt.title('GPM/DPR rain rate [2018.07.09. 10:11 UTC]',fontsize=22) # 그림 제목 표시
plt.tight_layout() # 여백 최소화
fig.savefig('DPR_RR_sample.png') # 그림 저장
plt.close()
```

1-3. GPM/DPR 레이더 반사도 연직분포

그림 1-3 은 1-2 절에서 표시한 태풍 마리아의 눈을 관통하는 붉은색 선을 따라 GPM/DPR 에서 관측된 레이더 반사도 연직분포를 나타냅니다. x 축은 A 지점으로부터 관측지점까지의 거리를 나타내며 y 축은 고도, 색깔은 레이더반사도의 강도를 나타냅니다. 약 250km~290km 지점에서 태풍의 눈이 있는 것을 확인할 수 있습니다.

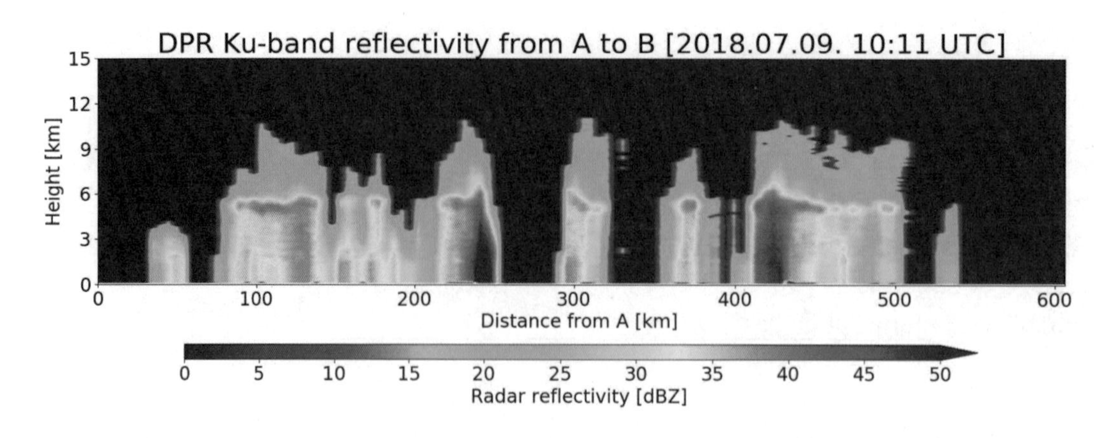

그림 1-3. 그림 1-2 의 붉은색 선(A-B)에 따라 GPM/DPR 의
Ku-band 레이더 관측으로부터 관측된 레이더반사도의 연직분포.

이번 예제를 통해 그림 1-3 을 표출하는 실습을 수행할 것이며, 진행 순서는 아래와 같습니다.

1) HDF5 형식으로 저장된 GPM/DPR 에서 레이더 반사도 연직분포 읽기
2) 1-2 에서 표시한 붉은색 선상에 있는 레이더 반사도 연직분포정보 불러오기
3) 레이더 연직반사도 분포를 거리-고도 축 내에 그리기

사용되는 모듈은 1-2 절 예제와 동일하기 때문에, 같은 모듈을 불러옵니다.

```
# 사용되는 모듈 불러오기
import h5py                    # HDF5 파일을 다루는 모듈
import numpy as np
import matplotlib.pyplot as plt
from mpl_toolkits.basemap import Basemap
```

읽어 온 파일에 대해서 1-2 절과 다르게 이번에는 레이더 반사도 연직분포자료를 불러옵니다. 레이더 반사도 연직분포는 HDF5 내에 '/NS/SLV/zFactorCorrected' 위치에 저장되어 있습니다.

```
# 파일명
filename = '2A.GPM.DPR.V8-20180723.20180709-S090918-
E104150.024778.V06A.HDF5'

# HDF5 파일 읽기
with h5py.File(filename, 'r') as f:
  var  = '/NS/SLV/zFactorCorrected'              # 레이더 반사도 연직분포  위치
  longitude  = '/NS/Longitude'                     # 경도
  latitude   = '/NS/Latitude'                      # 위도
  data = f[var][:]                                 # 변수 읽기
  unit = f[var].attrs['units'].decode('ascii')       # 변수의 단위
  lon  = f[longitude][:]                           # 경도자료 읽기
  lat  = f[latitude][:]                            # 위도자료 읽기
```

레이더 반사도를 그릴 위치에 대한 정보를 1-2 절에서 수행한 것과 같이 동일하게 추출합니다.

```
# A 부터 B 까지의 위치정보
tlon = lon[:,15]            # 49 개 중에서 15 번째 픽셀들 (경도)
tlat = lat[:,15]            # 49 개 중에서 15 번째 픽셀들 (위도)
track=np.where( (tlat>20) & (tlat<25) & (tlon>125) & (tlon<135) )  # 태풍이 포함된 위치
tlon=tlon[track]            # 태풍의 눈을 지나는 직선 (경도 정보)
tlat=tlat[track]            # 태풍의 눈을 지나는 직선 (위도 정보)
```

위 과정으로부터 얻은 위치정보가 저장된 “track” 변수를 활용하여 레이더 반사도 연직분포의 자료를 추출합니다. 레이더 반사도 연직분포 자료에서 반사도가 관측되지 않았을 경우 -9999 로 나타나는데, 이들을 0 으로 바꿔 주고, 2 차원 배열로 변환시켜 줍니다. 이어서 이 배열을 contourf() 함수를 이용하여 나타내어 줍니다. 2 차원 배열의 자료인 레이더 반사도를 x 축과 y 축에 등고선 형태로 표현하고자 할 때 x 축의 크기가 M, y 축의 크기가 N 일 경우 등고선을 그리고자 하는 2 차원 배열의 크기는 (N,M)이어야 등고선이 정상적으로 그려집니다(https://matplotlib.org/3.1.1/api/_as_gen/matplotlib.pyplot.contourf.html). 즉, 그리고자 하는 2 차원 배열을 기존 (x,y) 형태에서 (y,x)의 형태로 변환시켜야 합니다.

```
# 레이더반사도 정보 추출
zprof = data[track,15,:]      # A-B 상에 위치한 레이더반사도 연직분포 자료
fail= np.where(zprof < 0)  # 관측값이 없는 지역을 찾고 그 값을 0 으로 바꾸기
zprof[fail] = 0
zprof=zprof[0,:,:]             # 3 차원 배열을 2 차원 배열로 바꾸기
zprof=zprof.T                  # 배열 변환 (x,y) -> (y,x)
```

DPR 의 1 개 관측픽셀의 직경은 약 5km 임을 고려하여 그리고자 하는 경로에 대한 x 축을 아래와 같이 설정해 줍니다. DPR 의 연직해상도는 125 m 이며 176 개 층을 관측하기 때문에 이에 맞추어 y 축을 설정해 줍니다.

```
# x 축(거리), y 축(고도) 설정
xaxis = np.arange(124)*5.  # x 축 설정 (DPR  1 개 픽셀의 직경 = 5 km)
yaxis = 22 - np.arange(176)*0.125  # 125 m~22 km 까지 125 m 간격으로 176 개 고도
```

그림을 그리기 위한 기본적인 설정을 해 줍니다. 관측자료의 범위와 그림의 크기를 설정해 주고, 사용될 컬러테이블을 지정합니다.

```
vmin = 0.                      #  레이더반사도 범위 최솟값 [dBZ]
vmax = 50.                     #  레이더반사도 범위 최댓값 [dBZ]
fig,ax =plt.subplots(figsize=(16,6))          #  그림 크기
ctable=plt.cm.jet              #  컬러테이블 지정
```

추출한 레이더반사도의 연직분포와 이에 맞추어 설정한 x 축, y 축 정보를 활용하여 등고선 형태로 자료를 표출합니다. 등고선의 간격 및 이를 이용한 등고선을 설정하고, 이 값들에 따라 색을 부여하는 형태로 그림을 표출합니다.

```
# 등고선 형태로 그림 표출
res=0.1 #등고선 간격 (해상도)
level_f = np.arange(vmax/res+1)*res # 등고선 정보
m = ax.contourf(xaxis, yaxis, zprof,levels = level_f, extend='max') # 등고선 그리기
m.set_cmap(ctable) # 컬러테이블 적용
```

이어서 그림의 부가적인 정보를 기입해 주는 과정을 수행합니다. 그림의 제목 및 폰트 크기를 설정해 주고, x 축과 y 축의 간격 및 폰트 크기를 설정합니다. 자료가 없는 15km 이상의 지역을 임의로 잘라 내기 위해 y 축의 범위를 0~15km 로 설정하고, x 축의 이름과 y 축의 이름을 기입해 줍니다.

```
# 그림 정보
plt.title('DPR Ku-band reflectivity from A to B [2018.07.09. 10:11 UTC]',fontsize=30) # 그림 제목
plt.xticks(fontsize=20) # x 축의 폰트 크기
plt.yticks(np.arange(6)*3, fontsize=20) # y 축의 간격 및 폰트 크기
plt.ylim((0,15)) # y 축 범위 설정
plt.xlabel('Distance from A [km]', fontsize=20) # x 축 정보 및 폰트 크기
plt.ylabel('Height [km]', fontsize=20)              # y 축 정보 및 폰트 크기
```

위의 그림에 사용된 컬러테이블에 대한 컬러바 정보를 추가합니다.

```
# 컬러바 설정
cb=plt.colorbar(m,orientation="horizontal",fraction=0.05,aspect=50,pad=0.2) # 컬러바 입력
cb.set_label('Radar reflectivity ['+unit+']',fontsize=20) # 컬러바 이름
cb_thick = 5   # 컬러바 두께
level_cb = np.arange(vmin,vmax+cb_thick,cb_thick)      # 자료 간격
cb.set_ticks(np.int_(level_cb))       # 자료 간격 입력
cb.set_ticklabels(np.int_(level_cb)) # 자료 간격에 따른 값 입력
cb.ax.tick_params(labelsize=20)      # 자료 간격에 따른 값 입력
```

그림의 여백을 없앤 후 저장해 줍니다.

```
plt.tight_layout()                            # 여백 최소화
fig.savefig('DPR_Zprofile_sample.png')  # 그림 저장
```

1-4. GPM/GMI

이번 예제에서는 GPM 위성에 탑재된 마이크로파 영상기인 GMI(GPM Microwave Imager)의 자료를 다루고 표출하는 과정을 수행합니다.

그림 1-4는은 GPM 위성의 GMI로부터 2019년 8월 31일 하루 동안 관측된 PCT89(Polarization-Corrected Brightness Temperature) 값을 나타냅니다. PCT89 값은 빙정에서의 산란으로 인해 낮은 밝기온도가 나타나기 때문에, 깊은 대류 구름 등 강수영역에서의 빙정 유무 및 그 정도를 파악할 수 있는 유용한 변수입니다. GPM 위성자료는 약 1시간 30분 간격으로 제공되기 때문에 하루 동안 관측된 결과를 한 그림에 표출하기 위해서는 약 16개의 위성관측자료를 이어 붙이는 과정이 필요합니다.

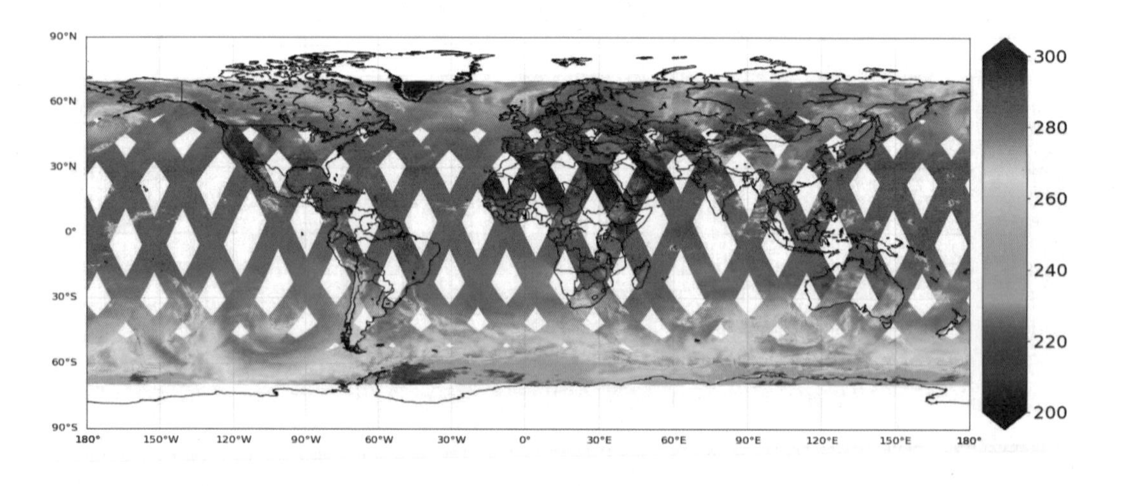

그림 1-4. 2019년 8월 31일 하루 동안 GPM/GMI을 이용하여 전구영역에서 관측된 PCT89 밝기온도.

GPM/DPR과 동일하게, GMI 자료 또한 HDF5 형식으로 저장되어 배포되고 있습니다. 따라서 앞선 예제와 동일한 모듈들을 불러옵니다.

```
# 사용되는 모듈 불러오기
import h5py
import numpy as np
import matplotlib.pyplot as plt
```

```
from mpl_toolkits.basemap import Basemap
import os
```

여러 자료를 읽어 오기 위해 반복문을 이용합니다. os.listdir() 함수를 통해 특정 폴더 내에 있는 파일 리스트들을 불러오고, 이들의 파일명 앞에 폴더명을 붙여 줌으로써 각각 파일의 경로 및 파일명들을 하나의 배열로 저장합니다.

```
flist = os.listdir('./data/')
for gr in np.arange(np.size(flist)):
   filename = './data/'+flist[gr]
```

위에서 'filename' 변수에 저장된 파일 목록들을 이용하여, 반복문을 통해 필요한 정보를 각각의 파일에서 읽어 줍니다. 이 장에서 산출하고자 하는 값은 PCT89 이기 때문에, 89GHz 의 수평, 수직편광 밝기온도 값과 이를 그리기 위해 필요한 위도, 경도 값을 읽어 옵니다.
또한 자료에서 제공되는 자료의 단위도 읽어 올 수 있습니다.

```
# 자료 읽기
   with h5py.File(filename, 'r') as f:
    var  = '/S1/Tb'                                    # 밝기온도 값의 자료 내 경로
    longitude  = '/S1/Longitude'                       # 경도값의 자료 내 경로
    latitude   = '/S1/Latitude'                        # 위도 값의 자료 내 경로
    data = f[var][:]                                   # 자료 읽기
    unit = f[var].attrs['units'].decode('ascii') # 변수의 단위 읽어들이기
    lon  = f[longitude][:]                             # 경도 읽기
    lat  = f[latitude][:]                              # 위도 읽기
   TB_89V=data[:,:,7]                                  # 89 GHz 수직편광 밝기온도
   TB_89H=data[:,:,8]                                  # 89 GHz 수평편광 밝기온도
```

GMI 파일 내의 '/S1/Tb' 위치에는 모든 채널들의 밝기온도가 저장되어 있는데, 이 중 89GHz 의 수직, 수평편광 밝기온도는 각각 8 번째, 9 번째 배열에 저장되어 있습니다. 이 때 파이썬의 배열 인덱스는 0 부터 시작하는 것을 고려합니다. 위에서 읽어 들인 89GHz 의 수평편광 밝기온도 및 수직편광

밝기온도를 이용하여 PCT89 를 계산하는데, 본 예제에서는 Cecil and Chronis(2018)에서 사용된 관계식을 이용하였습니다.

위 과정을 통해 계산된 값들을 하루치에 대해 이어 붙이는 과정을 수행합니다. np.concatenate() 함수를 이용하면 여러 배열들을 이어 붙일 수 있습니다.

```
# PCT89 계산 (Cecil and Chronis, 2018)
  PCT89 = 1.7*TB_89V - 0.7*TB_89H
  if nf == 0: PCT89_1D = PCT89; lon_1d = lon; lat_1d = lat  # 첫 번째 파일에 대한 값 
부여
  if nf != 0: # 두번째 이상 파일일 경우 첫번째 파일 값에 이어 붙이는 작업 수행
  PCT89_1D=np.concatenate((PCT89_1D,PCT89),axis=0)
  lon_1d = np.concatenate((lon_1d, lon), axis=0)
  lat_1d = np.concatenate((lat_1d, lat), axis=0)
  nf=nf+1
```

위 과정들을 통해 얻은 PCT89 값을 전구영역에 그려 주는 과정을 수행합니다. 지도영역과 변수의 최솟값, 최댓값 및 그림의 크기를 설정해 주고 사용할 컬러테이블을 지정합니다.

```
# 도메인 설정
st_lon =-180; ed_lon = 180; st_lat = -90; ed_lat = 90

vmin = 200; vmax = 300 # [K] 자료 범위

fig,ax =plt.subplots(figsize=(16,8)) # 그림크기
ctable=plt.cm.jet # 사용할 컬러테이블
```

그림을 그리기 위한 지도를 설정해 줍니다. 앞서 설정한 위경도 범위를 적용해 주고, 해안선과 국경선을 표시하는 명령줄을 삽입하였습니다.

```
# 지도 설정
m =
Basemap(resolution='l',area_thresh=1000.,llcrnrlon=st_lon,urcrnrlon=ed_lon,llcrnrlat=
st_lat,urcrnrlat=ed_lat,projection='cyl',lon_0=0, lat_0=0.)
m.drawcoastlines(color='black', linewidth=1)   # 해안선
m.drawcountries(color='black', linewidth=1)   # 국경선
```

지도에 표시할 격자 및 위경도 값을 나타내는 글자의 크기를 설정해 줍니다. 본 실습에서는 30 도 간격의 격자를 설정해 주었고, 글자 크기는 12 로 하였습니다.

```
# 지도 설정
dlon = dlat = 30
parallels  = np.arange(st_lat,ed_lat+dlat,dlat)
m.drawparallels(parallels,labels=[1,0,0,0],linewidth=0.2,fontsize=12)
meridians = np.arange(st_lon,ed_lon+dlon,dlon)
m.drawmeridians(meridians,labels=[0,0,0,1],linewidth=0.2,fontsize=12)
```

위에서 설정한 지도 위에 앞서 처리한 PCT89 의 하루치 자료를 그려 주는 과정을 수행합니다. m.scatter 에서 m 은 위의 지도설정에서 첫 번째 명령줄(Basemap)을 의미합니다.

그림에 해당하는 컬러바를 설정해 주고, 불필요한 그림의 여백을 제거한 후, 그려진 그림을 GPM_PCT89_1DAY.png 파일명으로 저장함으로써 그림 1-4 가 완성됩니다.

```
# 그림 출력 및 저장
m.scatter(lon_1d, lat_1d, c=PCT89_1D, s=1, cmap=ctable, vmin=vmin, vmax=vmax)
cb = m.colorbar(extend='both',pad=0.2,location='right',fraction=0.05,aspect=50)
cb.ax.tick_params(labelsize=20)
plt.tight_layout() # 그림 여백 제거
fig.savefig('GPM_PCT89_1DAY.png') # 그림 저장
```

참고문헌

Cecil, D. J., & Chronis, T. (2018). Polarization-corrected temperatures for 10-, 19-, 37-, and 89-GHz passive microwave frequencies. *Journal of Applied Meteorology and Climatology*, *57*(10), 2249-2265.

2

위성관측: 해빙

2. 위성관측: 해빙

시호연(hoyeon93@snu.ac.kr)

2-1. GCOM-W AMSR-2 자료 읽기, 표출하기

북극해를 덮고 있는 해빙은 대기-해양 상호작용에 깊게 관여하여 중위도 기상과 기후에 많은 영향을 주는 것으로 알려져 있습니다. 그러나 북극해는 사람이 직접 가서 관측하기 어려운 환경이기에 인공위성을 통한 원격탐사가 중요한 역할을 하고 있습니다. 대표적인 해빙자료로 Japan Aerospace Exploration Agency(JAXA)의 GCOM-W 위성의 AMSR-2 센서 관측 밝기온도와 해빙점유율자료가 있습니다. 여기서 활용할 자료는 level 3 daily gridded 자료이며, grid 형식은 Polar stereographic grid 입니다. 자료는 JAXA 의 ftp 서버(ftp.gportal.jaxa.jp)에서 다운로드할 수 있습니다. 해상도는 25km 와 10km 두 가지가 있으며, 여기서는 25km 해상도 편광밝기온도와 해빙점유율자료를 읽고 표출해 보겠습니다. 다음과 같은 순서로 진행합니다.

1) 25km polar stereographic grid 위경도 binary 파일 읽기
2) hdf5 형식의 6.9GHz 밝기온도, 해빙점유율 파일 읽기
3) 지도 위에 plot 하는 함수 작성과 자료 표출

우선 grid 의 위/경도 정보를 읽어 보겠습니다. 편의를 위해 한수로 정의하겠습니다.

```
import numpy as np

def ReadCoordinate(filename): #그리드 좌표를 읽어 오는 함수 정의
    f = open(filename, 'rb')
    value = np.fromfile(f, dtype = np.int32) # 자료 읽어 오기
    value = value.reshape(448, 304) # 배열 형태 변경
    value = value * 1e-5 # scaling
    return(value)
# 위경도 파일 읽기(https://nsidc.org/data/polar-stereo/tools_geo_pixel.html)
```

```
fileLon = './data/psn25lons_v3.dat' # 본인의 directory 로 변경하세요
fileLat = './data/psn25lats_v3.dat' # 본인의 directory 로 변경하세요
lons = ReadCoordinate(fileLon)
lats = ReadCoordinate(fileLat)

# Array shape, min, max 확인
print(lons.shape, np.min(lons), np.max(lons))
print(lats.shape, np.min(lats), np.max(lats))
```

```
(448, 304) -180.00000000000003 179.81398000000002
(448, 304) 31.102670000000003 89.83682
```

형식		
value = np.fromfile([f], dtype = [dtype] ...) value = value.reshape([dim1], [dim2])		
매개변수	설정하는 특성	옵션
dtype	읽으려 하는 binary 파일의 데이터 형식	32-bit integer: np.int32 32-bit float: np.float32 64-bit float: np.float64
([dim1], [dim2])	변경하고자 하는 data 의 차원	(448,304) # AMSR-2 25 km grid (1120, 760) # AMSR-2 10 km grid

표 2-1. np.fromfile()을 사용한 binary 파일 읽기

다음으로 6.9GHz 밝기온도자료를 읽어 보겠습니다. 자료의 파일형식은 hdf5 이며 확장자는 '.h5'입니다. hdf5 파일을 읽기 위해서는 h5py module 을 사용합니다. 밝기온도는 수직편광 밝기온도(TBV)와 수평편광 밝기온도(TBH)가 있습니다. 예시로 2019 년 1 월 1 일 자료를 읽어 보겠습니다. grid 자료를 읽을 때와 마찬가지로 함수를 정의해 두면 편리합니다.

```
import h5py

def readTB(filename): # AMSR 밝기온도자료 읽어 오는 함수 정의
    Param_H = 'Brightness Temperature (H)'
```

```
    Param_V = 'Brightness Temperature (V)'
    fTB = h5py.File(filename, 'r')
    TBH = np.array(fTB[Param_H])*0.01 # 수평편광 밝기온도 불러오고 scaling
    TBV = np.array(fTB[Param_V])*0.01 # 수직편광 밝기온도 불러오고 scaling

    TBH[np.where(TBH == 655.34)] = np.nan # missing value 처리
    TBV[np.where(TBV == 655.34)] = np.nan

    return(TBH, TBV)

 # 파일 명을 설정하고, 정의한 함수로 밝기온도자료 읽어 오기
fileTB = './data/AMSR
2/2019/01/06_25km/GW1AM2_20190101_01D_PNMA_L3SGT06LA2220220.h5' #
본인의 directory 로 변경하세요
TBH, TBV = readTB(fileTB)

# Array shape, min, max 확인
print(TBH.shape, np.nanmax(TBH), np.nanmin(TBH))
print(TBV.shape, np.nanmax(TBV), np.nanmin(TBV))
```

```
(448, 304) 325.37 75.59
(448, 304) 337.55 148.25
```

NOTE ---

hdf5 파일의 구조 살펴보기

위의 코드에서 변수를 읽어 올 때 Param_H = 'Brightness Temperature (H)'와 같이 key 가 필요한 것을 알 수 있습니다. Key 는 읽어 온 fTB 를 list(fTB)로 출력해 보면 알 수 있습니다. hdf 파일 구조에 대한 지식은 http://docs.h5py.org/en/stable/에서 찾을 수 있습니다.

마지막으로 해빙점유율을 읽어 보겠습니다. 해빙점유율은 하나의 격자에서 얼마만큼의 면적이 해빙으로 덮여 있는지를 나타내는 지표로 단위는 %입니다.

```
def readSIC(filename):
    fSIC = h5py.File(filename, 'r')
    SIC = np.array(fSIC['Geophysical Data'])*0.1
    SIC = SIC[:,:,0] # 시간 축 제거 (x, y, t) -> (x, y)
    SIC[np.where(SIC <0)] =np.nan
    return(SIC)

fileSIC = './data/AMSR-
2/2019/01/SIC/GW1AM2_20190101_01D_PNMA_L3SGSICLC3300300.h5'
# 본인의 directory 로 변경하세요
SIC = readSIC(fileSIC)

print(SIC.shape, np.nanmax(SIC), np.nanmin(SIC))
```

```
(448, 304) 100.0 0.0
```

이제, 읽어 들인 자료를 지도 위에 plot 해 보겠습니다. 제시된 코드와 같이 그림 그리는 함수를 정의해 두면 여러 자료를 쉽게 시각화할 수 있습니다. 이 예제에서는 데이터와 위/경도자료, 최소값, 최대값, 단계, 그림 제목, 컬러바 제목을 넣어 주면 그림을 그려 주도록 하였습니다. 시각화를 위해

Basemap 모듈을 활용합니다. Basemap 은 2020 년 이후 지원되지 않고, 향후 Cartopy 로 전환될 것으로 계획되어 있지만, 과거 연구에서 사용한 코드를 읽거나 활용할 때 이 예제가 도움이 될 수 있을 것입니다.

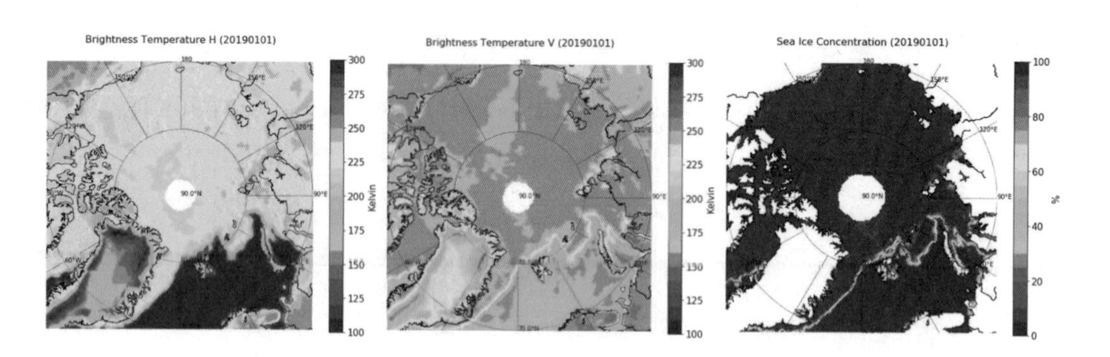

그림 2-1. 2019 년 1 월 1 일 AMSR-2 L3 25km 해상도.
북극지역 수평편광 밝기온도와 수직편광 밝기온도, 해빙점유율.

```
def PolarStereoMap(data0, lons, lats, min, max, levels, title, cbartitle): #Plot 함수 정의
    import numpy as np
    import matplotlib.pyplot as plt
    from mpl_toolkits.basemap import Basemap #Basemap module 불러오기

    data = data0.copy()
    data[np.where(data > max)] = max
    data[np.where(data < min)] = min

    boundinglat = 70
    lon_0 = 0

    m = Basemap(projection='npstere', resolution = 'l',\ # map object 준비
            boundinglat=boundinglat, lon_0=lon_0)
    x, y = m(lons, lats) # Lon, Lat 을 map 상의 x, y 로 변환
      fig = plt.figure(figsize=(8,7))
    m.drawcoastlines()
    m.drawmeridians(np.arange(0,360,30),thick=20,latmax=80)
    m.drawparallels([60,70,80],thick=20)
    m.drawmapboundary(color='none')
    cs = m.scatter(x, y, c=data, s=4, cmap=plt.cm.get_cmap('jet', levels), vmin = min,
vmax = max)
```

```
    # 지도에 latitude 격자 표시
    latlabels=[]
    lons_latlabel = [0] * 3
    lats_latlabel = np.arange(3) * 10. + boundinglat
    for templat in lats_latlabel:
        latlabels.append(str(templat) + '°N')
    xx, yy, =m(lons_latlabel, lats_latlabel)
    for label, xpt, ypt in zip(latlabels, xx, yy):
        plt.text(xpt, ypt, label)

    # 지도에 longitude 격자 표시
    lonlabels = []
    lons_lonlabel = np.array([30,60,90,120,150,180,-150,-120,-90,-60,-30])
    lats_lonlabel = [boundinglat]*11
    for templon in lons_lonlabel:
        if templon > 0 and templon <180:
            lonlabels.append(str(templon) + '°E')
        if templon == 180:
            lonlabels.append(str(templon))
        if templon < 0:
            lonlabels.append(str(-templon) + '°W')
    xx, yy, =m(lons_lonlabel, lats_lonlabel)
    for label, xpt, ypt in zip(lonlabels, xx, yy):
        plt.text(xpt, ypt, label)

    plt.title(title, pad=30, fontsize=16)
    cbar = plt.colorbar(cs)
    cbar.ax.set_ylabel(cbartitle, fontsize=15)
    cbar.ax.tick_params(labelsize=15)
    cbar.set_clim(min,max)
    plt.tight_layout()

    plt.show()

# TBH, TBV, SIC 자료 plot
PolarStereoMap(TBH, lons, lats, 100, 300, 20, 'Brightness Temperature H (20190101)', 'Kelvin')
PolarStereoMap(TBV, lons, lats, 100, 300, 20, 'Brightness Temperature V (20190101)', 'Kelvin')
PolarStereoMap(SIC, lons, lats, 0, 100, 20, 'Sea Ice Concentration (20190101)', '%')
```

형식		
Basemap(projection=[projection], resolution = [resolution], boundinglat=[boundinglat], lon_0=[lon_0])		
매개변수	설정하는 특성	옵션
projection	지도 투영법	북극: 'npstere' 남극: 'spstere' 메르카토르: 'merc'
resolution	지도 해상도	최저해상도: 'c', 저해상도: 'l', 보통: 'i', 고해상도: 'h', 최고해상도: 'f'
boundinglat	경계선 위도	50, 60, ...
lon_0	중심이 될 경도	그리니치 중심: 0 한반도 중심: 127

표 2-2. Basemap 관련 설정 모음

형식		
PolarStereoMap([data0], [lons], [lats], [min], [max], [levels], [title], [cbartitle])		
매개변수	설정하는 특성	옵션
[data0]	지도 위에 plot 하고자 하는 데이터	데이터를 담고 있는 array
[lons]	경도 좌표	[data0]와 같은 크기의 array
[lats]	위도 좌표	[data0]와 같은 크기의 array
[min]	Plot 할 최소값	SIC 의 경우 0
[max]	Plot 할 최대값	SIC 의 경우 100
[levels]	colorbar 구간의 수	정수
[title]	그림 제목	string
[cbartitle]	컬러바 제목	string, 단위를 쓰면 좋음

표 2-3. PolarStereoMap 이라는 함수명으로 정의한 지도 위에 data 표출 함수에 대한 정리

코드 실행 후 그림 2-1 과 같이 읽은 자료가 지도상에 잘 표출되었음을 확인할 수 있습니다.

추가적으로 읽어 온 해빙 점유율 자료를 사용하여 SIE 시계열을 그릴 수 있습니다. SIE 는 해빙 점유율이 15% 이상인 격자들의 면적입니다. 즉, 북극해에 해빙이 얼마만큼 존재하고 있는지 나타내는 지표입니다. SIE 를 계산하기 위해서는 읽어 들인 해빙점유율자료에서 해빙점유율이 15%인 격자들을 찾아내는 작업이 필요합니다. np.where() 함수를 사용하여 쉽게 찾을 수 있습니다. 2013 년부터 2019 년의 SIC 자료를 사용하여 매년 1 월 1 일의 SIE 가 어떻게 변화하여 왔는지 시계열 그래프를 그려 보겠습니다. 위도별로 격자들의 면적이 달라지지만, 계산의 편의성을 위해 여기서는 기준을 만족하는 격자의 수를 SIE 라고 다루겠습니다.

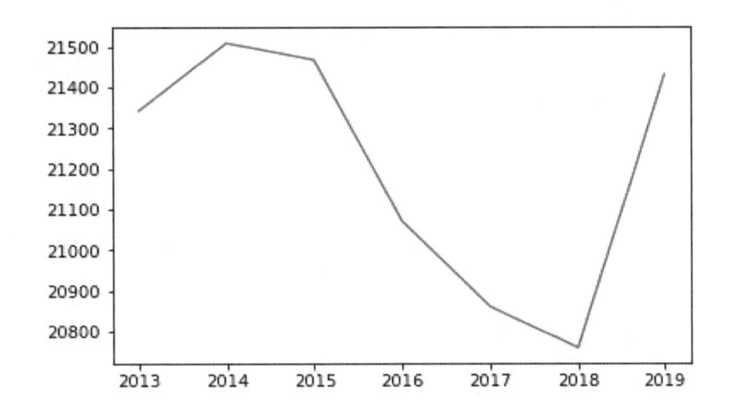

그림 2-2. 2013 년-2019 년 1 월 1 일 해빙점유율(=픽셀 수) 시계열 그래프

```
def readSIC(filename):
    fSIC = h5py.File(filename, 'r')
    SIC = np.array(fSIC['Geophysical Data'])*0.1
    SIC = SIC[:,:,0]
    SIC[np.where(SIC <0)] =np.nan
    return(SIC)

import glob
file_list_SIC = glob.glob('./data/SIC/*')

SIE_series = []
for i in range(len(file_list_SIC)):
```

```
    SIC = readSIC(file_list_SIC[i])
    spotSICgt15 = np.where(SIC >= 15)
    SIE = len(spotSICgt15[0])
    SIE_series.append(SIE)

years = np.arange(2013, 2020)

import matplotlib.pyplot as plt
plt.plot(years, SIE_series)
```

형식		
spot = np.where(([option1]) & ([option2])) spot = np.where(([option1]) | ([option3]))		
매개변수	설정하는 특성	옵션
[option1]...	Array 내부 검색 조건	&의 경우 and 조건 | (shift + \)의 경우 or 조건

표 2-4. 조건에 일치하는 해당하는 array index 를 찾는 np.where() 함수 정리

여기서는 매년 1 월 1 일만을 plot 하였지만, 일 년 중 모든 날의 data 를 활용하면 연변동성과 global warming 에 따른 SIE 의 감소를 확인할 수 있습니다.

2-2. 위성관측 밝기온도로부터 해빙방출률 산출하기

6.9GHz 수평/수직 밝기온도를 사용하여 해빙방출률를 산출하는 방법이 Lee and Sohn(2015; https://doi.org/10.1002/2014JD022481)에 의해 연구되었습니다. 이번 예제에서는 선행연구의 방법을 따라 해빙방출률을 계산해 볼 것이며, 다음과 같은 순서로 진행합니다.

1) 이론 설명
2) 수평/수직 밝기온도를 사용한 해빙방출률 계산 함수 작성
3) 작성한 함수를 위성관측자료에 적용
4) 결과 표출

우선, 이론적 배경입니다. 수직편광방출률(EV)과 수평편광방출률(EH)의 비가 수직편광밝기온도(TBV)와 수평편광밝기온도(TBH)의 비와 같다는 원리를 바탕으로 EH 를 산출할 수 있습니다. 방출률은 키르히호프법칙에 따라 1 - 반사도(R)라고 쓸 수 있으며 수직편광반사도(RV)는 combined Fresnel equation 을 통하여 수평편광반사도(RH)의 함수로 주어집니다. 따라서 해빙방출률 산출과정은 아래 그림에서 Rh 의 함수로 주어진 TBH/TBV(푸른색 선)와 관측된 밝기온도 비율 TBH/TBV(검정 점선) 값이 만나는 위치의 RH 값을 구하는 것과 같은 문제가 됩니다. 예제를 위해 위성에서 관측된 밝기온도비가 0.5 라고 두었습니다.

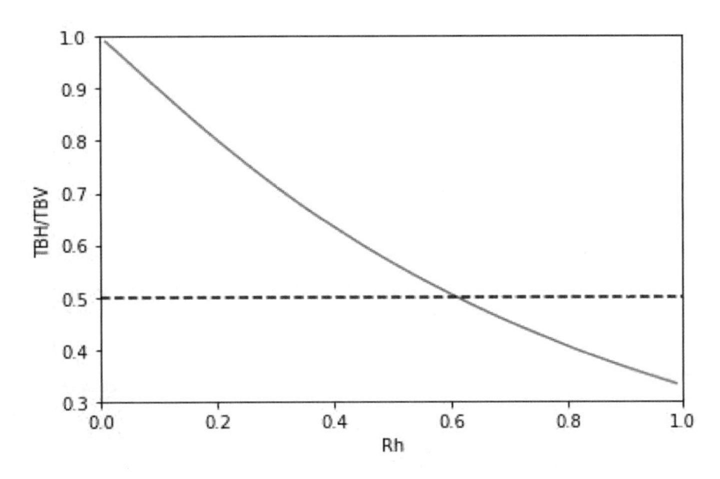

그림 2-3. 수평 편광 반사도(가로축)에 대한 이론적 수평-수직 밝기온도 비(푸른색 선)와 가상의 관측 밝기온도 비(검정 점선, TBH/TBV=0.5).

```
def CombFresEq(Rh, theta): # Combined Fresnel equation
    cos = np.cos(2. * np.deg2rad(theta))
    Rv = (Rh**2.) * ( (1.+cos/np.sqrt(Rh)) / (1.+cos*np.sqrt(Rh)) )**2.
    return(Rv)

Rh = np.arange(0,1.01, 0.01)
```

```
ratio = (1.-Rh)/(1.-CombFresEq(Rh, 55.))

ratio_sample = 0.5

plt.plot(Rh, ratio)
plt.plot([0,1], [ratio_sample]*2, 'k--')
plt.xlim(0,1)
plt.ylim(0.3,1)
plt.xlabel('Rh')
plt.ylabel('TBH/TBV')
plt.show()
```

형식		
CombFresEq([Rh], [theta])		
매개변수	설정하는 특성	옵션
[Rh]	수평편광 반사도	0~1 사이의 값
[theta]	위성관측 각도	AMSR-2 의 경우 55 도

표 2-5. Combined Fresnel equation 에 대한 정리

이론적 관계를 나타내는 파란 실선이 단조 감소 함수란 것을 알 수 있으므로, 우리는 binary search 알고리즘을 활용하여 Rh 값을 찾을 수 있습니다. 구체적으로, Rh 값은 0 에서 1 사이의 구간에서 존재 가능하므로 처음에는 구간의 평균값인 0.5 라고 해를 추정한 뒤 밝기온도비와의 오차의 부호를 확인한 후, 정답이 가능한 구간을 업데이트합니다. 이를 계속 반복하면 정답 구간이 점점 줄게 되고, 어느 정도 수준의 오차보다 작아지게 되면 붉은 점선과 같이 교점의 위치를 찾을 수 있습니다.

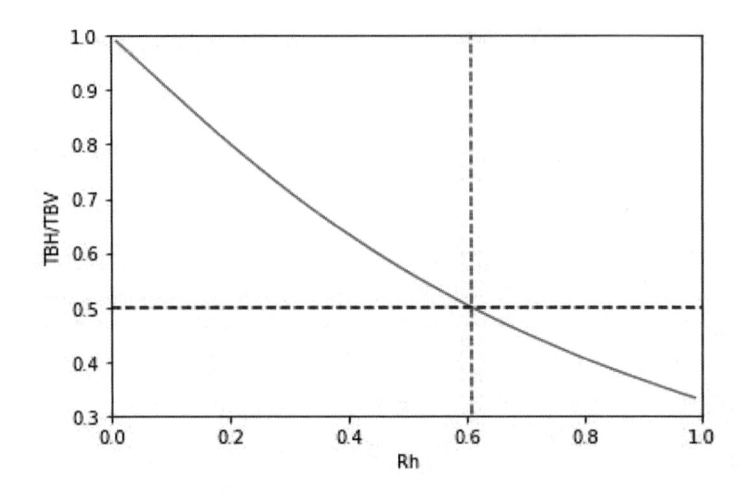

그림 2-4. 검색된 수평편광 반사도의 시각화(붉은 점선)

```
def solver(c, theta):
  Rh_now = 0.5
  Rh_0 = 0.0001
  Rh_1 = 0.9999
  while True:
    c_now = (1.-Rh_now)/(1.-CombFresEq(Rh_now, theta))
    if abs(c_now-c)<0.0001:
        return(Rh_now)
        break
    else :
      if c_now-c > 0.:
        Rh_0 = Rh_now
        Rh_1 = Rh_1
        Rh_now = (Rh_now+Rh_1)/2.
      else :
        Rh_0 = Rh_0
        Rh_1 = Rh_now
        Rh_now = (Rh_now+Rh_0)/2.
  return(Rh_now)

Rh_solution = solver(ratio_sample, 55)
plt.plot(Rh, ratio)
plt.plot([0,1], [ratio_sample]*2, 'k--')
plt.plot([Rh_solution]*2, [0,1], 'r--')
plt.xlim(0,1)
```

```
plt.ylim(0.3,1)
plt.xlabel('Rh')
plt.ylabel('TBH/TBV')
plt.show()
```

형식		
Rh_solution = solver([c], [theta])		
매개변수	설정하는 특성	옵션
[c]	TBH/TBV	AMSR-2 관측 TBH/TBV
[theta]	위성관측 각도	AMSR-2 의 경우 55 도

표 2-6. 수평-수직 편광 밝기온도 비로부터 수평편광 반사도를 계산하는 solver 정리

이렇게 산출한 Rh 값을 1 에서 빼면 수평편광 방출률 Eh 를 계산할 수 있습니다.

앞서 만든 solver 를 위성관측자료에 적용하여 해빙의 수평편광 방출률을 계산해 보겠습니다. 밝기온도자료는 2-1 절에서 읽어온 자료를 사용하며, 우리가 해야 할 것은 모든 격자에 대해 반복적으로 solver 를 적용하고 그 결과를 저장하는 것입니다. 우리의 관심사는 해빙의 방출률이므로 해빙점유율 95% 이상인 영역에 대해서만 계산을 수행하여 시간을 절약할 수 있습니다.

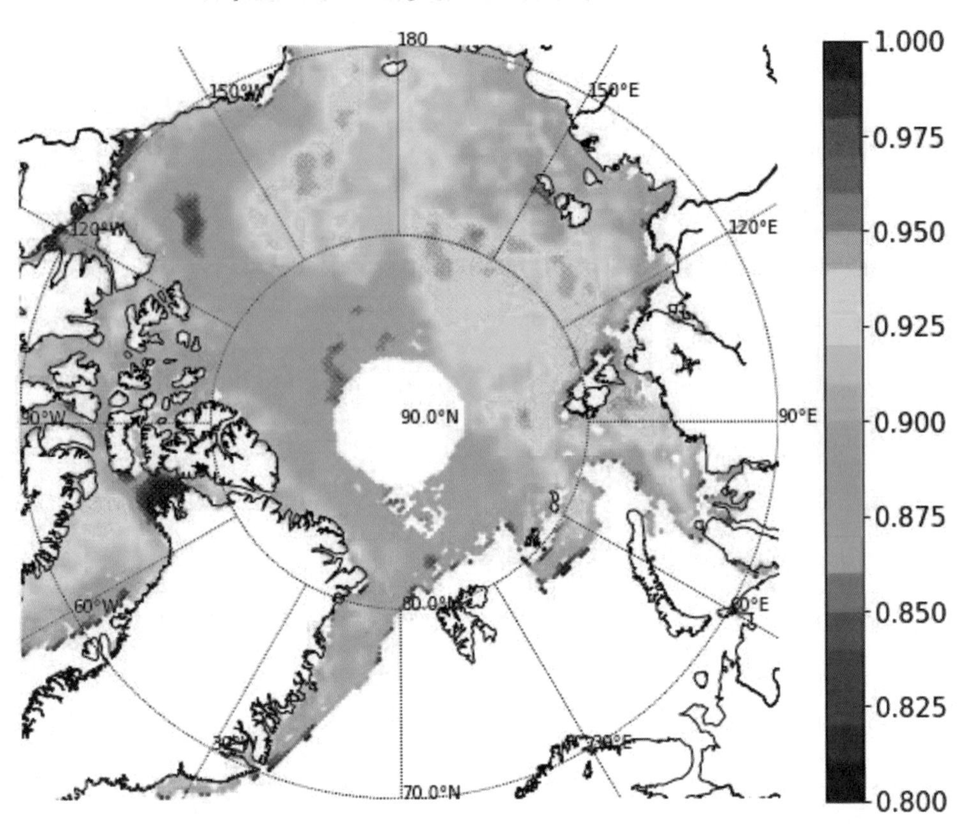

그림 2-5. 계산된 2019 년 1 월 1 일의 수평편광 방출률

```
ratios = TBH/TBV
RH = np.zeros((448,304)) * np.nan
for i in range(448):
   for j in range(304):
      ratio = ratios[i,j]
      if (np.isfinite(ratio)) & (SIC[i,j] >= 95):
         RH[i,j] = solver(ratio, 55)

RV = CombFresEq(RH, 55.)
EV = 1. - RV
EH = 1. - RH

Ts = TBH/EH

PolarStereoMap(EH, lons, lats, 0.8, 1, 20, 'H-pol emissivity (20190101)', '')
```

그림으로 표출은 하지 않았지만 코드에서 EV, Ts 등의 변수들을 계산하였는데 각각 수직편광 방출률과 해빙 표면온도입니다.

2-3. ICESat-2 위성 트랙자료를 격자자료로 변환하기

ICESat-2 는 인공위성고도계로 lidar 센서를 탑재하고 있으며 지표에서 반사된 레이저 신호가 돌아오는 시간을 측정하여 해수면으로부터 눈표면까지의 거리인 total freeboard 를 관측합니다. 자료는 National Snow and Ice Data Center(NSIDC) 웹사이트(https://doi.org/10.5067/ATLAS/ATL10.001)에서 다운로드할 수 있으며, 파일형식은 hdf5 이고 단위는 m 입니다.

위성 관측 track 자료는 매번 관측 위치가 달라지기 때문에 다른 자료들과 비교하기 위해서는 track 자료를 격자자료로 변환하는 것이 좋습니다. 격자자료로 변환하기 위해서는 위성관측 위치에 가장 가까운 격자를 찾아 그 격자에 관측치를 할당한 후, 각 격자에 할당된 관측치를 평균하면 됩니다. 이번 예제에서는 ICESat-2 관측자료를 앞서 사용했던 25km polar stereographic grid 로 변환해 볼 것이며, 다음의 순서로 진행합니다.

1) ICESat-2 freeboard 자료 읽고 표출하기 2) 25 km polar stereographic grid 에서 track 자료의 위경도와 가장 가까운 위치 찾기 3) track 자료를 grid 자료로 변환 4) 결과 표출

우선 관측 파일을 읽고 표출해 보겠습니다.

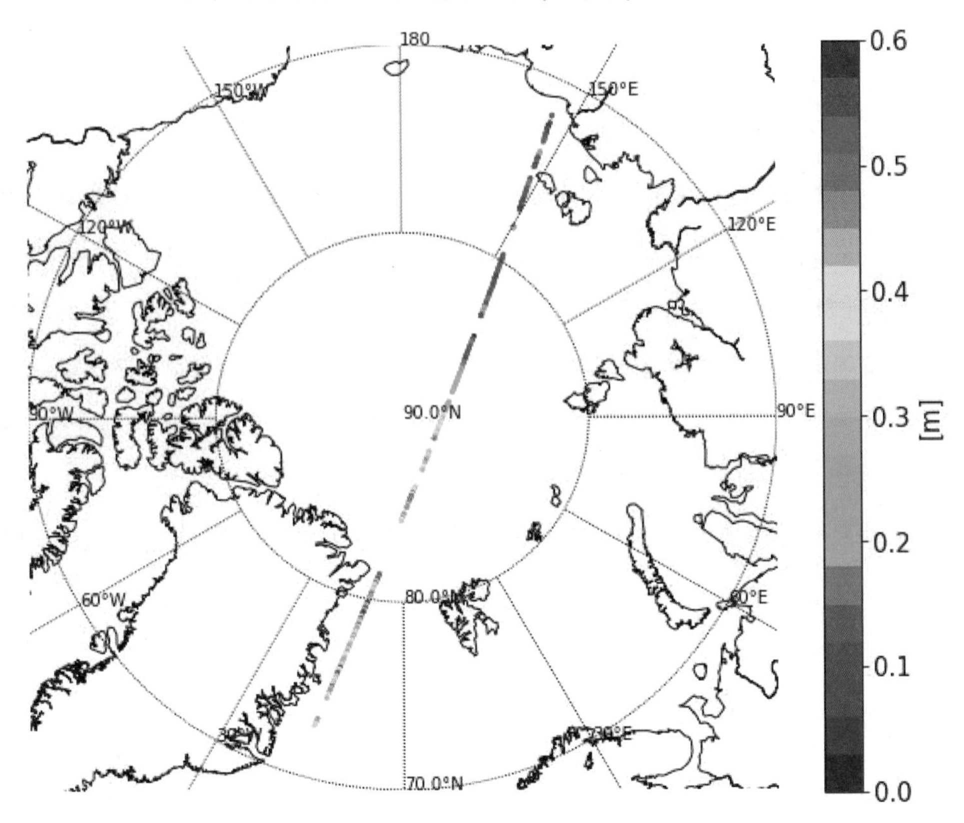

그림 2-6. 2019 년 1 월 1 일 ICESat-2 관측 total freeboard 첫번째 track 자료

```
def readIS2(fileIS2):
    f = h5py.File(fileIS2, 'r')
    gt1l = f['gt1l/freeboard_beam_segment']
    htf1l = np.array(gt1l['beam_fb_height'])
    htf1l[np.where(htf1l > 100)] = np.nan
    lon1l = np.array(gt1l['longitude'])
    lat1l = np.array(gt1l['latitude'])
    return(lon1l, lat1l, htf1l)

filename_IS2 = './data/ICESat-2/ATL10-01_20190101005132_00550201_002_01.h5'
# 본인의 directory 로 변경하세요
lons_sat, lats_sat, htfs_sat = readIS2(filename_IS2)

fileLon = './data/psn25lons_v3.dat' # 본인의 directory 로 변경하세요
fileLat = './data/psn25lats_v3.dat' # 본인의 directory 로 변경하세요
lons_grid = ReadCoordinate(fileLon)
```

```
lats_grid = ReadCoordinate(fileLat)

PolarStereoMap(htfs_sat, lons_sat, lats_sat, 0, 0.6, 20, 'Total Freeboard Thickness (Track)', '[m]')
```

이제, 25km grid 중 관측자료의 위경도와 가장 가까운 위치를 찾고, 자료를 변환해 보겠습니다. 거리계산의 경우, 저위도나 중위도에서는 위/경도 공간상 거리(예: 위도차 제곱과 경도차 제곱 합의 제곱근)가 실제 거리와 상관성이 높아 위/경도 공간상 거리를 실제 거리 대신 사용해도 무방합니다. 그러나 고위도에서는 경도선 사이의 거리가 위도선 사이의 거리보다 매우 짧기 때문에 각도 차만을 고려하는 방식은 실제 거리가 가장 가까운 격지점 대신 경도차가 가장 작은 격자점을 찾는 경우가 발생합니다. 따라서 북극 지역에서는 구면 상 두 점의 거리를 계산을 위해 구면 삼각법으로 유도되는 haversine 공식을 사용하는 편이 좋습니다. haversine 공식을 사용하기 위해서는 두 점의 위경도와 지구 반지름이 필요합니다. 공식은 코드 내에 있습니다.

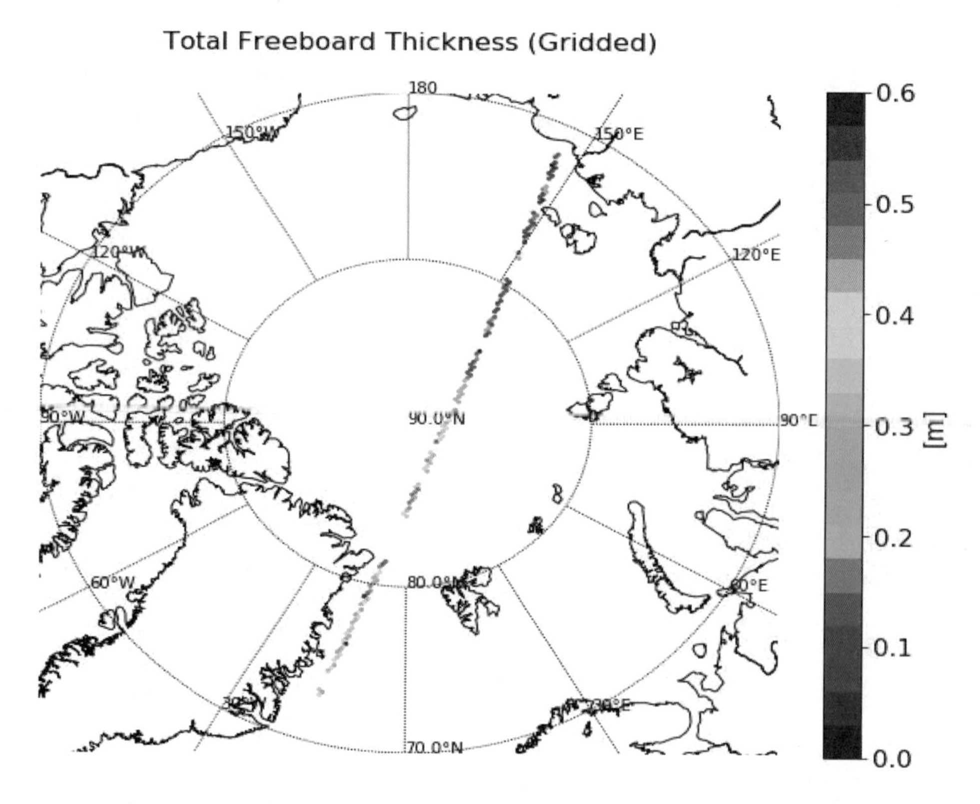

그림 2-7. 2019 년 1 월 1 일 ICESat-2 관측 total freeboard 첫번째 track 자료를 25km polar stereographic grid 로 변환한 결과.

```
lons_sat_rad = np.radians(lons_sat) # 모든 각도의 단위를 도에서  radian 으로 변환
lats_sat_rad = np.radians(lats_sat)
lons_grid_rad = np.radians(lons_grid)
lats_grid_rad = np.radians(lats_grid)

Re = 6371.228 # 지구의 반지름

total = np.zeros((448,304))  # 자료 할당을 위한 grid
count = np.zeros((448,304)) # 할당된 자료 수 count

for i in range(len(htfs_sat)):
   htf0 = htfs_sat[i]
   if np.isfinite(htf0) == 0:
      continue
      lon0_rad = lons_sat_rad[i]
   lat0_rad = lats_sat_rad[i]

   havs_lat = np.sin((lats_grid_rad - lat0_rad)/2.)**2.
   havs_lon = np.sin((lons_grid_rad - lon0_rad)/2.)**2.
   dist_array = 2.*Re*np.arcsin(np.sqrt(havs_lat +
np.cos(lats_grid_rad)*np.cos(lat0_rad) * havs_lon)) # Haversine 공식으로 거리 계산

   spot = np.where(dist_array == np.nanmin(dist_array))
   x0 = spot[0][0]
   y0 = spot[1][0]
   dist0 = dist_array[spot]

   if dist0 > np.sqrt(12.5*12.5+12.5*12.5):
      continue
   total[spot] = total[spot] + htf0
   count[spot] = count[spot] + 1.

htfs_grid = total/count

PolarStereoMap(htfs_grid, lons_grid, lats_grid, 0, 0.6, 20, 'Total Freeboard Thickness
(Gridded)', '[m]')
```

코드 실행 후 그림 2-7 에서의 결과와 같이, 그림 2-6 의 자료가 격자화된 것을 확인할 수 있습니다.

참고 문헌

Kwok, R., G. Cunningham, T. Markus, D. Hancock, J. H. Morison, S. P. Palm, S. L. Farrell, A. Ivanoff, J. Wimert, and the ICESat-2 Science Team. 2019. ATLAS/ICESat-2 L3A Sea Ice Freeboard, Version 1. Boulder, Colorado USA. NSIDC: National Snow and Ice Data Center. doi: https://doi.org/10.5067/ATLAS/ATL10.001. [Accessed 5 November 2019].

Lee, S.-M., and B.-J. Sohn (2015),Retrieving the refractive index, emissivity,and surface temperature of polar sea ice from 6.9 GHz microwave measurements: A theoretical development, J. Geophys. Res. Atmos., 120, 2293-2305, doi:10.1002/2014JD022481.

3

기후모델 자료 처리

3. 기후모델 자료 처리

심성보(sbshim82@korea.kr)

이번 챕터에서는 기후모델자료 분석을 위한 IRIS 라이브러리의 사용법에 대해 살펴보겠습니다. IRIS 는 영국 기상청에서 개발하고 수많은 파이썬 유저들이 사용하고 있습니다. 기후모델 분석을 위한 다양한 형태의 자료 형식(NetCDF, GRIP, PP)의 읽기/쓰기 기능을 제공하고 있으며, 기본적인 데이터 처리/통계/통합그래픽 패키지 옵션을 제공함으로써 대기과학분야에서 폭넓게 활용되고 있습니다. 아래의 예제에 사용된 라이브러리 버전은 Python 3.7.4, IRIS 2.3.0 버전을 이용하였습니다.

3-1. IRIS 설치 및 기본 기능

3-1-1. 라이브러리 설치

Conda 패키지를 이용해서 파이썬을 설치하였다면, 명령 프롬프트에서 아래와 같이 설치를 진행합니다.

```
<프롬프트> conda install -c conda-forge iris
<프롬프트> conda install -c conda-forge nc-time-axis
<프롬프트> pip install wget
```

필요한 라이브러리들이 모두 설치되었다면 준비가 끝났습니다. 필수 라이브러리 설치 방법에 대한 보다 상세한 설명은 "기본편 1 장 파이썬 설치 및 필요한 패키지/라이브러리 확인"을 참고해 주시기 바랍니다.

3-1-2. 기후모델자료 다운로드

기후모델 분석 스크립트의 예제를 실행시키기 위하여 아래 링크의 사이트를 통해 국립기상과학원에서 산출한 기후변화 시나리오 자료를 다운받아 보겠습니다.

기후변화 시나리오 다운로드 사이트: https://esgf-node.llnl.gov/search/cmip6/

```
import wget
url = "http://esgf-
nimscmip6.apcc21.org/thredds/fileServer/my_cmip6_dataroot/Historical/R1/Amon/C
MIP6/CMIP/NIMS-KMA/KACE-1-0-
G/historical/r1i1p1f1/Amon/tas/gr/v20191028/tas_Amon_KACE-1-0-
G_historical_r1i1p1f1_gr_185001-201412.nc"
wget.download(url)
```

```
100% [..........................................................................] 111560993 / 111560993
```

위의 명령을 수행한 경로에 모델 자료가 다운받아졌습니다.

3-1-3. IRIS 라이브러리 불러오기

앞서 설치한 IRIS 와 분석에 필요한 다른 라이브러리들을 읽어 옵니다.

```
import iris
import iris.quickplot as qplt
import iris.plot as iplt
import iris.coord_categorisation
import matplotlib.pyplot as plt
import cartopy.crs as ccrs
import cartopy.feature as cfeature
```

```
from cartopy.mpl.ticker import LongitudeFormatter, LatitudeFormatter
import numpy as np
import numpy.ma as ma
import time
import statsmodels.api as sm
from cartopy.mpl.gridliner import LONGITUDE_FORMATTER, LATITUDE_FORMATTER
import matplotlib.ticker as mticker
```

3-1-4. 큐브 자료 저장 및 읽기

IRIS는 자료에 대해 "큐브"의 격자 형태로 저장합니다. 매우 직관적인 방법으로 아래와 같이 간단하게 자료를 읽고 출력할 수 있습니다.

```
cubes = iris.load('tas_Amon_KACE-1-0-G_historical_r1i1p1f1_gr_185001-201412.nc')
print(cubes)         # 큐브에 저장된 자료의 정보 출력
```

```
0: air_temperature / (K)             (time: 1980; latitude: 144; longitude: 192)
```

0 번째 큐브 리스트에 기온의 3 차원(시간/위도/경도)의 자료가 저장되어 있는 것을 확인했습니다. 큐브에 담겨진 정보를 상세하게 보고 싶으면, 0 번째 큐브의 자료를 읽어 와서 프린트 명령을 수행하면 기온 자료에 대한 구체적인 격자와 메타 정보를 읽을 수 있습니다.

형식		
cube = iris.load([options1], constraints=[options2])		
매개변수	설정하는 특성	옵션
[option1]	파일명	하나의 파일 또는 여러 파일 경로
[option2]	변수, 연도, 격자	None 또는 미지정 시 모든 파일을 리스트로 반환

표 3-1. 파일 읽어 와서 큐브 리스트로 저장하는 함수.

```
cube = cubes[0]        # 0 번째 큐브 리스드를 cube 변수에 저장
print(cube)
```

```
air_temperature / (K)             (time: 1980; latitude: 144; longitude: 192)
    Dimension coordinates:
        time                     x          -          -
        latitude                 -          x          -
        longitude                -          -          x
    Scalar coordinates:
        height: 2.0 m
    Attributes:
        institution_id: NIMS-KMA
        parent_source_id: KACE-1-0-G
   (중략)
```

해당 큐브의 변수명은 air_temperature 이며 단위는 K, 3 차원 격자(시간 1980, 위도 144, 경도 192)로 이뤄져 있습니다. 격자명은 time, latitude, logitude 입니다. 또한 attributes 를 통해 이 자료가 기상청 국립기상과학원에서 KACE 모델을 통해 산출된 자료임을 알 수 있습니다.

위의 프린트 명령을 이용하면 상세하게 모든 정보를 확인할 수 있으나, 출력 값이 너무 길기 때문에 다음과 같이 저장한 큐브의 간략한 정보를 확인할 수 있는 명령이 있습니다.

```
print(cube.shape)               # 큐브의 배열 모양
print(cube.ndim)                # 큐브의 배열 개수
print(cube.long_name)           # 큐브의 변수 이름
print(cube.units)               # 큐브의 자료 단위
print(cube.summary(True))       # 큐브의 배열 정보 출력
print(cube.attributes)          # 큐브의 속성  정보
```

```
 (1980, 144, 192)
3
air_temperature
Near-Surface Air Temperature
K
air_temperature / (K)          (time: 1980;  latitude: 144;  longitude: 192)
{'comment': 'near-surface (usually, 2 meter) air temperature', 'variable_id': 'tas',
```

```
'parent_source_id': 'KACE-1-0-G', 'realization_index': 1, 'product': 'model-output',
'creation_date': '2019-10-28T05:17:42Z', 'frequency': 'mon'  …. (중략) }
```

위의 명령을 통해 큐브의 격자 이름을 알게 되었으니, 각 격자(coordinate)에 대한 상세 정보를 살펴보겠습니다.

```
print(cube[0,:,:].coord('time'))          # cube 의 첫 번째 시간에 대한 'time' 격자 정보 확인
```

```
DimCoord([1850-01-16 00:00:00], bounds=[[1850-01-01 00:00:00, 1850-02-01
00:00:00]], standard_name='time', calendar='360_day', long_name='time',
var_name='time')
```

```
print(cube[-1,:,:].coord('time'))          # cube 의 마지막 시간에 대한 'time' 격자 정보 확인
```

```
DimCoord([2014-12-16 00:00:00], bounds=[[2014-12-01 00:00:00, 2015-01-01
00:00:00]], standard_name='time', calendar='360_day', long_name='time',
var_name='time')
```

다음을 통해, 전체 자료는 1850 년 1 월부터 2014 년 12 월까지의 월평균 기온임을 알 수 있습니다. 저장된 큐브의 기온 값은 다음과 같이 확인할 수 있습니다. 첫 번째 시간인 1850 년 1 월 기온을 확인해 보겠습니다.

```
print(cube[0,:,:].data)          # cube 의 첫 번째 시간에 저장된 자료 값을 확인
```

```
[[249.89868 249.90674 249.90576 ... 249.90479 249.90112 249.9043 ]
 [250.91943 250.85254 250.80444 ... 251.15967 251.09595 251.02002]
 [251.56396 251.36475 251.21704 ... 251.94385 251.84253 251.71509]
 ...
 [236.15356 236.06104 236.02197 ... 236.45312 236.37524 236.24219]
 [235.17773 235.13623 235.09229 ... 235.29028 235.24512 235.1836 ]
 [234.1394  234.11401 234.10034 ... 234.13745 234.12256 234.12769]]
```

총 144x192 개의 격자에 저장된 기온값이 출력됩니다. 단위는 앞서 확인한 것과 같이 Kelvin 입니다.

3-1-5. 간단히 표출하기

IRIS 라이브러리는 큐브자료에 대해 표출할 수 있는 그래픽 패키지를 포함하고 있습니다. 아래와 같이 앞서 가져온 큐브의 첫 번째 시간(1850 년 1 월) 기온의 공간분포를 그려 보겠습니다.

```
qplt.contourf(cube[0,:,:])          # contour plot 그리기
plt.gca().coastlines();            # 해안선 표시
plt.show();
```

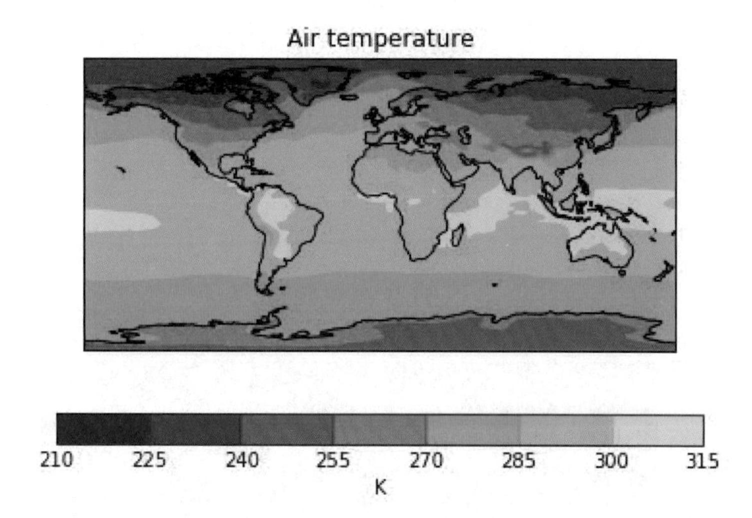

컬러바의 색상은 다음과 같이 변경할 수 있습니다. 이후 명령 줄에서는 변경한 "jet"를 default 값으로 정의해서 표출하게 됩니다.

```
plt.set_cmap('jet')                # 색지도(colormap) 변경
qplt.contourf(cube[0,:,:])          # contour plot 그리기
plt.gca().coastlines()             # 해안선 표시
plt.show();
```

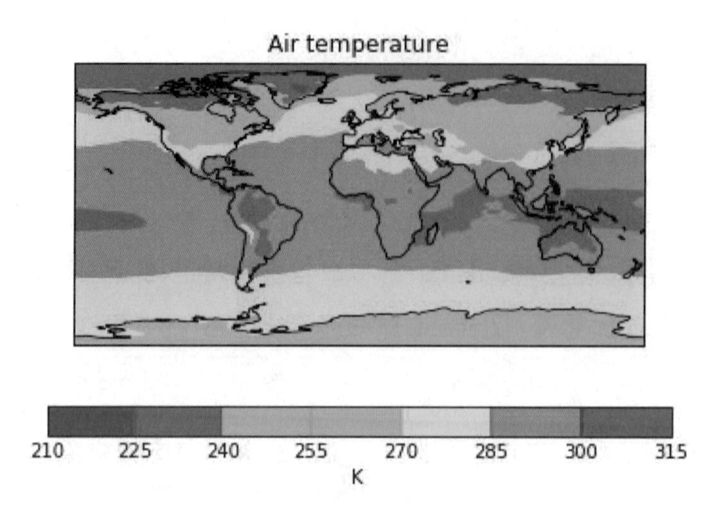

위경도에 대한 평균은 collapsed 와 analysis 명령어를 통해 계산합니다.

```
zonal_mean = cube.collapsed('longitude', iris.analysis.MEAN)    # 경도에 대한 평균
qplt.contourf(zonal_mean)
plt.show();
```

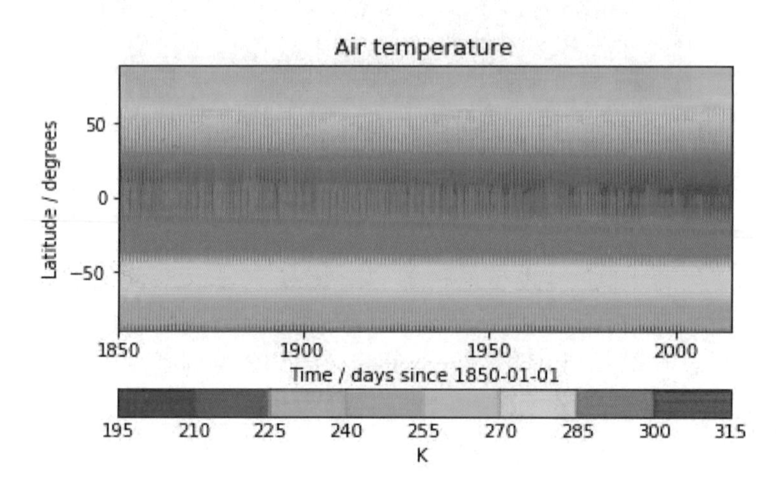

특정 격자에 대한 시계열도 qplt 을 이용해서 빠르게 확인할 수 있습니다. 위도 75 번째 경도 100 번째 격자의 시계열입니다.

```
fig = plt.figure()
qplt.plot(cube[:,75,100])        # 특정 위경도에 대한 시간 변화를 그림으로 표출
fig.autofmt_xdate()              # 그림의 x 축 tick 라벨이 겹치지 않도록 자동으로 회전
plt.show();
```

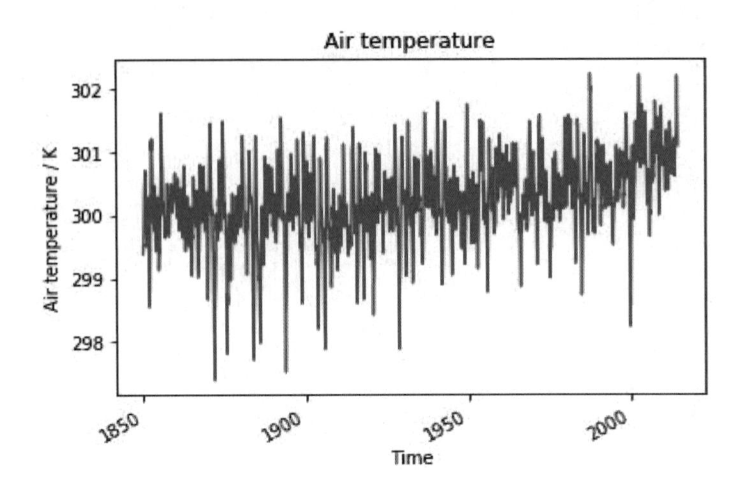

특정 위치에서의 월평균 자료이므로 계절변동성에 여름철에 기온의 양의 피크가 겨울철에 음의 피크가 나타나고, 연도별 변화 경향을 확인할 수 있습니다.

마찬가지로 특정 시간, 특정 경도에서의 위도별 온도분포를 표현하는 방법은 다음과 같습니다.

```
qplt.plot(cube[0,:,75])          # 첫번째 시간, 75 번째 경도에서의 위도별 온도 분포  표출
plt.show();
```

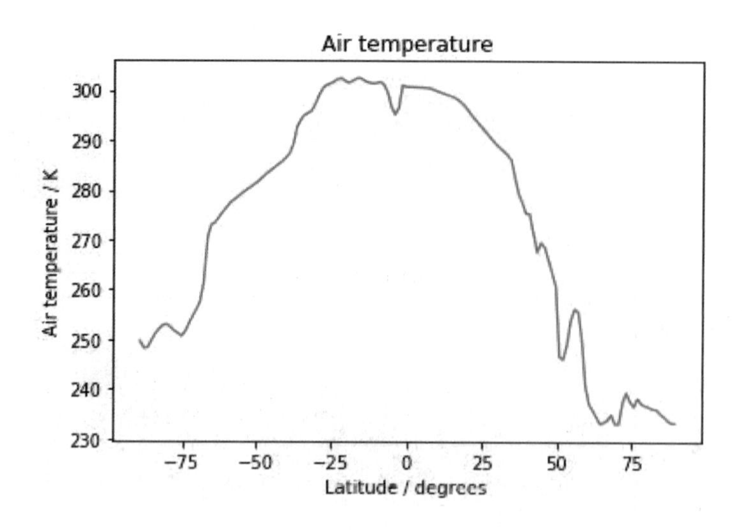

3-1-6. 다양한 지도투영법 이용(Cartopy 라이브러리 활용)

IRIS 에서 지도투영법을 변경하고 싶다면, Cartopy 라이브러리를 이용하면 편리합니다.

Cartopy 라이브러리의 특징:

- Object oriented projection definitions
- Point, line, polygon and image transformations between projections
- Integration to expose advanced mapping in matplotlib with a simple and intuitive interface

여기에서는 Cartopy 의 몇 가지 지도투영법만 소개하려고 합니다. 더 다양한 맵을 사용하기 위해서는 Cartopy 사이트(http://scitools.org.uk/cartopy/)를 참고하시기 바랍니다.

필요한 라이브러리의 호출은 앞서 3-1-3 에서 불러왔기 때문에 아래와 같이 한 줄을 추가해 줌으로써 다른 지도투영법으로 변경이 가능합니다.

먼저 PlateCarree 지도투영법을 사용해 보겠습니다.

```
ax = plt.axes(projection=ccrs.PlateCarree())        # PlateCarree map projection
qplt.contourf(cube[0,:,:])                            # 0 번째 시간에서의 위경도 값 표출
plt.gca().coastlines()
plt.show();
```

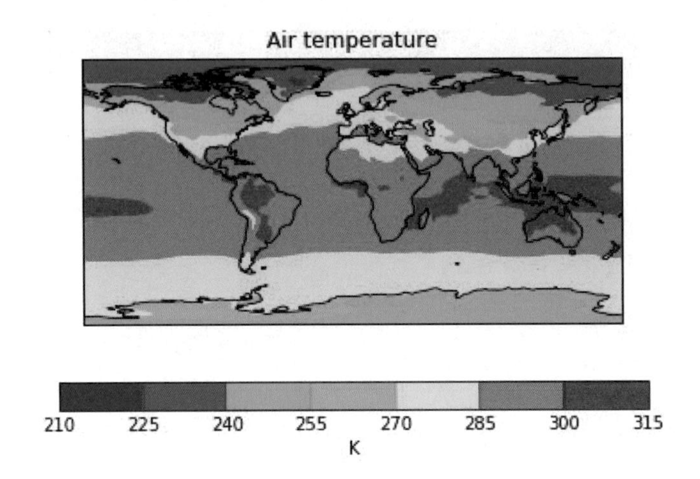

위의 그림에서 위경도 등의 틱 라벨을 추가하겠습니다.

```
ax = plt.axes(projection=ccrs.PlateCarree())        # PlateCarree map projection
# x, y lon, lat ticks 라벨을 위한 설정
ax.set_xticks([-180, -120, -60, 0, 60, 120, 180], crs=ccrs.PlateCarree())
ax.set_yticks([-90, -60, -30, 0, 30, 60, 90], crs=ccrs.PlateCarree())
# lon, lat 라벨 형식을 결정
lon_formatter = LongitudeFormatter(zero_direction_label=True)
lat_formatter = LatitudeFormatter()
ax.xaxis.set_major_formatter(lon_formatter)
ax.yaxis.set_major_formatter(lat_formatter)
# gridline 설정
ax.gridlines(color='lightgray',linestyle='--',linewidth=0.5)    # 라인색, 스타일, 굵기
qplt.contourf(cube[0,:,:])
plt.gca().coastlines()          # 해안선 표시
plt.show();
```

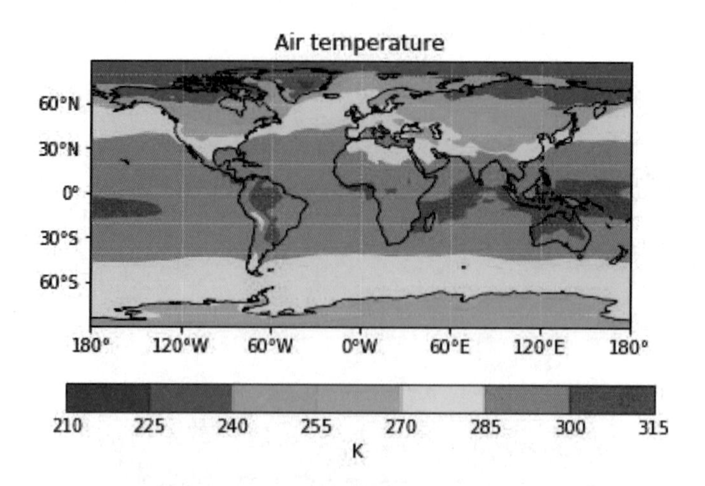

특정 영역에 대한 그림 표출을 하기 위해서는 set_extent 를 이용해서 맵의 위경도를 제한해 주면 됩니다.

```
fig = plt.figure(figsize=(7,7))               # 그림 크기 설정
ax = plt.axes(projection=ccrs.PlateCarree())
ax.set_extent([110, 150, 10, 55], crs=ccrs.PlateCarree())    # 표출하고자 하는 위경도 설정
qplt.contourf(cube[0,:,:])
plt.gca().coastlines()
xticks = [100,110,120,130,140,150,160]                # x 축 경도 tick 라벨 설정
yticks = [10,20,30,40,50,60,70]                       # y 축 위도 tick 라벨 설정
g1 = plt.gca().gridlines(color='lightgray',linestyle='--',linewidth=0.5)    # gridline 설정
g1.xlabels_bottom = True                 # x 축 라벨은 아래쪽만 표시
g1.ylabels_left = True                   # y 축 라벨은 왼쪽만 표시
g1.xformatter = LONGITUDE_FORMATTER
g1.yformatter = LATITUDE_FORMATTER
g1.xlocator = mticker.FixedLocator([100,110,120,130,140,150,160,170])
g1.ylocator = mticker.FixedLocator([10,20,30,40,50,60,70])
plt.show();
```

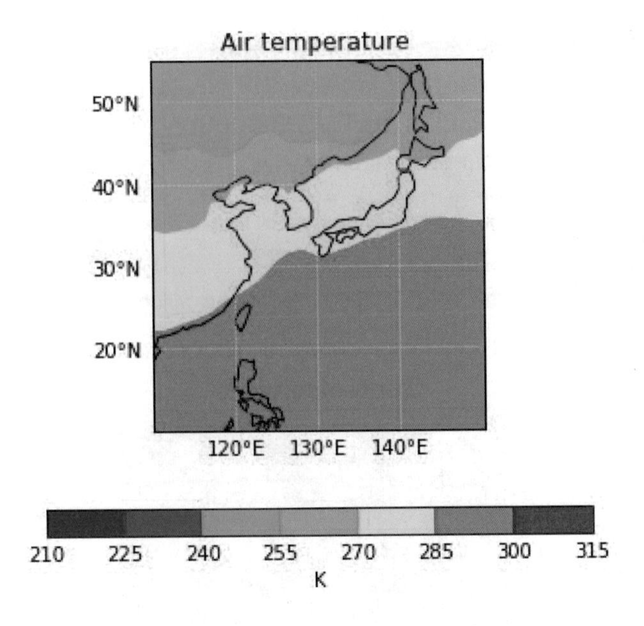

몇 가지 다른 지도투영법으로 그림을 그려 보겠습니다.

```
ax = plt.axes(projection=ccrs.Robinson())          # Robinson map projection
qplt.contourf(cube[0,:,:])
plt.gca().coastlines()
plt.show();
```

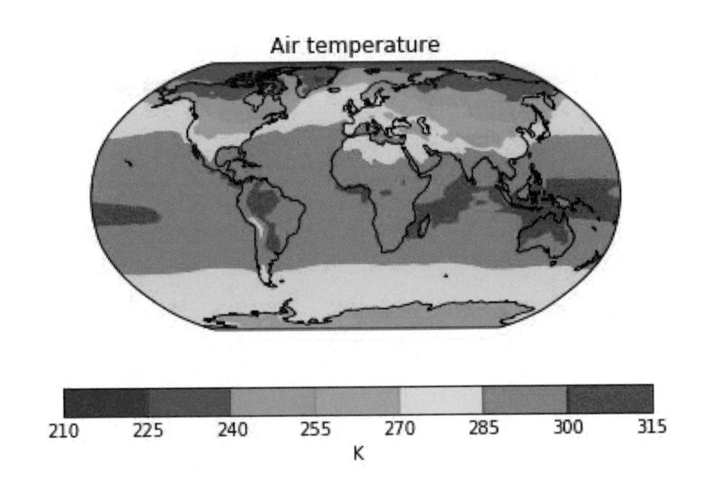

```
fig = plt.figure(figsize=(6,6))
ax = plt.axes(projection=ccrs.NorthPolarStereo())  # NorthPolarStereo map projection
ax.set_extent([0, 359, 50, 90], crs=ccrs.PlateCarree())
ax.gridlines(color='lightgray',linestyle='--',linewidth=0.5)        # gridline 설정
qplt.contourf(cube[0,:,:])
plt.gca().coastlines()
plt.show();
```

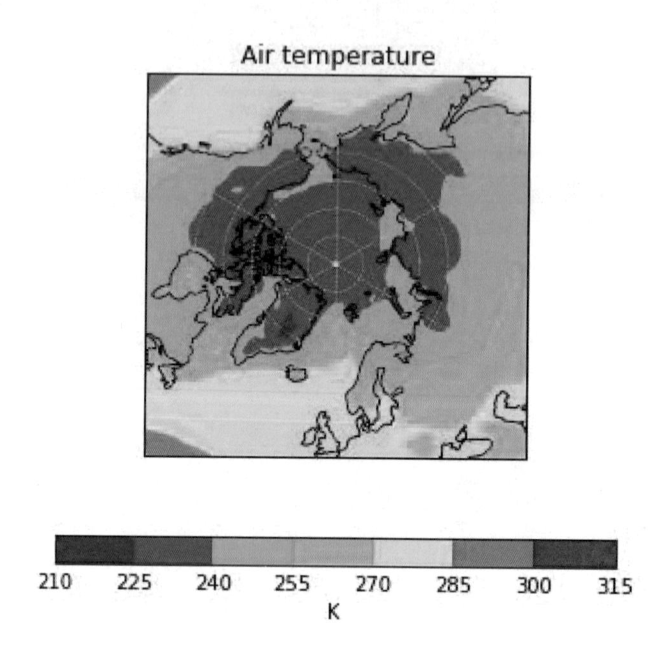

지금까지 IRIS 라이브러리를 이용해서 자료를 읽고 다양한 지도투영법을 활용하여 표출하는 방법을 간단하게 배워 보았습니다. 다음 절에서는 모델자료를 비교 분석하기 위한 후처리 방법을 알아보겠습니다.

3-2. IRIS 활용한 모델 후처리 방법

3-2-1. Extract

Extract 와 Constraint 을 이용하면 특정 기간과 특정 격자 또는 변수에 대한 필터링과 추출이 가능합니다. 앞서 사용한 기온 큐브에서 경도 “125 도” 격자들에 대해서만 추출하고 저장해 보겠습니다. 아래와 같이 추출된 변수의 배열정보를 확인하면 2 차원 격자로 변경되었음을 확인할 수 있습니다.

```
cube_ext = cube.extract(iris.Constraint(longitude=125))     # 특정 경도값에 대하여 추출
print(cube_ext.summary(True))
```

```
air_temperature / (K)          (time: 1980; latitude: 144)
```

3-2-2. Categorisation

특정 기간과 계절에 대한 추출을 위해서는 categorisation 함수를 이용합니다. 다음과 같이 특정 시간에 대한 coordinate 정보를 추가한 후 분류하는 방법을 익혀 보겠습니다.

- add_year
- add_day_of_month
- add_day_of_year
- add_seaon
- add_season_yaer

먼저 기존 큐브가 가지고 있는 coordinate 정보를 살펴보겠습니다. 4 개의 정보가 출력되고 있습니다.

형식		
iris.coord_categorisation.add_categorised_coord([option1], [option2])		
매개변수	설정하는 특성	옵션
[option1]	큐브 이름	카테고리 추가할 큐브 이름
[option2]	격자 정보	세분화하기 위한 격자 이름

표 3-2. 큐브 격자 정보를 이용한 세분화 함수

```
coord_names = [coord.name() for coord in cube.coords()]
print(coord_names)
```

```
['time', 'latitude', 'longitude', 'height']
```

큐브에 연도와 계절에 대한 카테고리를 시간 coordinate 에 추가하겠습니다. 단, 큐브에 해당 coordinate 가 이미 추가되어 있는 경우 에러가 발생합니다.

```
iris.coord_categorisation.add_year(cube, 'time')          # 연도 카테고리를 추가
iris.coord_categorisation.add_season(cube, 'time')        # 계절 카테고리를 추가
coord_names = [coord.name() for coord in cube.coords()]
print(coord_names)
```

```
['time', 'latitude', 'longitude', 'height', 'season', 'year']
```

위와 같이 계절과 연도에 대한 coordinate 가 추가된 것을 확인할 수 있습니다. Coordinate 에 대한 정보를 출력하기 위해서는 print 명령을 이용합니다.

```
print(cube.coord('year'))        # year 에 대한 coordinate 정보 출력
print(cube.coord('season'))      # season 에 대한 coordinate 정보 출력
```

```
AuxCoord(array([1850, 1850, 1850, ..., 2014, 2014, 2014]), standard_name=None,
units=Unit('1'), long_name='year')
AuxCoord(array(['djf', 'djf', 'mam', ..., 'son', 'son', 'djf'], dtype='<U64'),
standard_name=None, units=Unit('no_unit'), long_name='season')
```

이제 해당 Coordinate 카테고리 정보를 이용하면, 앞서 3-2-1 에서 살펴본 Extract 명령을 통해 특정 연도와 계절에 대해 추출이 가능합니다.

```
cube_2014 = cube.extract(iris.Constraint(year=2014))     #2014 년에 해당되는 자료를
추출
print(cube_2014.summary(True))     # 월별자료이므로 2014 년의 12 개월 자료가 추출을
확인
```

```
air_temperature / (K)          (time: 12; latitude: 144; longitude: 192)
```

```
# lambda 명령을 이용, 1951 년부터 2000 년까지 50 년 자료 추출
cube_50yrs = cube.extract(iris.Constraint(year=lambda yr:1951<=yr<=2000))
print(cube_50yrs.shape)          # 큐브의 격자숫자 확인, 12 개월 x 50 년 = 600 개
```

```
(600, 144, 192)
```

```
# 전체 자료 중 겨울철(DJF season)에 대한 자료 추출
cube_djf = cube.extract(iris.Constraint(season='djf'))     # 겨울철 자료만 추출
print(cube_djf.shape)          # 3 개월(DJF) x 165 년 = 495 개 시간 격자를 확인
```

```
(495, 144, 192)
```

3-2-3. Intersection

앞서 사용한 extract()는 추출의 개념이라면 Intersection 함수는 큐브의 위도, 경도의 특정 격자만 가위로 잘라서 분석하고 싶을 때 사용할 수 있습니다. 앞서 extract() 함수를 이용해도 동일한 결과를 얻을 수 있으나, Intersection 함수를 쓰면 보다 쉽게 영역 설정이 가능합니다. 앞서 전지구 기온 변수가 저장된 큐브를 이용해서 동아시아 분석 영역으로 자른 다음에 새로운 큐브에 저장하고 출력해 보겠습니다.

```
# 수평격자 자르기, 위도 15-50, 경도 110-145 영역
cube_region = cube.intersection(latitude=(15,50),longitude=(110,145))
# 아래 extract 와 동일한 방식이지만 훨씬 짧은 명령으로 가능함
# cube_region = cube.extract(iris.Constraint(latitude=lambda lat:15<=lat<=50,
longitude=lambda lon:110<=lon<=145))
qplt.contourf(cube_region[0,:,:])
plt.gca().coastlines()
plt.show();
```

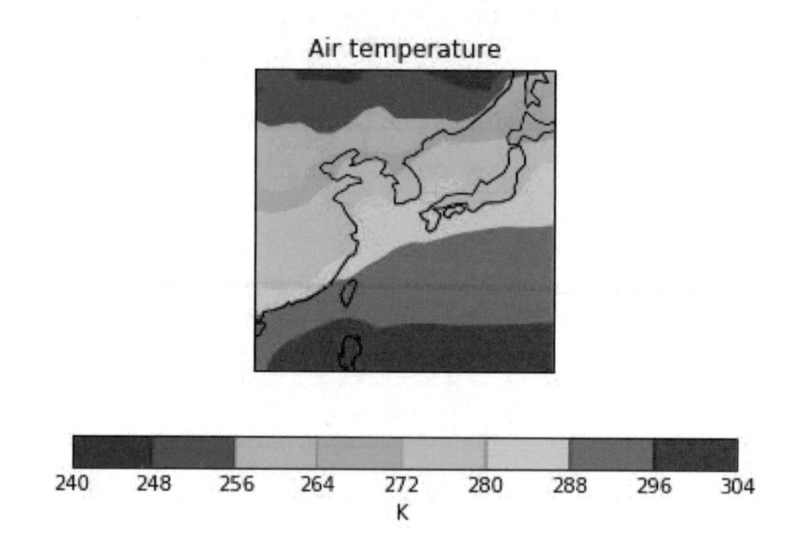

3-2-4. Interpolation

위경도 수평 격자에 대한 내삽을 하기 위해서는 interpolate 명령을 사용합니다. 앞서 동아시아 영역으로 잘라 놓은 큐브를 이용해서 내삽을 해 보겠습니다. 아래에서 확인할 수 있듯 내삽을 하기 전 cube_region 은 위도 30 개 x 경도 20 개의 격자로 이뤄져 있습니다.

```
print(cube_region.shape)      # 격자모양을 확인, 시간 1980 개, 위도 30 개, 경도 20 개
격자구조
```

```
(1980, 30, 20)
```

```
qplt.pcolormesh(cube_region[0,:,:])    # 격자 모양대로 그림을 출력, 이전 Contour 그림과
비교
plt.gca().coastlines()
plt.show();
```

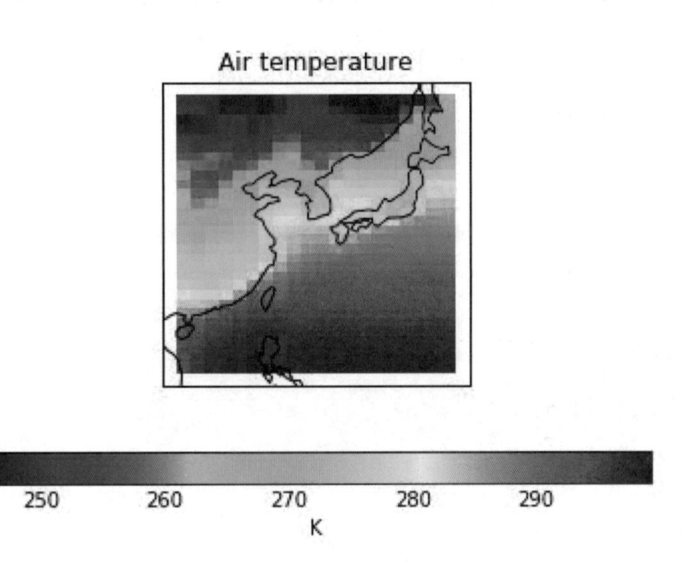

이제 앞서 불러왔던 Numpy 라이브러리를 이용해서 위경도 5 개x5 개의 격자로 내삽을 해 보겠습니다.

```
# np.linspace(110, 145, 5))는 110~145 사이를 5 개 간격으로 나눠서 리스트로 반환하는 명령임
sample_points = [('longitude', np.linspace(110,145,5)), ('latitude',
np.linspace(15,50,5))]
# sample_points 크기로 cube_region 의 위경도격자를 내삽
cube_inter = cube_region.interpolate(sample_points, iris.analysis.Linear())
qplt.pcolormesh(cube_inter[0,:,:]);
plt.gca().coastlines()
plt.show();
```

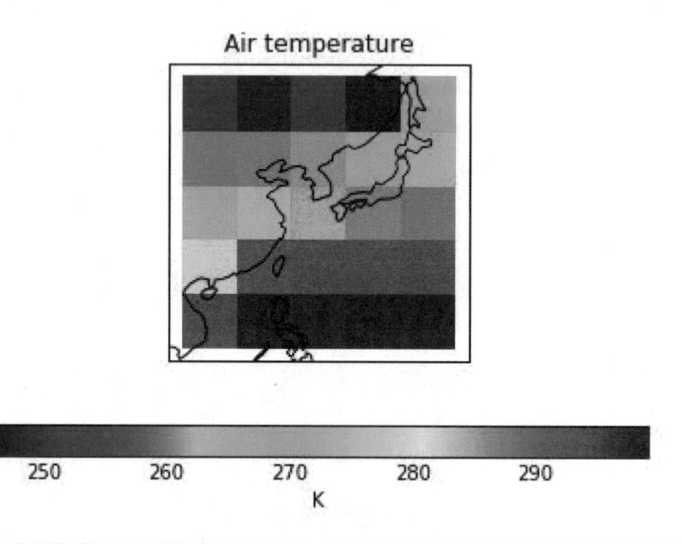


```
print(cube_inter.shape)
```

```
(1980, 5, 5)
```

위의 그림과 배열정보에서 확인할 수 있듯 기존에 위경도 30x20 개=600 개 격자였던 큐브가 5x5 개=25 개 격자로 내삽되었습니다.

3-2-5. Regrid

큐브 간 사칙연산을 하기 위해서는 서로 동일한 격자 구조를 가지고 있어야 합니다. 모델 간 자료를 비교 분석 또는 앙상블 평균을 계산하기 위해서는 동일한 격자로 맞춰 줘야지만 계산을 할 수 있습니다. 이럴 때 사용할 수 있는 함수가 Regrid 입니다. 다시 말해서 Regrid 는 다른 격자 구조의 자료끼리 비교 분석 등 통계적 처리가 필요할 때 사용됩니다. IRIS 에서는 타겟의 격자정보를 가져와서 기존 큐브의 격자를 바꿔 줄 수 있습니다. 리그리드 방법은 다음과 같이 3 가지 옵션이 있으며 일반적으로 선형방법을 많이 이용합니다.

- iris.analysis.Linear
- iris.analysis.Nearest
- iris.analysis.AreaWeighted

```
# 다른 격자구조를 가진 모델 (IPSL-CM6A-LR) 자료를 다운로드
url = "http://vesg.ipsl.upmc.fr/thredds/fileServer/cmip6/CMIP/IPSL/IPSL-CM6A-LR/historical/r1i1p1f1/Amon/tas/gr/v20180803/tas_Amon_IPSL-CM6A-LR_historical_r1i1p1f1_gr_185001-201412.nc"
wget.download(url)          # 명령을 실행한 위치에 url 링크의 자료를 다운로드
```

```
100% [..........................................................................] 95369614 / 95369614
```

다운로드가 완료되면 아래와 같이 큐브로 불러와서 격자구조를 살펴보겠습니다.

```
# 다운로드 받은 자료를 target_cube 에 저장
new_file_name = 'tas_Amon_IPSL-CM6A-LR_historical_r1i1p1f1_gr_185001-201412.nc'
target_cube = iris.load_cube(new_file_name)
print(target_cube.shape)          # 격자구조를 확인
```

```
(1980, 143, 144)
```

새롭게 다운로드한 IPSL 모델자료의 격자는 시간은 1980 개 위도 143 개 경도 144 개로 이뤄져 있습니다.

```
cube_regrid = cube.regrid(target_cube, iris.analysis.Linear())
print(cube.shape)             # regrid 하기전 기존 큐브의 격자 정보
print(cube_regrid.shape)      # regrid 이후 격자 정보를 확인
```

```
(1980, 144, 192)
(1980, 143, 144)
```

위와 같이 리그리드하기 전 기존 큐브는 격자구조는 144x192 개의 위경도 수평해상도를 가지고 있었으나, IPSL 모델과 동일하게 리그리드를 수행하여 143x144 개 위경도 수평해상도로 변경되었음을 확인할 수 있습니다. 이제 두 모델 간 격자 구조가 동일하게 변경되어 큐브 간 차이 또는 평균 같은 통계적 분석을 수행할 수 있게 되었습니다.

형식		
cube_regird = cube.regrid([option1], [option2])		
매개변수	설정하는 특성	옵션
[option1]	목표되는 격자 큐브	리그리드 정보를 가지고 있는 큐브 이름
[option2]	리그리드 사용할 타입	iris.analysis.Linear iris.analysis.Nearest iris.analysis.AreaWeighted

표 3-3. 격자 리그리드를 위한 함수

3-2-6. Mask

이번 챕터에서는 마스크 사용법에 대해 알아보겠습니다. 육지나 해양의 값만 계산하거나 또는 특정 지역의 자료를 제거하기 위해 마스크 방법을 사용합니다. 예를 들어 기온이 특정 값 이상인 지역에 대해서만 분석하기 위해서는 다음과 같이 mask 함수를 이용할 수 있습니다.

```
# 큐브의 값이 255 K 이하인 격자 위치를 찾아서 True 로 아닌 격자는 False 로 저장
masked = np.where(cube.data < 255., True, False)
cube_masked = cube.copy()          # cube_masked 에 기존 cube 의 coordinate 정보를 복사
cube_masked.data = ma.array(cube.data, mask=masked)     # 마스킹 처리
qplt.contourf(cube_masked[0,:,:])          # 그림으로 표출
plt.gca().coastlines()
plt.show();
```

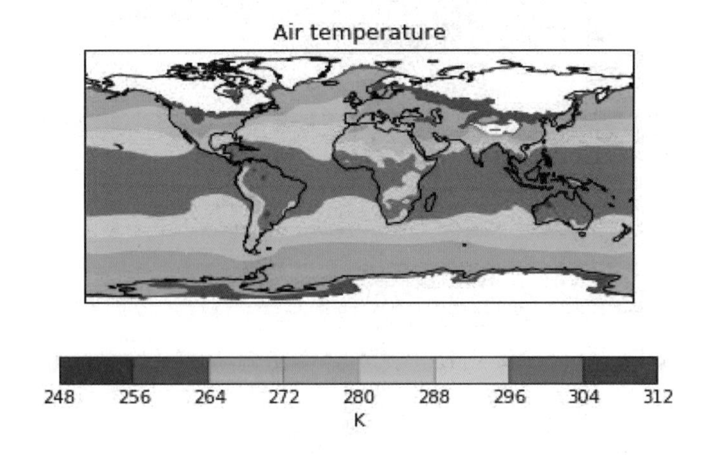

아래와 같이 비교연산자(| 또는 &)를 통해 동시에 여러 범위의 값을 마스크를 수행할 수도 있습니다.

```
# 기온이 255 K 이하이거나 또는 300 K 가 넘는 값을 가진 격자를 마스킹
masked = np.where((cube.data < 255.) | (cube.data > 300.), True, False)
cube_masked = cube.copy()
cube_masked.data = ma.array(cube.data, mask=masked)
qplt.contourf(cube_masked[0,:,:])
plt.gca().coastlines()
plt.show();
```

<table>
<tr><th colspan="3">형식</th></tr>
<tr><td colspan="3">masked = np.where([option1], [x], [y])</td></tr>
<tr><th>매개변수</th><th>설정하는 특성</th><th>옵션</th></tr>
<tr><td>[option1]</td><td>조건 검색</td><td>참인 경우 [x], 거짓인 경우 [y]로 반환</td></tr>
</table>

표 3-4. 조건에 일치하는 격자를 마스크 하기 위한 np.where() 함수

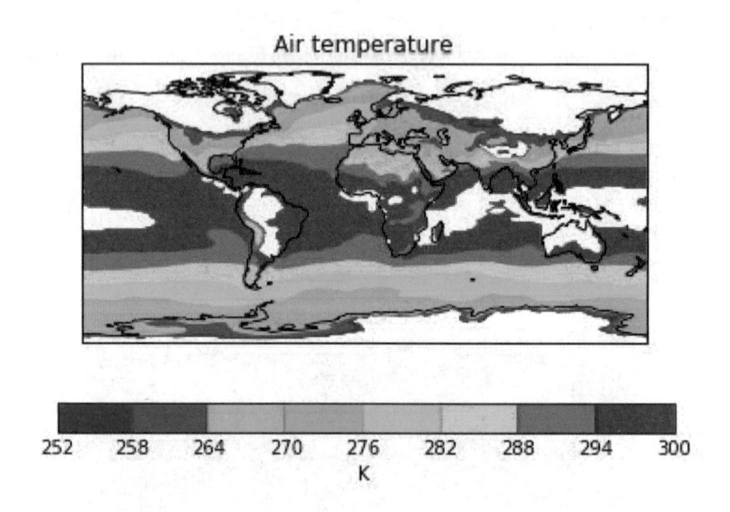

그림에서도 확인할 수 있지만 아래와 같이 데이터의 값을 직접 확인해 보면 결과 값이 null(--)로 되어 있어 마스크 처리가 정상적으로 이뤄진 것을 알 수 있습니다.

```
print(cube_masked[0,0,:].data)
```

```
[-- -- -- -- -- -- -- -- -- -- -- -- -- -- -- -- -- -- -- -- -- -- -- --]
```

3-2-7. Annual Mean

IRIS 라이브러리에서는 Aggregate 함수를 이용하여 특정 기간에 대한 평균을 구할 수 있습니다. 앞서 3-2-2 에서 이미 time 의 coordinate 에 대해 season 과 year 에 대해 categorisation 을 완료하였으므로 이를 이용해서 연평균과 계절평균을 계산해 보겠습니다.

```
# 전체 165 년에 대한 연평균을 계산하여 annual 큐브에 저장
annual = cube.aggregated_by(['year'], iris.analysis.MEAN)
print(annual.shape)
# 사계절에 대한 계절 평균을 계산하여 season 큐브에 저장 (0:DJF, 1:MAM, 2:JJA, 3:SON)
season = cube.aggregated_by(['season'],iris.analysis.MEAN)
print(season.shape)
```

```
(165, 144, 192)
(4, 144, 192)
```

형식		
cube.aggregated_by([option1], [option2])		
매개변수	설정하는 특성	옵션
[option1]	격자 이름	하나 또는 다수의 분류된 격자 정보
[option2]	각 그룹 간 적용할 통계 방법	평균, 최대, 최소, 합 등 그룹에 적용할 기법

표 3-5. 분류된 격자 정보를 이용한 통계 처리 aggregated_by() 함수

큐브의 사칙연산을 통해 계절 간 차이를 계산할 수 있습니다.

```
diff_season = season[2] - season[0]          # 큐브 JJA - DJF 차이를 계산
levels = np.linspace(-20,20,21)              # color bar level 범위를 설정
qplt.contourf(diff_season, levels, cmap=plt.cm.seismic, extend='both') # 색지도 설정
plt.gca().coastlines()
plt.show();
```

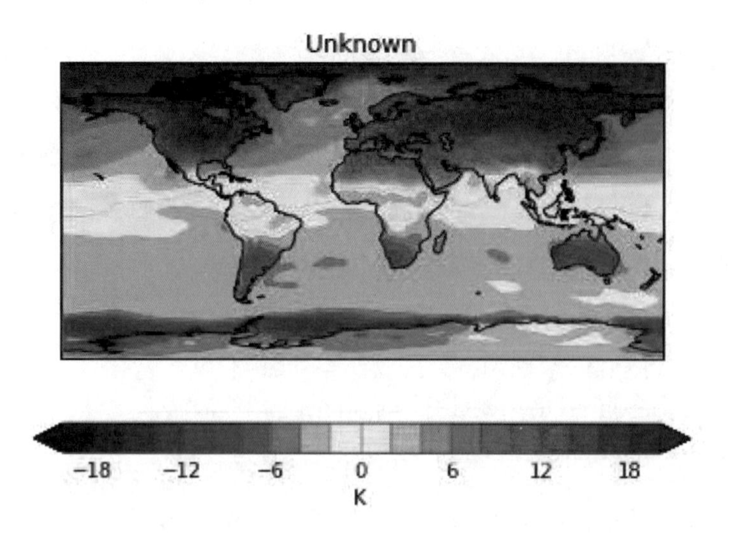

3-2-8. Area Mean & Time-series

시계열 및 통계 분석을 위하여 전지구 또는 지역 평균 값을 산출하기 위한 후처리 방법입니다. 먼저 위경도 격자의 바운드 값이 정의되어 있어야 합니다.

```
# 위경도 격자에 대한 바운드 추정, 이미 값을 가지고 있는 경우에는 아래와 같은 에러가 발생함
annual.coord('latitude').guess_bounds()
annual.coord('longitude').guess_bounds()
```

```
ValueError: Coord already has bounds. Remove the bounds before guessing new ones.
```

영역 평균을 계산하기 위해서는 분석 영역에 대한 weight 를 먼저 구해야 합니다. 3-2-7 에서 후처리된 연평균 격자 자료를 이용해서 전지구 영역에 대한 평균값을 산출해서 시계열을 그려 보겠습니다.

```
weight = iris.analysis.cartography.area_weights(annual)   # 영역에 대한 weight 를 계산
wgtd_mean = annual.collapsed(['latitude','longitude'], \
```

```
                    iris.analysis.MEAN, weights = weight)   # 윗줄의 백슬러시 '\'는 줄바꿈 기호
qplt.plot(wgtd_mean)
plt.show();
```

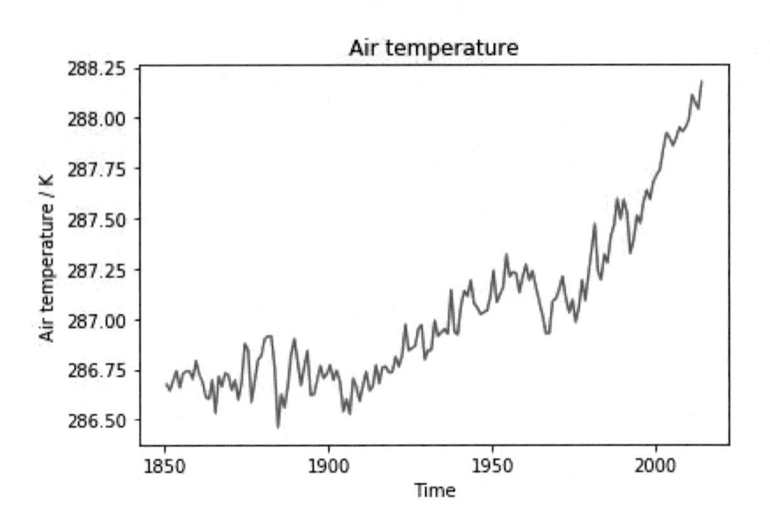

3-2-9. Comparison and Correlation

이번 챕터에서는 지금까지 배운 기본적인 통계 처리 방법을 활용하여 모델 간 지면 기온을 비교하고자 합니다. 먼저 아래 예제를 통해 앞서 간단하게 qplt 명령을 이용해서 그렸던 시계열 표출 방법의 세부적인 그림 설정 방법을 알아보겠습니다.

```
time = time.strftime('%x %X', time.localtime(time.time()))   # 현재 시간을 저장
plt.figure(figsize=(10,4))                                   # 그림 사이즈 설정
plt.figtext(0.7, 0.8, 'Global area mean', ha='left', color='black')    # 텍스트 표시
plt.figtext(0.7, 0.2, 'Generated: '+time, ha='left', color='gray')     # 그림 생성 시간 표시

unit = wgtd_mean.units                    # 데이터 유닛을 저장
title = wgtd_mean.standard_name           # 변수 이름을 저장
plot_index = '*--'                        # 그림 인덱스, 마크를 * 라인은 Dashed 설정
clim = wgtd_mean.collapsed('time', iris.analysis.MEAN)    # 아노말리 계산을 위한 평균값 산출
```

```
anomaly = wgtd_mean - clim         # 아노말리 계산

qplt.plot(anomaly, plot_index, color='red', label='Global', lw=1)    # 그림 설정

plt.title(title)                              # 타이틀 출력
plt.xlabel('Time')                            # x 축 라벨 출력
plt.ylabel('Anomaly / '+str(unit))            # y 축 라벨 출력
plt.legend(fontsize=10)                       # 레전드 출력
plt.grid(color='lightgray',linestyle='--',linewidth=0.5)       # 그리드 라인 출력
plt.show();
```

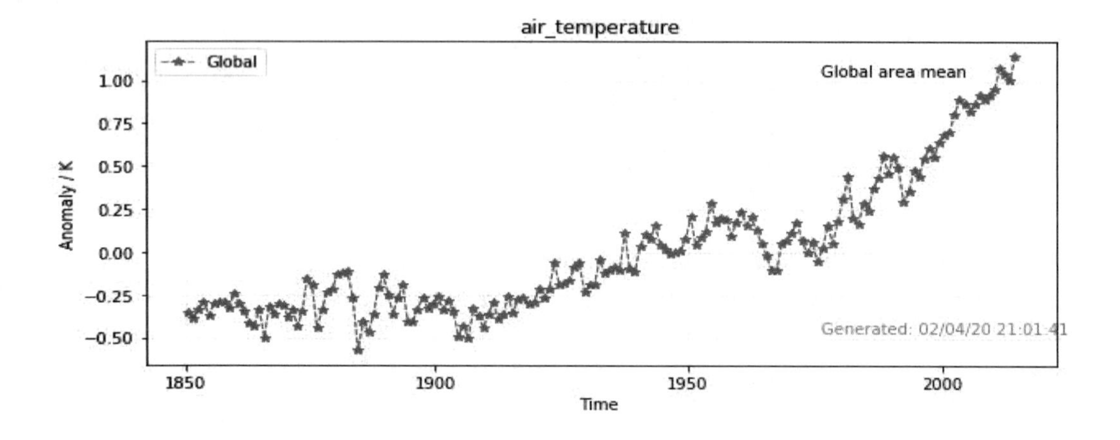

이번에는 3-2-5 절에서 리그리드를 위해 받아 놓은 IPSL-CM6A-LR 모델의 기온 아노말리를 계산하고, 방금 계산한 KACE 모델의 전지구 기온 아노말리를 시계열과 한번 비교해 보겠습니다.

```
# Categorisation 함수 이용해서 IPSL 모델의 연평균을 계산
iris.coord_categorisation.add_year(target_cube, 'time')
target_annual = target_cube.aggregated_by(['year'], iris.analysis.MEAN)

# 영역 평균을 위해 위경도 Bounds 를 추정, 이미 Bounds 가 있는 경우 에러가 발생하니 주의
target_annual.coord('latitude').guess_bounds()
target_annual.coord('longitude').guess_bounds()

# 영역 평균을 계산
target_weight = iris.analysis.cartography.area_weights(target_annual)
target_wgtd_mean = target_annual.collapsed(['latitude','longitude'], \
```

```
                        iris.analysis.MEAN, weights = target_weight)

# 전체 기간에 대한 아노말리를 계산
target_clim = target_wgtd_mean.collapsed('time', iris.analysis.MEAN)
target_anomaly = target_wgtd_mean - target_clim

plt.figure(figsize=(10,4))        # 그림 사이즈 설정

# x 축 값을 1850 년부터 2014 년으로, y 축 값을 KACE 모델, 빨간 실선으로 그림 표출
plt.plot(np.linspace(1850, 2014, 165), anomaly.data, '-', \
        color='red', label='K-ACE1.0', lw=1)

# x 축 값을 1850 년부터 2014 년으로, y 축 값을 IPSL 모델, 파란색 파선으로 그림 표출
plt.plot(np.linspace(1850, 2014, 165), target_anomaly.data, ':', \
        color='blue', label='IPSL-CM6A-LR', lw=1)

plt.title('Surface Air Temperature')              # 그림 타이틀 출력
plt.xlabel('Year')                                # 그림 x 축 라벨 출력
plt.ylabel('Anomaly (K)')                         # 그림 y 축 라벨 출력
plt.legend(fontsize=10)                           # 레전드 출력
plt.grid(color='lightgray',linestyle='--',linewidth=0.5)        # 그리드 출력
plt.show();
```

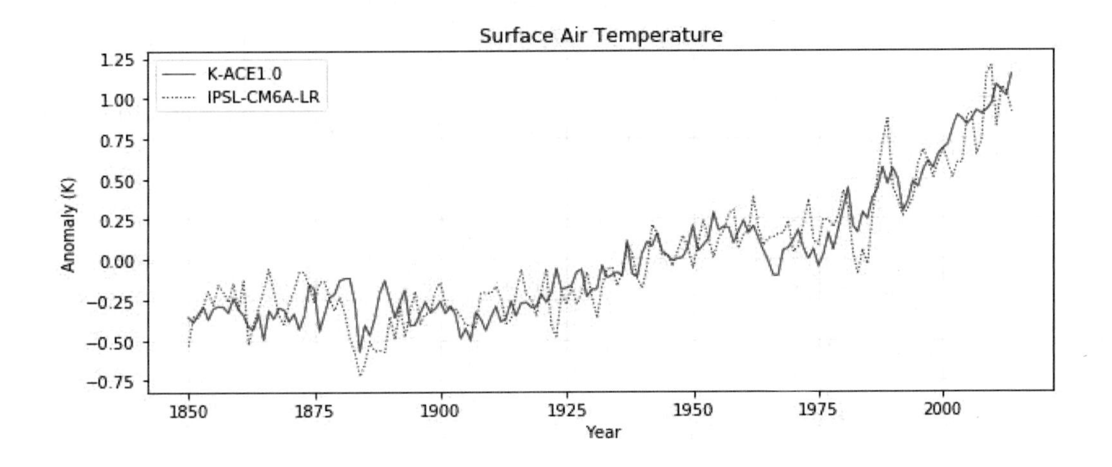

위의 그림을 통해 두 모델의 과거 기간 전지구 기온 아노말리의 변화 경향의 유사함을 확인할 수 있습니다. 아래에서는 두 모델의 연평균 값들에 대해 scatter 그림을 그려 보았습니다. 선형회귀선이 1:1 라인에 가깝게 위치하고 있으며 상관성이 0.835 로 매우 높게 나타났습니다.

```
# 초기에 불러왔던 statsmodels.api 모듈을 이용해서 회귀선과 상관관계를 계산
results = sm.OLS(target_anomaly.data,sm.add_constant(anomaly.data)).fit()
X_plot = np.linspace(-1.5,1.5,100)

plt.figure(figsize=(5,5))          # 그림 사이즈 설정
plt.scatter(anomaly.data, target_anomaly.data, color='red', s=2)    # scatter 그림 표출
plt.axis((-0.5,1.5,-0.5,1.5))                        # x-y 축 범위 설정
plt.plot((-0.5,1.5), (-0.5,1.5), ':', color='black');   # 1 대 1 레퍼런스 라인 그리기

# 회귀선 그림 표출
plt.plot(X_plot, X_plot*results.params[1] + results.params[0], '--', color='red')
# X-Y 상관성 R2 값 저장 및 텍스트 표출
anntxt=r'$R^2={:.3f}$'.format(results.rsquared)
plt.annotate(anntxt,xy=(0.03,0.90), xycoords='axes fraction', \
            ha='left', fontsize=12, stretch='semi-condensed')

# 그림 타이틀, x 축 라벨, y 축 라벨 표출
plt.title('Comaparison of simulated global mean TAS')
plt.xlabel('K-ACE')
plt.ylabel('IPSL-CM6A-LR');
plt.show();
```

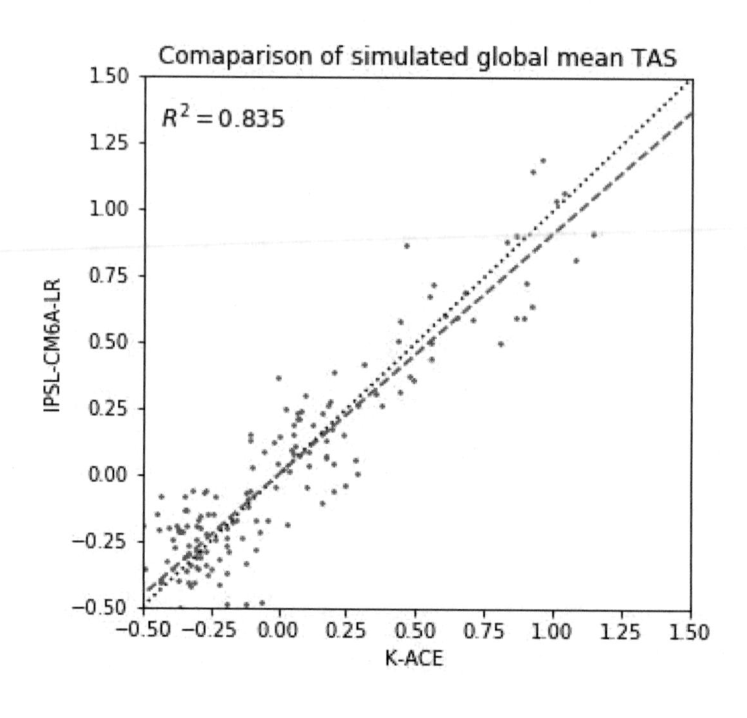

3-2-10. Contour Plot(Land or Ocean only)

앞서 IRIS 라이브러리를 이용하여 다양한 Contour plot 을 그려 보았습니다. 여기에서는 육지나 해양 지역만 표출하는 방법에 대해 알아보려고 합니다. 일반적으로 지면만 그린다고 하면 mask 를 먼저 떠올리게 되는데, 여기에 소개될 방법은 mask 를 이용하는 방법과는 조금 다릅니다(모델 격자의 mask 방법은 3-2-6 절에서 이미 다룬 바 있습니다).

필요한 모듈을 로드합니다.

```
import iris   # iris 라이브러리 호출
import iris.quickplot as qplt   # iris plotting 라이브러리 호출
import matplotlib.pyplot as plt
import iris.plot as iplt
```

3-1-3 절에서 사용한 K-ACE 모델 자료를 이용하여 큐브를 생성합니다.

```
fname = 'tas_Amon_KACE-1-0-G_historical_r1i1p1f1_gr_185001-201412.nc'
cube = iris.load_cube(fname)
```

```
/Users/climate/opt/anaconda3/lib/python3.7/site-packages/iris/fileformats/cf.py:803:
UserWarning: Missing CF-netCDF measure variable 'areacella', referenced by netCDF
variable 'tas'
  warnings.warn(message % (variable_name, nc_var_name))
```

간단하게 Contour plot 을 먼저 생성해 보겠습니다.

```
qplt.contourf(cube[0,:,:], cmap='jet')
plt.gca().coastlines();
plt.show();
```

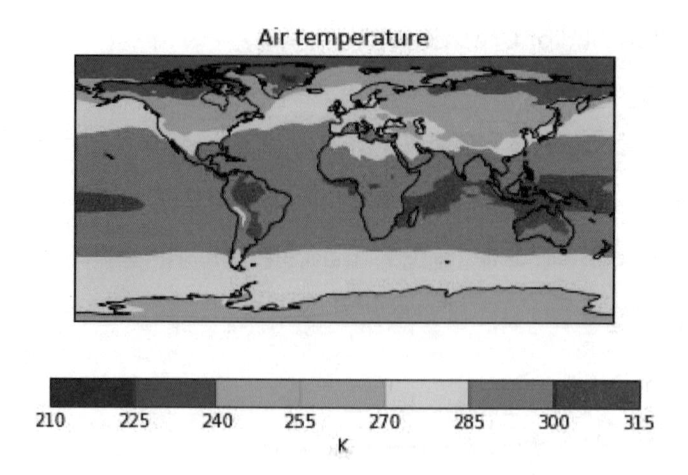

위의 그림을 통해서 모델의 경우 전체 그리드에 자료가 존재하므로, 해양과 육지의 자료만 표출하고자 합니다.

먼저 필요한 라이브러리를 호출합니다.

```
import cartopy.crs as ccrs
import cartopy.feature as cfeature
```

Cartopy 라이브러리를 통해, 육지와 호수의 facecolor 를 검은색으로 처리하여 위의 그림과 같은 자료, 같은 값을 표출한 것입니다. 마스크를 이용하게 되면 각 격자점의 사각형이 나타나므로 해안선이 아래와 같이 깔끔하게 나타나기 어렵습니다. 전체 그리드에 자료를 그린 이후에 해안선을 따라 검은색 물감을 겹쳐 그렸다고 생각하면 이해하기 쉽습니다.

```
fig = plt.figure(figsize=(18,9))
ax = plt.axes(projection=ccrs.PlateCarree())
iplt.contourf(cube[0,:,:], 100, extend='both', cmap='jet')

ax.add_feature(cfeature.NaturalEarthFeature('physical', 'ocean', '50m',\
                                edgecolor='face', facecolor='black'))
ax.set_extent([-180,180,-60,90]); # 남위 60 도 이하 영역을 제거
plt.show();
```

전지구 중심 경도를 동아시아 관점으로 변경합니다.

```
fig = plt.figure(figsize=(18,9))
ax = plt.axes(projection=ccrs.PlateCarree(central_longitude=155))
iplt.contourf(cube[0,:,:], 100, extend='both', cmap='jet')

ax.add_feature(cfeature.NaturalEarthFeature('physical', 'ocean', '50m',\
                          edgecolor='face', facecolor='black'))
plt.show();
```

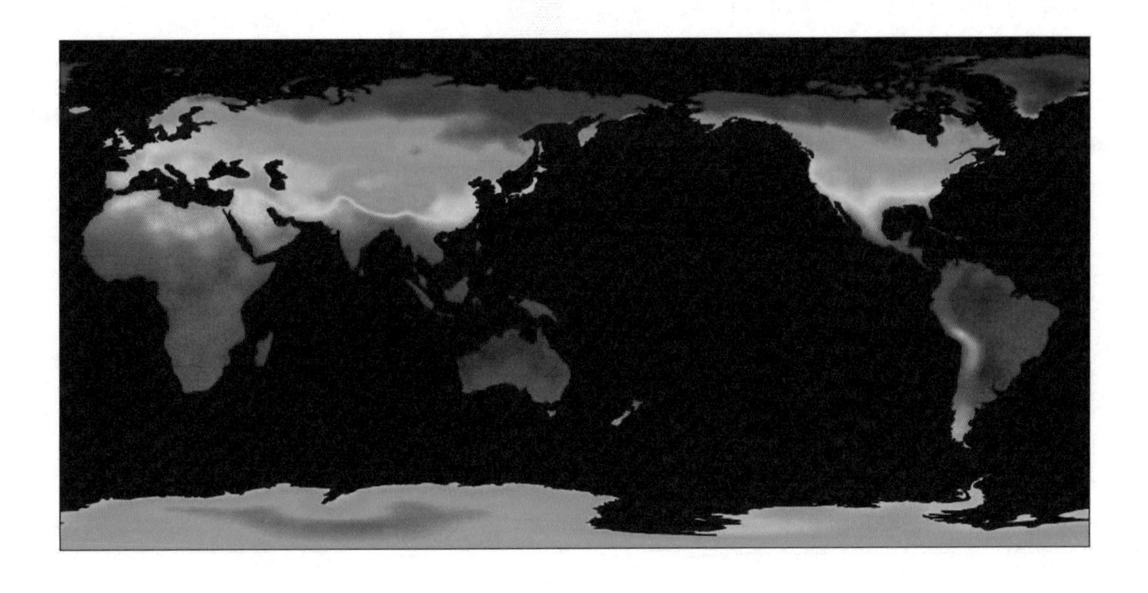

남극대륙 쪽 자료를 잘라 냅니다.

```
fig = plt.figure(figsize=(18,9))
cube_n = cube.intersection(latitude=(-60,90))
ax = plt.axes(projection=ccrs.PlateCarree(central_longitude=155))
iplt.contourf(cube_n[0,:,:], 100, extend='both', cmap='jet')
ax.add_feature(cfeature.NaturalEarthFeature('physical', 'ocean', '50m',\
                               edgecolor='face', facecolor='black'))
plt.show();
```

반대로 해양의 값만 남기고 육지의 facecolor 를 검은색으로 처리해 보겠습니다.

```
fig = plt.figure(figsize=(18,9))
ax = plt.axes(projection=ccrs.PlateCarree())
iplt.contourf(cube[0,:,:], 100, extend='both', cmap='jet')

ax.add_feature(cfeature.NaturalEarthFeature('physical', 'land', '50m',\
                               edgecolor='face', facecolor='black'))
ax.set_extent([-180,180,-60,90]); # 남위 60 도 이하 영역을 제거
ax.add_feature(cfeature.LAKES, facecolor='black');
plt.show();
```

지도투영법을 변경해 보겠습니다.

```
fig = plt.figure(figsize=(7,7))
ax = plt.axes(projection=ccrs.Orthographic(-10, 45))
iplt.contourf(cube[0,:,:], 100, extend='both', cmap='jet')
ax.add_feature(cfeature.NaturalEarthFeature('physical', 'ocean', '50m',\
                              edgecolor='face', facecolor='black'))
plt.show();
```

주의할 점은 위의 그림에서 검은색 영역에도 실제로는 값이 존재하므로, 지역 또는 전지구 평균 등 통계분석을 할 경우에 육지나 해양의 격자를 mask 해야 한다는 점입니다.

3-2-11. Contour Plot(Level & Ticks)

3 장의 앞선 절들에서 IRIS 라이브러리를 이용하여 다양한 Contour plot 을 그려 보았습니다. 여기에서는 contour 의 color bar 에 대해 상세한 설정 방법에 대해 알아보고자 합니다.

먼저 라이브러리들을 가져옵니다.

```
%matplotlib inline
import iris
import iris.quickplot as qplt
import matplotlib.pyplot as plt
import iris.plot as iplt
import numpy as np
```

다음으로 자료를 읽어 와서 큐브에 저장합니다.

```
fname = 'tas_Amon_KACE-1-0-G_historical_r1i1p1f1_gr_185001-201412.nc'
cube = iris.load_cube(fname)
diff = cube[0,:,:] - cube[1,:,:]
```

```
/Users/climate/opt/anaconda3/lib/python3.7/site-packages/iris/fileformats/cf.py:803:
UserWarning: Missing CF-netCDF measure variable 'areacella', referenced by netCDF
variable 'tas'
  warnings.warn(message % (variable_name, nc_var_name))
```

두 큐브의 차이를 contour plot 으로 표출합니다.

```
iplt.contourf(diff, 30, cmap=plt.cm.bwr, extend='both')
plt.gca().coastlines()
plt.colorbar(orientation='horizontal');
plt.show();
```

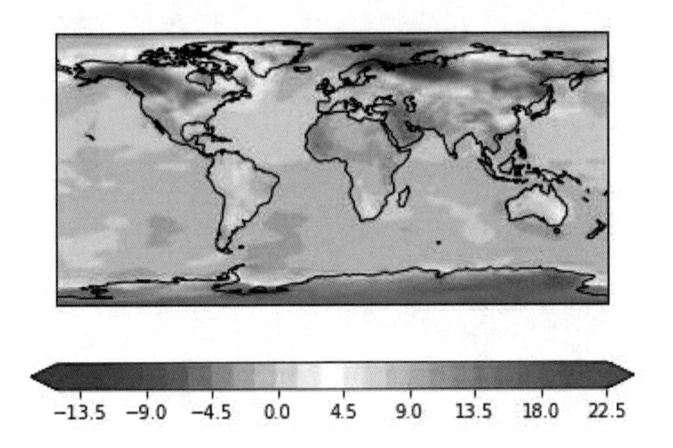

위의 그림을 보면 컬러바의 중심이 미묘하게 어긋나 있으며 좌우 균형도 이상합니다. contour plot 을 그릴 때 30 개의 레벨로 자동으로 그렸기 때문으로 이 부분을 수동으로 조절해 보겠습니다.

```
levels=np.linspace(-19, 19, num=20)
print(levels)
```

```
[-19. -17. -15. -13. -11.  -9.  -7.  -5.  -3.  -1.   1.   3.   5.   7.
   9.  11.  13.  15.  17.  19.]
```

levels 을 -19 에서부터 19 까지 20 개로 설정합니다.

```
cm = iplt.contourf(diff, levels, cmap=plt.cm.seismic)
plt.gca().coastlines()
plt.colorbar(); plt.show();
```

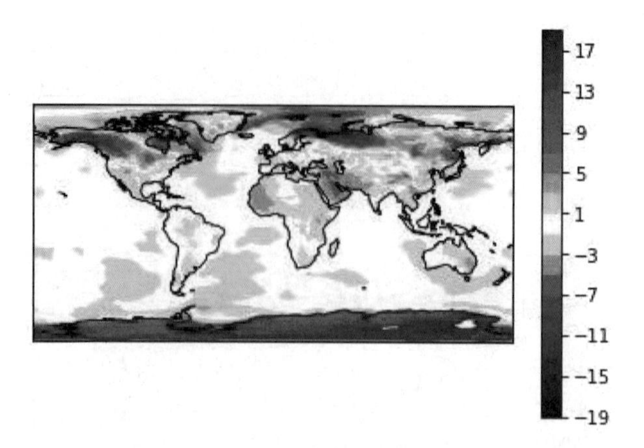

그림은 잘 그려졌으나 color bar 의 틱레벨이 미묘하게 어긋나 있으므로, 틱레벨을 수동으로 조절해 보겠습니다.

```
cm = iplt.contourf(diff, levels, cmap=plt.cm.seismic)
plt.gca().coastlines()
plt.colorbar(cm,ticks=np.arange(-20,25,5));
plt.show();
```

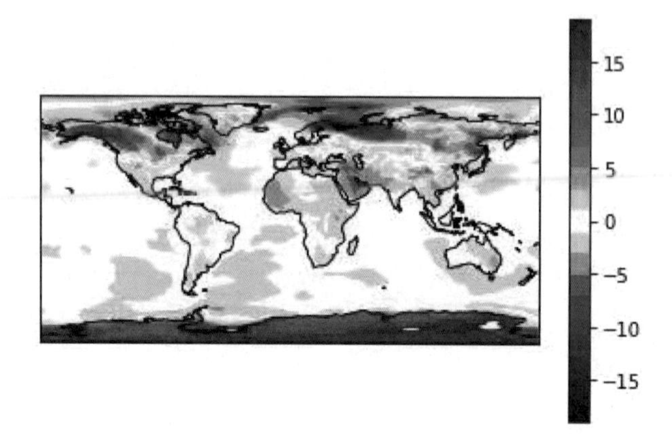

위의 그림에서는 각 레벨마다 간격이 동일하게 설정하였으나, 다음 예제에서는 임의로 레벨 간격을 정해 보았습니다.

```
levels = [-10, -5, -1, -0.1, 0.1, 1, 5, 10]
cm = iplt.contourf(diff,levels, cmap=plt.cm.seismic)
plt.gca().coastlines()
plt.colorbar(cm,ticks=[-10, -5, -1, -0.1, 0, 0.1, 1, 5, 10]);  # 틱레벨에 중심선 0 값을 추가
plt.show();
```

컬러바의 틱레벨이 수정되었습니다.

4

태풍
자료 분석

4. 태풍 자료 분석

최다영(blingdy@korea.kr)

태풍은 주로 북태평양 남서부 해상에서 발생하는 열대성 저기압으로, 중심 부근 최대풍속이 17m/s 이상인 강한 폭풍우를 동반한 기상현상을 말합니다. 태풍의 대륙 접근은 폭우, 강풍 등에 의해 인적·물적의 심각한 피해를 초래합니다. 태풍의 강도와 진로의 예측 정확도 향상 연구를 위해서는 다양한 분석이 필요합니다. 이 장에서는 파이썬을 활용하여 객관적 방식으로 추적한 태풍 관측 정보인 태풍의 중심 위치와 최소해면기압, 중심부근 최대풍속과 수치모델에서 예측한 자료를 이용하여 분석하고자 하는 변수를 처리하고 계산하며 이를 가시화하는 과정을 설명합니다.
이 장의 예제는 기상청 슈퍼컴퓨터 환경에서 실행하였습니다. 예제에 사용된 파이썬 라이브러리는 다음과 같이 사용하였습니다.

- python/2.7.14, numpy-1.15.2-py2.7, matplotlib-2.2.2-py2.7
- geos/3.4.2: mpl_toolkits.Basemap
- iris_extras-0.2.0.dev0-py2.7

예제에 사용한 샘플자료는 2020 년 7 월에 발생한 가상 태풍인 0 호의 태풍 정보(강도와 진로)와 수치모델의 예측 자료를 만들어 사용하였습니다. 가상 태풍 0 호에 대한 이름은 TYPHOON1 로 명칭합니다. 또한 수치모델의 예측 자료로 사용한 등압면과 단일면 샘플자료는 수평 해상도가 약 3km 이고 스칼라와 벡터의 위경도는 동일한 위치로 저장되어 있습니다.

4-1. 태풍 예측 오차 막대 차트

태풍 예측 오차는 열대 폭풍(Tropical Storm) 이상으로 발달한 기간에 예측 시간에 따라 태풍의 강도와 진로에 대한 관측과 예측의 차이를 말합니다. 주로 태풍 예측 오차는 태풍 사례별로 열대 폭풍 이상으로 존재하는 기간을 평균하여 분석합니다. 또한 이 절의 차트는 두 실험의 예측 오차를 비교하므로 꺾은선 차트보다 막대 차트가 더 유용합니다. 그림 4-1 은 2020 년 7 월에 발생한 0 호 가상 태풍 TYPHOON 1 에 대한 두 실험(CTL, EXP)의 예측 태풍의 강도와 진로를 그린 막대 차트입니다. CTL 실험은 파란 막대, EXP 실험은 빨간 막대로, 태풍 예측 오차가 더 작은 실험이 태풍의 예측 성능이 더 좋음을 의미합니다.

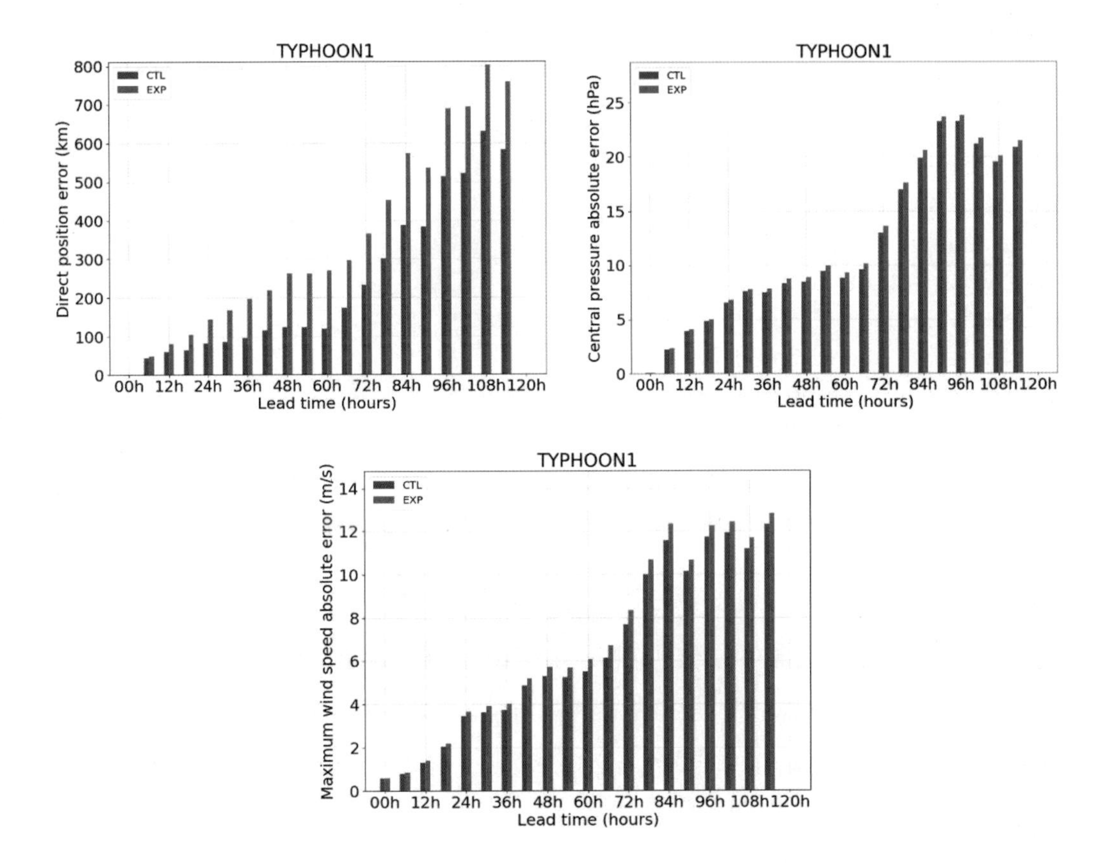

그림 4-1. 2020 년 0 호 가상 태풍 TYPHOON 1 사례의 강도와 진로의 예측오차 비교.

(상단 좌측: 최소해면기압, 상단 우측: 최대풍속, 하단: 중심위치)

그림 4-1 차트는 2020 년 0 호 가상 태풍 TYPHOON 1 의 태풍 관측자료와 예측자료를 읽어 관측 시간 기준으로 예측 데이터와 관측 데이터를 합쳐 예측 오차를 계산 및 분석 기간 평균한 후, 예측 0 시부터 120 시간까지 6 시간 간격으로 막대를 그리는 과정을 수행합니다. 진행 순서는 다음과 같습니다.

1) 태풍 관측자료 읽기 및 분석 기간만큼 관측 데이터 슬라이싱하기
2) 태풍 예측자료 읽기 및 관측 시간 기준 예측 데이터와 관측 데이터 합치기
3) 예측 기간(Forecast Period)별 위·경도 이용 하버사인 방식 기반 거리 계산 및 예측 오차 계산
4) 예측 시간에 따른 관측 시간 정렬 및 기간 평균 계산
5) 태풍 강도 및 진로의 예측 오차 이용 막대차트 그리기

먼저 필요한 라이브러리와 인터페이스는 다음과 같이 호출합니다.

```
#-! 라이브러리 및 인터페이스 호출
import os
import numpy as np
from string import rstrip
import datetime
from datetime import timedelta
from numpy.lib.recfunctions import append_fields
import math, matplotlib.pyplot as plt
```

태풍 관측자료는 2020 년 0 호 가상 태풍 TYPHOON 1 에 대해 자료의 헤더 지표인 99999 와 태풍 정보 지표인 111 을 이용하여 태풍 이름, 관측 시간, 등급, 중심 위 · 경도, 최대풍속, 최소해면기압을 읽을 수 있게 다음과 같이 만들어 놓았습니다. 형식은 RSMC(Regional Specialized Meteorological Center) 베스트 트랙(Best Track)자료의 형식과 유사하므로 다음 코드는 RSMC 베스트 트랙자료에도 적용할 수 있습니다. RSMC 베스트 트랙자료의 형식은 사이트[1]에서 자세한 정보를 확인하시기 바랍니다.

[1] https://www.jma.go.jp/jma/jma-eng/jma-center/rsmc-hp-pub-eg/Besttracks/e_format_bst.html

```
99999 2000  020 0001 0000 0 6     TYPHOON1       20200420
 20070100 111 3 154 1321 36 1005
 20070106 111 3 171 1307 35 1000
 20070112 111 3 176 1292 41 1000
 20070118 111 4 178 1279 48  995
 20070200 111 3 181 1268 44  996
 20070206 111 4 192 1259 50  989
 20070212 111 4 202 1248 66  985
 20070218 111 4 209 1236 57  981
 20070300 111 5 217 1230 69  977
 20070306 111 5 229 1229 70  973
 20070312 111 5 246 1229 77  963
 20070318 111 5 262 1225 78  952
 20070400 111 5 275 1225 68  966
 20070406 111 4 286 1222 60  975
 20070412 111 4 300 1225 57  981
 20070418 111 4 306 1228 48  984
 20070500 111 3 320 1240 45  990
 20070506 111 3 333 1247 40  992
 20070512 111 3 343 1264 38  993
 20070518 111 3 358 1282 36  994
```

태풍 관측 자료는 지표를 이용하여 읽기 때문에 라인별로 문자열로 읽어 처리합니다. 라인별 문자열에는 관측 시간, 등급, 위·경도, 최대풍속, 최소해면기압이 포함되어 있어 이 값들을 추출해야 합니다. 이 값들은 공백으로 구분되어 있어 split() 함수를 이용하여 분리합니다. 이때, 공백 분리는 한 칸으로 했기 때문에 공백이 두 칸 이상이면 공백 요소가 생성되어 원하는 변수가 제대로 추출되지 않습니다. 따라서 이를 해결하기 위해 사용자 정의 함수 remove_blank5list()를 사용합니다. remove_blank5list() 함수는 공백 요소를 제거하여 리스트로 반환해 줍니다.

```
# -! 태풍 관측자료 파일 선언
tynum = "2000"     # 태풍 발생연도, 번호 지정
tyobsf = "./data/ObsTrack.TC"+tynum     # 폴더, 파일 지정

# -! remove_blank5list() 함수 정의: 리스트의 공백 요소 제거
def remove_blank5list(list) :
  newlist = []
  for l in list :
    if not '' == l :
      newlist.append(l)
  return newlist

# -! 태풍 관측자료 파일 읽기
```

```
f = open(tyobsf, 'r')    # 파일 열기
list = map(rstrip, f)     # 라인별 오른쪽 공백 제거
ty_cat, ty_name, ty_date, ty_lat, ty_lon, ty_pmin, ty_vmax = [], [], [], [], [], [], []  #
리스트 초기화
for i in np.arange(np.shape(list)[0]) :
  if '99999' in list[i] :     # 99999 지표 이용 헤더 구분
    ilist = list[i].split(" ")    # 문자열, 공백 구분
    header = remove_blank5list(ilist)  # remove_blank5list() 함수 이용 공백 요소 제거
    tyname = header[7]  # 태풍 이름 할당
    nline = int(header[2])  # 관측 데이터 수 할당
    for j in range(nline+1) :   # 관측 데이터 수 반복
      dataline = remove_blank5list(list[i+j].split(" "))   # remove_blank5list() 함수 이용
공백 요소 제거
      if '111' in dataline[1] :   # 111 지표 이용 데이터라인 구분
        ty_date.append(dataline[0][2:])   # 관측 시간
        ty_cat.append(dataline[2])    # 등급
        ty_lat.append(float(dataline[3])*0.1)    #  중심 위도
        ty_lon.append(float(dataline[4])*0.1)   # 중심 경도
        ty_vmax.append(float(dataline[5])*0.5144)     # 최대풍속, knot → m/s
        ty_pmin.append(float(dataline[6]))     # 최소해면기압
```

가상 태풍 TYPHOON1 의 열대 폭풍 이상으로 존재한 시기는 2020 년 7 월 1 일 00UTC 부터 7 월 5 일 18UTC 까지입니다. 읽은 태풍 관측 데이터는 열대 폭풍 이상으로 존재한 시기를 분석 기간으로 정의하여 이 기간에 해당하는 자료만 남겨야 합니다. 태풍 관측 데이터의 슬라이싱은 분석의 시작 시간과 마지막 시간의 인덱스 값으로 처리합니다. 해당 시간의 인덱스 값 찾기는 사용자 정의 함수 narr_match_date()를 이용합니다. narr_match_date() 함수는 분석 시간을 관측 시간과 일치하는 인덱스(index) 값을 반환해 줍니다.

```
# -! 분석 시작과 마지막 시간 지정
tysdate = "2020070100"
tyedate = "2020070518"

#  -! narr_match_date() 함수 정의 : 분석 시간과 관측 시간이 일치하는 인덱스 값 찾기
def narr_match_date(adate, ty_date) :
  xs = len(ty_date)    # 관측 시간의 마지막 인덱스 값 할당
  for i, d in enumerate(ty_date) :   # enumerate() 함수 이용 인덱스 값, 요소 값 반복
```

```
    if adate[4:] == d :   # 분석 시간과 관측 시간이 일치하면
      xs = i   # 인덱스 값, xs 에 할당
  return(xs)   # 인덱스 값 반환

# -! narr_match_date() 함수 이용
# -! 리스트 ty_date 이용 분석 시작과 마지막 시간의 인덱스값 찾기
ns = narr_match_date(tysdate, ty_date)
ne = narr_match_date(tyedate, ty_date) + 1

# -! 분석 시작과 마지막 시간의 인덱스 값 이용 태풍 관측 데이터 슬라이싱
ty_lon = ty_lon[ns : ne]; ty_lat = ty_lat[ns : ne]; ty_pmin = ty_pmin[ns : ne]
ty_date = ty_date[ns : ne]; ty_vmax = ty_vmax[ns : ne]; ty_cat = ty_cat[ns : ne]
```

슬라이싱한 태풍 관측 데이터는 하나의 구조체 배열로 만들기 위해 각 리스트를 배열로 변경한 후 zip() 함수로 묶어 줍니다. 튜플 a 는 열(Column)별 이름과 자료 유형을 정의하여 하나의 구조체 배열(tydata)로 저장합니다.

```
# -! 리스트 이용 구조체 배열 할당
a = zip(np.array(ty_cat), np.array(ty_date), np.array(ty_lat), np.array(ty_lon),
np.array(ty_pmin), np.array(ty_vmax))   # 리스트, 배열 변경, zip() 함수 이용 묶기
odtype=[('ocat', 'S3'), ('odate', 'S6'), ('olat', 'f'), ('olon', 'f'), ('opmin', 'f'), ('ovmax',
'f')]   # 열별 이름과 자료유형 선언
tydata = np.array(a, dtype = np.dtype(odtype))   # odtype 을 반영한 구조체 배열 할당
```

형식		
np.array([list], dtype=[dtype], ...)		
매개변수	설정하는 특성	옵션
[list]	배열값	1 차원 이상 배열/리스트
[dtype]	배열 자료 유형	None(기본)/([name], [format]) [name]: 자료 이름, [format]: 자료 형식

표 4-1. 리스트를 배열로 만들어 주는 np.array() 함수

형식		
np.dtype([dtype], ...)		
매개변수	설정하는 특성	옵션
[dtype]	자료유형 객체 생성	([name], [format])/ { '[name]': '[format]' } [name]: 자료 이름, [format]: 자료 형식

표 4-2. 자료 유형 객체를 만들어 주는 np.dtype() 함수

구조체 배열 tydata 의 결과를 확인해 보겠습니다. 프롬프트에서 tydata 를 입력하면 다음과 같이 관측 시간에 따라 튜플 형태로 값이 나열되어 있습니다. 튜플 내에서는 열(Column)순으로 이름과 자료 유형도 함께 확인할 수 있습니다.

```
>>> tydata
array([('3', '070100', 15.4, 132.1, 1005., 18.5184),
       ('3', '070106', 17.1, 130.7, 1000., 18.004 ),
       ('3', '070112', 17.6, 129.2, 1000., 21.0904),
       ('4', '070118', 17.8, 127.9,  995., 24.6912),
       ('3', '070200', 18.1, 126.8,  996., 22.6336),
       ('4', '070206', 19.2, 125.9,  989., 25.72  ),
       ('4', '070212', 20.2, 124.8,  985., 33.9504),
       ('4', '070218', 20.9, 123.6,  981., 29.3208),
       ('5', '070300', 21.7, 123. ,  977., 35.4936),
       ('5', '070306', 22.9, 122.9,  973., 36.008 ),
       ('5', '070312', 24.6, 122.9,  963., 39.6088),
       ('5', '070318', 26.2, 122.5,  952., 40.1232),
       ('5', '070400', 27.5, 122.5,  966., 34.9792),
       ('4', '070406', 28.6, 122.2,  975., 30.864 ),
       ('4', '070412', 30. , 122.5,  981., 29.3208),
       ('4', '070418', 30.6, 122.8,  984., 24.6912),
       ('3', '070500', 32. , 124. ,  990., 23.148 ),
       ('3', '070506', 33.3, 124.7,  992., 20.576 ),
       ('3', '070512', 34.3, 126.4,  993., 19.5472),
       ('3', '070518', 35.8, 128.2,  994., 18.5184)],
      dtype=[('ocat', 'S3'), ('odate', 'S6'), ('olat', '<f4'), ('olon', '<f4'),
 ('opmin', '<f4'), ('ovmax', '<f4')])
```

태풍 예측자료 읽기는 읽은 예측 데이터에 사용자 정의 함수 fdata_append_odata_bydate()를 이용하여 관측 데이터를 합쳐 하나의 구조체 배열로 저장합니다. 읽기 전에 관측 시간 리스트는 월일시(mmddhh)에서 연월일시(yyyymmddhh) 형태로 다시 만들어 주고 읽을 열(Column)의 위치와 이름을 선언합니다. 태풍 관측 데이터와 예측 데이터 합치기는 사용자 정의 함수 fdata_append_odata_bydate()을 이용합니다. fdata_append_odata_bydate() 함수는 분석 기간을 반복하여 예측 데이터에 관측 데이터를 추가한 후 하나의 구조체 배열로 반환해 줍니다.

```
# -! 관측 시간 리스트 요소의 형태 변경 후 할당
tydate_list = []  # 리스트 초기화
for x in ty_date :   # mmddhh 형태 반복
tydate_list.append(''.join(['2020', x]))  # join() 함수 이용 yyyymmddhh 형태 변경 후 
추가

# -! 태풍 예측자료에서 읽을 열의 위치, 이름 선언
usecols = (0, 1, 2, 3, 4)  # 읽을 열의 위치 지정
names = ['fcst', 'flon', 'flat', 'fvmax', 'fpmin']  # 읽을 열의 이름 지정

# -! fdata_append_odata_bydate() 함수 정의
# -! 관측 시간 기준 예측 데이터와 관측 데이터 합치기
def fdata_append_odata_bydate(date, fdata, tydata) :
  # 예측 시간의 태풍 관측 데이터 추출
  idata = ('XXX','999999', -1., -1., -1., -1.)  # idata, 미씽값으로 초기화
  fdate_list, odata = [], []  # 리스트 초기화
  for i, hr in enumerate(fdata['fcst']) :   #  예측 기간 반복
    dt = timedelta(hours=hr)   # timedelta() 함수 이용 더할 예측 기간 할당
    idate = datetime.datetime(int(date[:4]), int(date[4:6]), int(date[6:8]), int(date[8:]))
+ dt # datetime.datetime() 함수 이용 문자열을 시간 형태 변경 후 예측 기간 더하기
    fdate = idate.strftime('%Y%m%d%H')   # 계산한 예측 시간, 문자열 변환
    fdate_list.append(fdate)   # 예측 시간 리스트에 추가
    idx = np.where(tydata['odate'] == fdate[4:])[0]   # np.where() 함수 이용 tydata 의 
관측 시간 기준 인덱스 값 찾기
    if len(idx) == 1 :   # 인덱스 값이 존재한다면
     odata.append(tydata[idx[0]])  # tydata 값 추가
    else :    # 인덱스 값이 없으면
     odata.append(idata)  # 미씽값 (idata) 추가
  fdata = append_fields(fdata, 'fdate', fdate_list, usemask=False)   # 구조체 배열 fdata 
에 예측 시간 리스트 추가
  ff = zip(*fdata); oo = zip(*odata)   # 변수별 구분 후 zip() 함수 이용 묶기
  for o in oo :  # odata 자료 반복
    ff.append(o)  # fdata 에 odata 추가
  odtype = [('ocat', 'S3'), ('odate', 'S6'), ('olat', 'f'), ('olon', 'f'), ('opmin', 'f'), \
('ovmax', 'f')]    # 관측 데이터의 열별 이름과 자료유형 선언
  fdtype = [('fcst', '<i8'), ('flon', '<f8'), ('flat', '<f8'), ('fvmax', '<f8'), ('fpmin', '<f8'),
('fdate', 'S10')]    # 예측 데이터의 열별 이름과 자료유형 선언
  dtype = fdtype + odtype    # 관측과 예측 데이터의 열별 이름과 자료유형 합치기
  ff = zip(*ff)        # 변수별 구분 후 다시 묶기
  fodata = np.array(ff, dtype = np.dtype(dtype))    # 구조체 배열로 할당
  return fodata      # 합친 예측과 관측 데이터의 구조체 배열 반환
```

```
# -! 태풍 예측자료 읽기 : 읽은 예측과 관측의 데이터 구조체 배열, 딕셔너리로 할당
ctldata_dict = dict(); expdata_dict = dict()  # 딕셔너리 초기화
for date in tydate_list :  # 관측 시간 리스트 만큼 반복
  ctlf = "./data/CTL_TC"+tynum+"."+date   # ctl 실험 파일 지정
  expf = "./data/EXP_TC"+tynum+"."+date  # exp 실험 파일 지정
  if os.path.exists(ctlf) :  # ctl 실험 파일이 존재하면 자료 처리
    ctldata = np.genfromtxt(ctlf, skip_header = 1, usecols = usecols, unpack = True,
dtype = None, names = names)   # np.genfromtxt() 함수 이용 구조체 배열로 읽기
    ctldata1 = fdata_append_odata_bydate(date, ctldata, tydata) #
fdata_append_odata_bydate() 함수 이용 예측 데이터와 관측 데이터 합치기
    ctldata_dict[date] = ctldata1  # 딕셔너리에 날짜별 구조체 배열을 할당
  if os.path.exists(expf) : # exp 실험 파일이 존재하면 자료 처리
    expdata = np.genfromtxt(expf, skip_header = 1, usecols = usecols, unpack = True, \
dtype = None, names = names)
    expdata1 = fdata_append_odata_bydate(date, expdata, tydata)
    expdata_dict[date] = expdata1
```

형식		
np.where([condition], ...)		
매개변수	설정하는 특성	옵션
[condition]	조건	1 차원 이상 배열 입력과 출력 형태: 배열

표 4-3. 조건에 따른 인덱스 값을 찾아 주는 np.where() 함수

형식		
append_fields([base], [name], [data], usemask=[True], ...)		
매개변수	설정하는 특성	옵션
[base]	입력 배열	1 차원 이상 배열
[name]	새로운 필드의 이름	문자열
[data]	새로운 필드	1 차원 이상 배열
usemask	masked 배열 반환 여부	True/False

표 4-4. 기존 배열에 새로운 필드를 추가하는 append_fields() 함수

형식		
np.genfromtxt([fname], dtype=[dtype], skip_header=[skip_header], usecols=[usecols], names=[names], unpack=[True], ...)		
매개변수	설정하는 특성	옵션
[fname]	텍스트파일	문자열
dtype	열(Column)의 자료 유형	None(기본)/([name], [format]) [name]: 자료 이름, [format]: 자료 형식
skip_header	파일의 스킵할 줄 수	0(기본)/정수형 숫자
usecols	읽을 열(Column) 선언	None(기본)/([usecols]) [usecols] 예시: (1, 4, 5)
names	열(Column) 이름	None(기본)/True/문자열 리스트
unpack	언팩 여부	None(기본)/True/False

표 4-5. 텍스트파일을 읽는 np.genfromtxt() 함수

딕셔너리(dictionary) ctldata_dict 를 확인해 보겠습니다. 키(Key)는 날짜(시간)를 넣어 입력해 봅니다. 예를 들어, 프롬프트에서 ctldata_dict['2020070212']를 입력하면 다음과 같은 결과가 나옵니다.

```
>>> ctldata_dict['2020070212']
array([(  0, 124.8, 20.2, 33.2,  985.1, '2020070212', '4', '070212', 20.2, 124.8, 985., 33.9504),
       (  6, 123.4, 21.2, 31.5,  978.7, '2020070218', '4', '070218', 20.9, 123.6, 981., 29.3208),
       ( 12, 122.9, 21.9, 37.3,  972.3, '2020070300', '5', '070300', 21.7, 123. , 977., 35.4936),
       ( 18, 122.8, 23.3, 43.6,  958. , '2020070306', '5', '070306', 22.9, 122.9, 973., 36.008 ),
       ( 24, 122.4, 24.8, 44.9,  945.2, '2020070312', '5', '070312', 24.6, 122.9, 963., 39.6088),
       ( 30, 121.8, 25.8, 36.7,  964.7, '2020070318', '5', '070318', 26.2, 122.5, 952., 40.1232),
       ( 36, 121.6, 27.1, 39. ,  958.9, '2020070400', '5', '070400', 27.5, 122.5, 966., 34.9792),
       ( 42, 121.8, 28.3, 32.5,  965.3, '2020070406', '4', '070406', 28.6, 122.2, 975., 30.864 ),
       ( 48, 121.9, 29.2, 30.1,  976.7, '2020070412', '4', '070412', 30. , 122.5, 981., 29.3208),
       ( 54, 122.2, 30.3, 25.9,  984.5, '2020070418', '4', '070418', 30.6, 122.8, 984., 24.6912),
       ( 60, 123. , 31.4, 27.9,  984.9, '2020070500', '3', '070500', 32. , 124. , 990., 23.148 ),
       ( 66, 123.9, 33. , 28.1,  981. , '2020070506', '3', '070506', 33.3, 124.7, 992., 20.576 ),
       ( 72, 124.9, 34.3, 29.2,  979.9, '2020070512', '3', '070512', 34.3, 126.4, 993., 19.5472),
       ( 78, 125.8, 35.3, 27. ,  979.4, '2020070518', '3', '070518', 35.8, 128.2, 994., 18.5184),
       ( 84, 127. , 36.3, 23.8,  981.8, '2020070600', 'XXX', '999999', -1. ,  -1. ,  -1., -1.     ),
       ( 90, 128.2, 37. , 20.9,  986.8, '2020070606', 'XXX', '999999', -1. ,  -1. ,  -1., -1.     ),
       ( 96, 130. , 37.4, 21.4,  992.7, '2020070612', 'XXX', '999999', -1. ,  -1. ,  -1., -1.     ),
       (102, 131.2, 37.5, 21.3,  993.8, '2020070618', 'XXX', '999999', -1. ,  -1. ,  -1., -1.     ),
       (108, 132.4, 37.6, 21.2,  994.9, '2020070700', 'XXX', '999999', -1. ,  -1. ,  -1., -1.     ),
       (114, 133.8, 37.1, 20.3,  998.8, '2020070706', 'XXX', '999999', -1. ,  -1. ,  -1., -1.     ),
       (120, 135.1, 36.6, 19.3, 1002.5, '2020070712', 'XXX', '999999', -1. ,  -1. ,  -1., -1.     )],
      dtype=[('fcst', '<i8'), ('flon', '<f8'), ('flat', '<f8'), ('fvmax', '<f8'), ('fpmin', '<f8'), ('fdat
e', 'S10'), ('ocat', 'S3'), ('odate', 'S6'), ('olat', '<f4'), ('olon', '<f4'), ('opmin', '<f4'), ('ovmax',
 '<f4')])
```

실험별 태풍 예측 오차는 키(Key)가 날짜인 ctldata_dict, expdata_dict 를 이용합니다. 예측 오차 계산은 사용자 정의 함수 cal_tyOmF_bydate()을 이용합니다. cal_tyOmF_bydate() 함수는 날짜가 키(Key)인 예측 데이터와 관측 데이터로 예측 기간에 따라 예측 오차를 계산하여 반환해 줍니다. 또한 이 함수에는 관측과 예측의 태풍 중심 위·경도를 거리로 계산하는 사용자 정의 함수 distance()를 이용합니다. distance() 함수는 하버사인 방식으로 두 지점의 위·경도를 거리(km)로 계산하여 반환해 줍니다.

```
# -! distance() 함수 정의 : 하버사인 방식 기반 두 지점 위·경도 사이의 거리 계산하기
def distance(origin, destination) :
    lat1, lon1 = origin  # 시작점인 위·경도 선언
    lat2, lon2 = destination  # 끝점인 위·경도 선언
    radius = 6371   # 지구 반지름(km) 할당
    toRad = math.atan(1.) / 45.  # 라디안 단위 할당
    dlat = (lat2-lat1) * toRad   # 위도 차이, 라디안 단위 변환
    dlon = (lon2-lon1) * toRad   # 경도 차이, 라디안 단위 변환
    a = math.sin(dlat / 2.) * math.sin(dlat / 2)  \
    + math.cos(lat1 * toRad) * math.cos(lat2 * toRad) * math.sin(dlon / 2.) * \
math.sin(dlon / 2.)  # 거리 계산
    c = 2 * math.atan2(math.sqrt(a), math.sqrt(1. - a))
    d = radius * c      # 지구 반지름 곱하기
    return d   # 거리 값 반환

# -! cal_tyOmB_bydata() 함수 정의 : 시간순 예측 오차 계산
```

```
def cal_tyOmF_bydate(fdata_dict, tydate_list) :
  tyOmF = dict()   # 딕셔너리 초기화
  for date in tydate_list :
    date_list, fcst_list, dis_list, pmin_list, vmax_list =[], [], [], [], []  # 리스트 초기화
    for i in fdata_dict[date] :
      if not 'XXX' in i :   # 미씽값이 아니면 다음을 수행
        dis = distance((i['olat'], i['olon']), (i['flat'], i['flon']))   # 관측과 예측의 태풍 중심
위치 사이의 거리 계산
        pmin = i['opmin'] - i['fpmin']     # 중심기압 오차 계산
        vmax = i['ovmax'] - i['fvmax']    # 최대풍속 오차 계산
      else :   # 미씽값이면
        dis = np.nan; pmin = np.nan; vmax = np.nan     # NaN 값 할당
      dis_list.append(dis); pmin_list.append(pmin); vmax_list.append(vmax);
      fcst_list.append(i['fcst']); date_list.append(i['fdate'])
    zipOmF = zip(np.array(date_list), np.array(fcst_list), np.array(dis_list), \
np.array(pmin_list), np.array(vmax_list))  # 리스트, 배열 변경, 변수별 구분 후 다시 묶기
    dtype =[('date', 'S10'), ('fcst', '<i8'), ('dis', '<f8'), ('pmin', '<f8'), ('vmax', '<f8')]
    OmF = np.array(zipOmF, dtype = dtype)
    tyOmF[date] = OmF
  return tyOmF

# -! cal_tyOmF_bydate() 함수 이용 딕셔너리별 예측 오차 계산하기
ctltyOmF = cal_tyOmF_bydate(ctldata_dict, tydate_list)
exptyOmF = cal_tyOmF_bydate(expdata_dict, tydate_list)
```

함수	설정하는 특성
atan()	탄젠트의 역함수
sin()	사인함수
cos()	코사인함수
atan2()	atan(y/x) 함수
sqrt()	제곱근함수

표 4-6. Math() 관련 함수

딕셔너리(dictionary) 태풍 예측 오차 ctltyOmF 를 확인해 보겠습니다. 프롬프트에서 ctltyOmF ['2020070212']를 입력하면 다음과 같습니다. 태풍 예측 오차는 구조체 배열 내 변수별로 6 시간

간격에 따라 계산된 값을 확인할 수 있습니다. 태풍 예측 오차는 관측 데이터와 예측 데이터가 모두 존재할 때만 계산하게 되어 있어 계산 조건을 만족하지 않으면 NaN 값이 출력됩니다.

```
>>> ctltyOmF['2020070212']
array([('2020070212',   0, 3.29573932e-04,  -0.1,  0.75040131),
       ('2020070218',   6, 3.92880323e+01,   2.3, -2.17919922),
       ('2020070300',  12, 2.45185547e+01,   4.7, -1.80640106),
       ('2020070306',  18, 4.56388771e+01,  15. , -7.59200058),
       ('2020070312',  24, 5.51898085e+01,  17.8, -5.29120102),
       ('2020070318',  30, 8.29005696e+01, -12.7,  3.42319946),
       ('2020070400',  36, 9.94309880e+01,   7.1, -4.02080154),
       ('2020070406',  42, 5.14011526e+01,   9.7, -1.63599968),
       ('2020070412',  48, 1.06198921e+02,   4.3, -0.77919922),
       ('2020070418',  54, 6.64887500e+01,  -0.5, -1.20879974),
       ('2020070500',  60, 1.15763493e+02,   5.1, -4.75199928),
       ('2020070506',  66, 8.16063874e+01,  11. , -7.52399979),
       ('2020070512',  72, 1.37785800e+02,  13.1, -9.65280075),
       ('2020070518',  78, 2.24123905e+02,  14.6, -8.48159981),
       ('2020070600',  84,            nan,   nan,         nan),
       ('2020070606',  90,            nan,   nan,         nan),
       ('2020070612',  96,            nan,   nan,         nan),
       ('2020070618', 102,            nan,   nan,         nan),
       ('2020070700', 108,            nan,   nan,         nan),
       ('2020070706', 114,            nan,   nan,         nan),
       ('2020070712', 120,            nan,   nan,         nan)],
      dtype=[('date', 'S10'), ('fcst', '<i8'), ('dis', '<f8'), ('pmin', '<f8'), ('vmax', '<f8')])
```

관측 시간에 따라 예측 기간 순으로 오차를 구하였습니다. 이제 오차는 분석 기간을 평균해야 합니다. 평균하기 전에 관측 시간, 예측 기간 순의 데이터는 예측 기간, 관측 시간 순으로 정렬합니다. 정렬은 사용자 정의 함수 chkey_date2fcsthr_tyOmF()를 이용합니다.

chkey_date2fcsthr_tyOmF() 함수는 예측 기간에 따라 관측 시간 순으로 정렬하여 딕셔너리 오차와 예측 기간 리스트를 반환해 줍니다.

```
# -! chkey_date2fcsthr_tyOmF() 함수 정의 : 오차 값, 예측 기간 순 정렬
def chkey_date2fcsthr_tyOmF(tyOmF, tydate_list) :
  fcsthr = tyOmF[tydate_list[0]]['fcst']     # 딕셔너리 이용 예측 기간 리스트 할당
  ftyOmF = dict()  # 딕셔너리 초기화
  for hr in fcsthr :  # 예측 기간 반복
    hr_date, hr_fcst, hr_dis, hr_pmin, hr_vmax = [], [], [], [], []     # 리스트 초기화
    for date in tydate_list : # 관측 시간 반복
      idx = np.where(tyOmF[date]['fcst'] == hr)[0]  # 예측 기간 기준 인덱스 값 찾기
      if len(idx) >= 1:    # 인덱스 값이 있다면 리스트별 값 추가
        hr_date.append(tyOmF[date][idx]['date'][0])
        hr_fcst.append(tyOmF[date][idx]['fcst'][0])
        hr_dis.append(tyOmF[date][idx]['dis'][0])
```

```
            hr_pmin.append(tyOmF[date][idx]['pmin'][0])
            hr_vmax.append(tyOmF[date][idx]['vmax'][0])
        ziphr = zip(np.array(hr_date), np.array(hr_fcst), np.array(hr_dis), \
np.array(hr_pmin), np.array(hr_vmax))
        dtype = [('date', 'S10'), ('fcst', '<i8'), ('dis', '<f8'), ('pmin', '<f8'), ('vmax', '<f8')]
        OmF = np.array(ziphr, dtype = dtype)
        ftyOmF[str(hr)] = OmF      # 딕셔너리에 예측 기간별 구조체 배열 할당
    return ftyOmF, fcsthr

# -! chkey_date2fcsthr_tyOmF() 함수 이용 예측 기간별 관측 시간순 정렬한 딕셔너리 할당
ctlftyOmF, fcsthr = chkey_date2fcsthr_tyOmF(ctltyOmF, tydate_list)
expftyOmF, fcsthr = chkey_date2fcsthr_tyOmF(exptyOmF, tydate_list)
```

키(Key)는 날짜가 아닌 예측 기간인 딕셔너리 ctlftyOmF 를 확인해 보겠습니다. 프롬프트에서 ctlftyOmF['0']을 입력하면 관측 시간에 따라 나열된 값을 확인할 수 있습니다.

```
>>> ctlftyOmF['0']
array([('2020070100', 0, 6.55685714e-04, -0.2, 0.21840019),
       ('2020070106', 0, 3.27100738e-04,  0. , 0.30399971),
       ('2020070112', 0, 3.26225134e-04,  0.5, 0.3904007 ),
       ('2020070118', 0, 1.82468255e-04,  0. , 0.49120026),
       ('2020070200', 0, 3.25325150e-04,  0.3, 0.33360023),
       ('2020070206', 0, 1.81304651e-04,  0.4, 0.71999931),
       ('2020070212', 0, 3.29573932e-04, -0.1, 0.75040131),
       ('2020070218', 0, 1.64083954e-04,  0.3, 0.82080078),
       ('2020070300', 0, 8.48349966e-05,  0.1, 0.99359894),
       ('2020070306', 0, 1.61951101e-04,  0.4, 0.70799942),
       ('2020070312', 0, 1.59995321e-04, -0.4, 0.70879898),
       ('2020070318', 0, 8.48349966e-05,  0.2, 0.92319946),
       ('2020070400', 0, 0.00000000e+00, -0.1, 0.97919846),
       ('2020070406', 0, 3.00939110e-04, -0.2, 0.86400032),
       ('2020070412', 0, 0.00000000e+00,  0.1, 0.82080078),
       ('2020070418', 0, 2.95148126e-04, -0.1, 0.49120026),
       ('2020070500', 0, 0.00000000e+00,  0.4, 0.34800072),
       ('2020070506', 0, 2.96038685e-04, -0.5, 0.37600021),
       ('2020070512', 0, 1.63838180e-04, -0.1, 0.14719925),
       ('2020070518', 0, 2.88004409e-04, -0.1, 0.31840019)],
      dtype=[('date', 'S10'), ('fcst', '<i8'), ('dis', '<f8'), ('pmin', '<f8'), ('vmax', '<f8')])
```

분석 기간 평균은 예측 기간 순으로 정렬한 딕셔너리(dictionary) 예측 오차와 예측 기간 리스트를 이용하여 구합니다. 평균은 사용자 정의 함수 cal_mean_ftyOmF()를 이용하여 구합니다. cal_mean_ftyOmF() 함수는 예측 시간에 따라 존재하는 기간에 대해 NaN 값을 무시하고 평균하여 그 값을 반환해 줍니다.

```
# -! cal_mean_ftyOmF() 함수 정의 : 예측 기간별 오차 평균
def cal_mean_ftyOmF(ftyOmF, fcsthr) :
  str_fcsthr = map(str, fcsthr)    # map() 함수 이용 예측 기간 리스트, 문자열로 변환
  dis, pmin, vmax = [], [], []       # 리스트 초기화
  for hr in str_fcsthr :
    d = np.nanmean(ftyOmF[hr]['dis'])   # np.nanmean() 함수 이용 평균
    p = np.nanmean(ftyOmF[hr]['pmin'])
    v = np.nanmean(ftyOmF[hr]['vmax'])
    dis.append(d); pmin.append(p); vmax.append(v)
  ziparr = zip(np.array(fcsthr), np.array(dis), np.array(pmin), np.array(vmax))
  dtype = [('fcst', '<i8'),('dis', '<f8'), ('pmin', '<f8'), ('vmax', '<f8')]
  mean = np.array(ziparr, dtype = dtype)
  return mean

# -! cal_mean_ftyOmF() 함수 이용 예측 기간별 분석 기간 평균 오차 계산
ctl=cal_mean_ftyOmF(ctlftyOmF, fcsthr)
exp=cal_mean_ftyOmF(expftyOmF, fcsthr)
```

형식		
np.nanmean([array], ...)		
매개변수	설정하는 특성	옵션
[array]	배열	1 차원 이상 배열

표 4-7. NaN 값을 무시하고 평균하는 np.nanmean() 함수

예측 기간에 따른 분석 기간 평균 오차 ctl 를 확인해 보겠습니다. 프롬프트에서 ctl 을 입력하면 예측 기간에 따라 6 시간 간격으로 분석 기간을 평균한 오차 값을 확인할 수 있습니다. 예측 120 시간의 오차값은 NaN 값이 출력되었습니다. 이 값은 시간 조건을 만족하는 값이 한 개도 없어 평균하여도 NaN 값이 저장되어 이후 차트에 표시되지 않습니다.

```
>>> ctl
array([(  0, 2.16367623e-04,  0.045     ,   0.58535997),
       (  6, 4.30867780e+01,  2.26315789,  -0.78480004),
       ( 12, 5.87237764e+01,  3.93888889,  -1.28973336),
       ( 18, 6.51370966e+01,  4.84705882,  -2.04150595),
       ( 24, 8.18466256e+01,  6.5125    ,  -3.45605009),
       ( 30, 8.54546881e+01,  7.57333333,  -3.62202677),
       ( 36, 9.68103690e+01,  7.45      ,  -3.71788578),
       ( 42, 1.14985311e+02,  8.31538462,  -4.84621556),
       ( 48, 1.23248959e+02,  8.45833333,  -5.26846692),
       ( 54, 1.22959110e+02,  9.40909091,  -5.21956381),
       ( 60, 1.18484081e+02,  8.79      ,  -5.49232014),
       ( 66, 1.72662241e+02,  9.56666667,  -6.11466671),
       ( 72, 2.32452357e+02, 12.925     ,  -7.68189998),
       ( 78, 3.00352412e+02, 16.95714286,  -9.99062832),
       ( 84, 3.85557967e+02, 19.83333333, -11.5497331 ),
       ( 90, 3.82479305e+02, 23.2      , -10.13813311),
       ( 96, 5.12605253e+02, 23.25     , -11.70240002),
       (102, 5.20366905e+02, 21.15     , -11.9027998 ),
       (108, 6.29278675e+02, 19.5      , -11.15280075),
       (114, 5.82117727e+02, 20.8      , -12.28159981),
       (120,            nan,        nan,          nan)],
      dtype=[('fcst', '<i8'), ('dis', '<f8'), ('pmin', '<f8'), ('vmax', '<f8')])
```

중심기압, 최대풍속, 중심위치의 평균 예측 오차를 이용하여 막대차트를 그려야 합니다. 막대차트를 그리기 전에 그림에 표시할 예측 기간 라벨리스트를 만들고 그림에 표시할 정보도 함께 선언합니다. 예측 기간 라벨리스트는 사용자 정의 함수 make_fcst_hr_labels()를 이용합니다. make_fcst_hr_labels() 함수는 정수형 예측 기간 리스트를 문자열의 예측 기간 라벨 리스트로 반환해 줍니다.

```
# -! make_fcst_hr_labels () 함수 정의 : 예측 기간 라벨리스트 만들기
def make_fcst_hr_labels(shr, ehr, ihr) :
  fcst_hr = np.arange(shr, ehr, ihr)     # 예측 시작, 끝, 간격 이용 예측 기간 리스트 할당
  fcsthr_labels = []  # 리스트 초기화
  for i in np.arange(len(fcst_hr)) :
    if fcst_hr[i] < 10 :   # 예측 10 시간 이하면
      fcsthr_label = "0" + str(fcst_hr[i]) + "h"    # 두 자리 문자열 할당
    else :   # 예측 10 시간 이상이면 다음과 같이 할당
      fcsthr_label = str(fcst_hr[i]) + "h"
    fcsthr_labels.append(fcsthr_label)
  return fcst_hr, fcsthr_labels

# -! make_fcst_hr_labels () 함수 이용 예측 기간 라벨 리스트 할당
fcst_hr, xticks_labels = make_fcst_hr_labels(0, 121, 6)

# -! 선언한 x 축 중심 기준 막대의 위치 선언
xticks_xpos = np.arange(1, len(fcsthr) + 1, 1)  # 예측 기간 수 만큼 x 축 위치 지정
xposa = [x - 0.25 for x in xticks_xpos]
```

평균 예측 오차 막대 차트는 중심위치, 중심기압, 최대풍속을 변수리스트(varlist)로 선언하고 변수 순으로 이름과 y 축 조정 값을 함께 지정하면 순차적으로 그림 4-1 을 완성합니다. 이때 그림의 해상도를 위해 변수별로 그림을 그리고 저장합니다.

```
# -! 변수별 정보 선언
varlist = ['dis', 'pmin', 'vmax']
vlabellist = ['Direct position error (km)', 'Central pressure absolute error (hPa)', \
'Maximum wind speed absolute error (m/s)']
dylist = [10, 5, 2]

# -! 막대 차트 그리기
for iv, var in enumerate(varlist) :
   # np.absolute() 함수 이용 평균오차, 절대값 변경
   ectl = np.absolute(ctl[var])
   eexp = np.absolute(exp[var])
   #  min(), max() 함수 이용 절대평균오차의 최소, 최대값 구하기
   dmin = min([np.nanmin(ectl), np.nanmin(eexp)])
   dmax = max([np.nanmax(ectl), np.nanmax(eexp)])
   # 막대 그리기
   fig = plt.figure(figsize=(11,8))
   plt.bar(xposa, ectl, width = 0.25, color = 'blue', align = 'edge', label = 'CTL')
   plt.bar(xticks_xpos, eexp, width = 0.25, color = 'red', align = 'edge', label = 'EXP')
   # 막대 차트 꾸미기 및 정보 표시
   plt.xlim(0, len(fcsthr) + 1, 1)    # x 축 범위 지정
   plt.ylim(0, dmax + dylist[iv], 10)    # y 축 범위 지정
   plt.xticks(xticks_xpos[::2], xticks_labels[::2], fontsize = 22.)    # x 축 눈금 라벨 표시
   plt.yticks(fontsize = 22.)    # y 축 눈금 라벨 크기 지정
   plt.grid(True, linestyle = ':')    # 격자선 표시
   plt.xlabel('Lead time (hours)', fontsize=22.)    # x 축 제목 지정 및 표시
   plt.ylabel(vlabellist[iv], fontsize=22.)    # y 축 제목 지정 및 표시
   plt.title(tyname, fontsize = 25.)    # 그림 제목 지정 및 표시
   plt.legend(loc='best', fontsize = 'x-large')    # 범례 표시
   plt.savefig("fig_4_1_"+var+".png")    # 그림 저장
   plt.show()   # 그림 확인
```

형식		
plt.bar([x], [y], width=0.8, align='center', color=[color], label=[label], ...)		
매개변수	설정하는 특성	옵션
[x]	x 축의 막대 위치	리스트
[y]	y 축, 막대 높이	리스트
width	막대 넓이	스칼라값
align	x 축 막대 위치	'center'/'edge'
color	막대 색	문자열
label	막대 라벨	문자열

표 4-8. 막대차트를 그리는 plt.bar() 함수

4-2. 태풍 진로도

태풍 진로도는 태풍 사례 기간 혹은 수치모델의 예측 기간에 대해 예측 태풍 중심 위치를 관측 태풍 중심 위치와 함께 표시합니다. 이 분석은 태풍이 지나온 위치와 상륙할 예측 위치를 알 수 있고 예측 태풍 위치와 실제 위치의 차이를 비교할 수 있습니다. 그림 4-2 는 2020 년 7 월 1 일 00UTC 에 2020 년 0 호 가상 태풍 TYPHOON 1 에 대한 관측 진로와 두 실험(CTL, EXP)의 예측 진로를 함께 그린 차트입니다. 검은 실선은 관측, 파란 점선은 CTL 실험, 빨간 실선은 EXP 실험입니다. 이 그림의 마커는 태풍 등급에 따라 다르게 표시하였습니다.

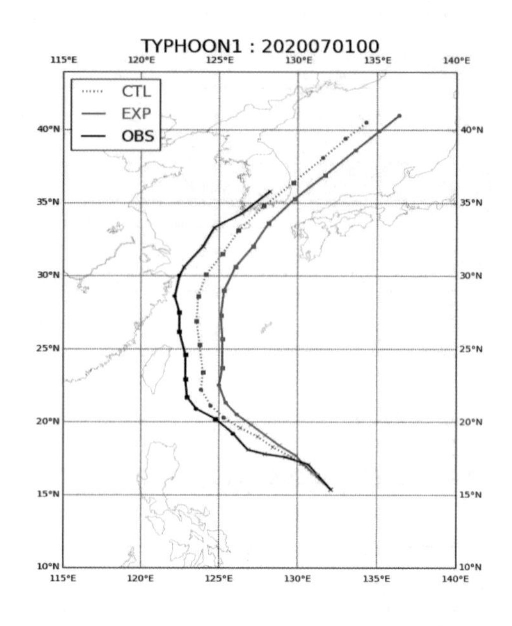

그림 4-2. 2020 년 0 호 가상 태풍 TYPHOON 1 사례의 2020 년 7 월 1 일 00 UTC 의 진로도 비교 (■: TY 급, ●: STS 급, X: TS 급).

그림 4-2 차트는 2020 년 0 호 가상 태풍 TYPHOON 1 에 대해 태풍 관측자료와 지정한 7 월 1 일 00 UTC 의 태풍 예측자료를 읽어 예측 0 시부터 120 시간까지 6 시간 간격으로 꺾은선과 마커를 이용하여 그리는 과정을 수행합니다. 여기서 마커는 태풍 위치를 나타내기도 하지만 지정한 마커 유형은 태풍 등급도 나타낼 수 있습니다. 진행 순서는 다음과 같습니다.

1) 태풍 예측자료 및 관측자료 읽기
2) 태풍 예측 기간에 해당하는 관측 데이터 슬라이싱하기
3) 최대풍속 이용 태풍 등급별 마커 지정하기
4) 태풍 진로도 그리기

먼저 필요한 라이브러리와 인터페이스를 호출합니다.

```
# -! 라이브러리 및 인터페이스 호출
import os
import numpy as np
from string import rstrip
import datetime
from datetime import timedelta
from numpy.lib.recfunctions import append_fields
import matplotlib.pyplot as plt
from mpl_toolkits.basemap import Basemap
```

4-1 절에서는 태풍 관측자료를 먼저 읽었지만 이 절에서는 태풍 예측 기간에 대한 진로도를 그려야 하므로 예측자료를 먼저 읽습니다. 태풍 예측자료 읽기는 4-1 절보다 간단하게 np.genfromtxt() 함수를 이용하여 구조체 배열로 저장합니다. 읽기 전에 분석 시간과 읽을 열(Column)의 위치와 이름을 선언합니다.

```
# -! 태풍번호, 분석 시간, 태풍 예측자료에서 읽을 열(Column)의 위치와 이름 선언
tynum = "2000"    # 태풍 발생연도, 번호 지정
date = "2020070100"
usecols = (0, 1, 2, 3, 4)
names = ['fcst', 'flon', 'flat', 'fvmax', 'fpmin']

# -! 태풍 예측자료 파일 선언 및 읽기
ctlf = "./data/CTL_TC"+tynum+"."+date    # ctl 실험 파일 지정
expf = "./data/EXP_TC"+tynum+"."+date    # exp 실험 파일 지정
if os.path.exists(ctlf) :    # ctl 실험 파일이 존재하면 자료처리
    ctldata = np.genfromtxt(ctlf, skip_header = 1, usecols = usecols, unpack = True, \
dtype = None, names = names)    # np.genfromtxt() 함수 이용 구조체 배열로 읽기

if os.path.exists(expf) :    # exp 실험 파일이 존재하면 자료처리
    expdata = np.genfromtxt(expf, skip_header = 1, usecols = usecols, unpack = True,
dtype = None, names = names)
```

형식		
np.genfromtxt([fname], dtype=[dtype], skip_header=[skip_header], usecols=[usecols], names=[names], unpack=[True], ...)		
매개변수	설정하는 특성	옵션
[fname]	텍스트파일	문자열
dtype	열(Column)의 자료 유형	None(기본)/([name], [format]) [name]: 자료 이름, [format]: 자료 형식
skip_header	파일의 스킵할 줄 수	0(기본)/정수형 숫자
usecols	읽을 열(Column) 선언	None(기본)/([usecols]) [usecols] 예시: (1, 4, 5)
names	열(Column) 이름	None(기본)/True/문자열 리스트
unpack	언팩 여부	None(기본)/True/False

표 4-9. 텍스트 파일을 읽는 np.genfromtxt() 함수

태풍 예측 자료에서 읽은 예측 데이터인 구조체 배열 ctldata 를 확인해 보겠습니다. 프롬프트에서 ctldata 을 입력하면 예측 기간에 따라 예측한 태풍의 위·경도, 최대풍속, 최소해면기압을 확인할 수 있습니다.

```
>>> ctldata
array([(  0, 132.1, 15.4, 18.3, 1005.2), (  6, 130.2, 17.2, 19.1, 1000.3),
       ( 12, 129.6, 17.6, 18.6, 1001. ), ( 18, 128.4, 18.3, 20. ,  997.1),
       ( 24, 127.4, 19. , 22. ,  997.3), ( 30, 126.3, 19.6, 23.4,  992. ),
       ( 36, 125.3, 20.3, 26.6,  990.5), ( 42, 124.5, 21.1, 29.2,  985.5),
       ( 48, 123.9, 22.2, 32.4,  981.8), ( 54, 124. , 23.4, 36.5,  973.6),
       ( 60, 123.8, 25.3, 40.2,  966.8), ( 66, 123.6, 26.9, 41.3,  954.2),
       ( 72, 123.7, 28.6, 40.2,  951.1), ( 78, 124.2, 30.1, 38.7,  956.1),
       ( 84, 125.2, 31.5, 36.7,  958.5), ( 90, 126.2, 33.1, 37.9,  959. ),
       ( 96, 127.8, 34.8, 37.2,  962. ), (102, 129.7, 36.4, 33.9,  967.8),
       (108, 131.6, 38.1, 30.7,  973.5), (114, 133. , 39.4, 30.8,  973.2),
       (120, 134.3, 40.5, 30.9,  972.7)],
      dtype=[('fcst', '<i8'), ('flon', '<f8'), ('flat', '<f8'), ('fvmax', '<f8'), ('fpmin', '<f8')])
```

태풍 관측자료 읽기는 헤더 지표인 99999 와 태풍정보 지표인 111 을 이용하여 태풍 이름, 관측 시간, 등급, 중심 위·경도, 최대풍속, 최소해면기압을 읽습니다. 태풍 관측자료는 4-1 절과 동일한 자료로 4-1 절에서 읽은 방법으로 처리합니다. 여기서도 remove_blank5list() 함수로 공백 요소를 제거한 후 자료를 처리합니다.

```
# -! 태풍 관측자료 파일 선언
tyobsf = "./data/ObsTrack.TC"+tynum     # 폴더, 파일 지정

# -! remove_blank5list() 함수 정의: 리스트의 공백 요소 제거
def remove_blank5list(list) :
  newlist = []
  for l in list :
    if not '' == l :
      newlist.append(l)
  return newlist

# -! 태풍 관측자료 파일 읽기
f = open(tyobsf, 'r')     # 파일 열기
list = map(rstrip, f)      # 라인별 오른쪽 공백 제거
ty_cat, ty_name, ty_date, ty_lat, ty_lon, ty_pmin, ty_vmax = [], [], [], [], [], [], []  # 
리스트 초기화
for i in np.arange(np.shape(list)[0]) :
   if '99999' in list[i] :      # 99999 지표 이용 헤더 구분
    ilist = list[i].split(" ")   # 문자열, 공백 구분
    header = remove_blank5list(ilist)   # remove_blank5list() 함수 이용 공백 요소 제거
    tyname = header[7]   # 태풍 이름 할당
    nline = int(header[2])   # 관측 데이터 수 할당
    for j in range(nline+1) :    # 관측 데이터 수 반복
      dataline = remove_blank5list(list[i+j].split(" "))    # remove_blank5list() 함수 이용 
공백 요소 제거
      if '111' in dataline[1] :    # 111 지표 이용 데이터라인 구분
        ty_date.append(dataline[0][2:])    # 관측 시간
        ty_cat.append(dataline[2])    # 등급
        ty_lat.append(float(dataline[3])*0.1)    #  중심 위도
        ty_lon.append(float(dataline[4])*0.1)    # 중심 경도
        ty_vmax.append(float(dataline[5])*0.5144)   # 최대풍속, knot → m/s
        ty_pmin.append(float(dataline[6]))      # 최소해면기압
```

이 절에서는 분석 기간이 아닌 분석 시간의 예측 시작과 마지막 시간의 기간으로 지정하여 태풍 관측 데이터를 슬라이싱합니다. 우선 예측 시간을 날짜로 계산하고 관측 시간과 일치하는 인덱스 값을 찾아 줍니다. 이때 사용자 정의 함수 cal_date_byfcsthr(), narr_match_date ()을 이용합니다. cal_date_byfcsthr()은 분석 시간과 예측 기간을 예측 시간을 계산하여 반환해 줍니다. narr_match_date()은 예측 시간과 일치하는 관측 시간의 인덱스 값을 찾아 반환해 줍니다.

```
# -! cal_date_byfcsthr() 함수 정의 : 예측 기간의 날짜 계산
def cal_date_byfcsthr(date, hr) :
  dt = timedelta(hours=hr)   # timedelta() 함수 이용 예측 기간 할당
  idate = datetime.datetime(int(date[:4]), int(date[4:6]), int(date[6:8]), int(date[8:])) +
dt # 지정한 시간 기준 시간 계산
  fdate = idate.strftime('%Y%m%d%H')   # 문자열 변환
  return fdate  # 예측 시간 반환

# -! narr_match_date () 함수 정의: 관측 시간 기준 예측 시간의 인덱스 값 찾기
def narr_match_date(adate, ty_date) :
  xs = len(ty_date) # 관측 시간의 마지막 인덱스 값 할당
  for i, d in enumerate(ty_date) : # enumerate() 함수 이용 인덱스 값, 요소 값 반복
    if adate[4:] == d :  # 예측 시간과 관측 시간이 일치하면
      xs = i   # 인덱스 값, xs 에 할당
  return(xs)  # 인덱스 값 반환

# -! cal_date_byfcsthr() 함수 이용 예측 시작과 마지막 시간 계산 및 할당
tysdate = cal_date_byfcsthr(date, ctldata['fcst'][0]);
tyedate = cal_date_byfcsthr(date, ctldata['fcst'][-1])

# narr_match_date() 함수 이용 관측 시간 기준 예측 시작과 마지막 시간의 인덱스 값 찾기
ns = narr_match_date(tysdate, ty_date)
ne = narr_match_date(tyedate, ty_date) + 1

# 예측 시작과 마지막 날짜의 인덱스 값 이용 태풍 관측 데이터 슬라이싱
ty_lon = ty_lon[ns : ne]; ty_lat = ty_lat[ns : ne]; ty_pmin = ty_pmin[ns : ne]
ty_date = ty_date[ns : ne]; ty_vmax = ty_vmax[ns : ne]; ty_cat = ty_cat[ns : ne]
```

슬라이싱한 값 중에 날짜(ty_date), 위·경도(ty_lat, ty_lon)의 값을 확인하면 다음과 같이 출력됩니다.

```
>>> ty_date
['070100', '070106', '070112', '070118', '070200', '070206', '070212', '070218', '070300', '070306', '
070312', '070318', '070400', '070406', '070412', '070418', '070500', '070506', '070512', '070518']
>>> ty_lat
[15.4, 17.1, 17.6, 17.8, 18.1, 19.200000000000003, 20.200000000000003, 20.900000000000002, 21.70000000
0000003, 22.900000000000002, 24.6, 26.200000000000003, 27.5, 28.6, 30.0, 30.6, 32.0, 33.30000000000000
4, 34.300000000000004, 35.800000000000004]
>>> ty_lon
[132.1, 130.70000000000002, 129.20000000000002, 127.9, 126.80000000000001, 125.9, 124.80000000000001,
123.60000000000001, 123.0, 122.9, 122.9, 122.5, 122.5, 122.2, 122.5, 122.80000000000001, 124.0, 124.7,
 126.4, 128.20000000000002]
```

진로도의 태풍 등급에 따라 표시를 다르게 하려면 태풍 관측 데이터의 태풍 등급과 예측 데이터의 최대풍속으로 태풍 등급별로 마커(marker) 유형을 할당합니다. 마커(marker) 유형 할당은 사용자 정의 함수 ext_ms_tycat1()을 이용합니다. ext_ms_tycat1() 함수는 최대풍속 값을 입력하면 해당하는 태풍 등급을 반환해 줍니다.

```
# -! ext_ms_tycat1() 함수 정의 : 최대풍속 이용 태풍 등급별 마커 할당
def ext_ms_tycat1(vmax) :
  if not vmax == -1 :   # 미씽값이 아니면 다음을 수행
    if vmax >= 33.0 :   # TY 급
      return('s')
    elif vmax < 33.0 and vmax >= 25.0 :   # STS 급
      return('o')
    elif vmax < 25.0 and vmax >= 17.0 :   # TS 급
      return('x')
    elif vmax < 17.0 :
      return('*')
    else :
      return('2')
  else :
    return('2')

# -! ext_ms_tycat1() 함수, 최대풍속 이용 ctl 마커 리스트 할당
ms4=[]
for i, ws in enumerate(ctldata['fvmax']) :
  # ext_ms_tycat1() 함수 이용 예측 최대풍속의 태풍 등급별 마커 할당 후 리스트에 추가
  ms4.append(ext_ms_tycat1(ws))

# -! ext_ms_tycat1() 함수, 최대풍속 이용 exp 마커 리스트 할당
ms1=[]
for i, ws in enumerate(expdata['fvmax']) :
  ms1.append(ext_ms_tycat1(ws))

# -! ext_ms_tycat1() 함수, 태풍 등급 이용 관측 마커 리스트 할당
mso=[]
for i, c in enumerate(ty_vmax) :
  mso.append(ext_ms_tycat1(c))
```

ms4 와 mso 의 값을 확인해 보면 예측과 관측의 최대풍속에 따라 태풍 등급의 마커(marker)가

다르게 할당되었습니다.

```
>>> ctldata['fvmax']
array([18.3, 19.1, 18.6, 20. , 22. , 23.4, 26.6, 29.2, 32.4, 36.5, 40.2,
       41.3, 40.2, 38.7, 36.7, 37.9, 37.2, 33.9, 30.7, 30.8, 30.9])
>>> ms4
['x', 'x', 'x', 'x', 'x', 'x', 'o', 'o', 'o', 's', 's', 's', 's', 's', 's
', 's', 's', 's', 'o', 'o', 'o']
>>> ty_vmax
[18.5184, 18.003999999999998, 21.0904, 24.6912, 22.633599999999998, 25.72
, 33.950399999999995, 29.3208, 35.4936, 36.007999999999996, 39.6087999999
99995, 40.1232, 34.9792, 30.863999999999997, 29.3208, 24.6912, 23.148, 20
.576, 19.5472, 18.5184]
>>> mso
['x', 'x', 'x', 'x', 'x', 'o', 's', 'o', 's', 's', 's', 's', 's', 'o', 'o
', 'x', 'x', 'x', 'x', 'x']
```

진로도는 Basemap 지도 라이브러리와 할당된 태풍 등급에 따른 마커(marker)를 이용하여 그림 4-2 를 완성합니다. 지도는 Cartopy 라이브러리를 이용해도 됩니다.

```
# -! 진로도 그리기
fig = plt.figure(figsize = (8, 10))

# Basemap 지도 그리기
m = Basemap(llcrnrlon = 115., llcrnrlat = 10., urcrnrlon = 140., urcrnrlat = 44.,
projection = 'cyl', resolution = 'l', area_thresh = 1000.)  # 실린더 유형 지도 표시
m.drawcoastlines(linewidth = 0.2)  # 해안선 표시
m.drawcountries(linewidth = 0.2)  # 나라 경계선 표시
m.drawparallels(np.arange(-10,70,5), labels = [1, 1, 0, 0], fontsize = 10.)  # 위도
격자선 표시
m.drawmeridians(np.arange(90,230,5), labels = [0, 0, 1, 1], fontsize = 10.)  # 경도
격자선 표시
m.drawmapboundary()  # 지도 경계선 표시

plt.title(tyname + " : " + date, y = 1.03, fontsize = 20.) # 그림 제목 지정 및 표시

# 예측과 관측의 위·경도 선언
lon4 = ctldata['flon']; lat4 = ctldata['flat']
lon1 = expdata['flon']; lat1 = expdata['flat']
ty_lon = map(float, ty_lon); ty_lat = map(float, ty_lat) # map() 함수 이용 실수형 변경

# 지도(m)의 위·경도로 변환
```

```
x1, y1 = m(lon1, lat1)
x4, y4 = m(lon4, lat4)
xo, yo = m(ty_lon, ty_lat)

# ctl 의 진로도 그리기
p0 = m.plot(x4, y4,  c='blue', label = 'CTL', linestyle = 'dotted', linewidth=2.)
for xx, yy, ms in zip(x4, y4, ms4) : # zip() 함수 이용 같은 위치의 값을 함께 반복
  m.plot(xx, yy, c = 'blue', marker=ms, markeredgecolor='blue', markersize=4.)

# exp 의 진로도 그리기
p1 = m.plot(x1, y1, 'red', label = 'EXP', linestyle = '-', linewidth=2.)
for xx, yy, ms in zip(x1, y1, ms1) :
  m.plot(xx, yy, c = 'red', marker=ms, markeredgecolor='red', markersize=4.)

# 관측의 진로도 그리기
p2 = m.plot(xo, yo, c='black', label = 'OBS', linewidth=2.)
for xx, yy, ms in zip(xo, yo, mso) :
  m.plot(xx, yy, c = 'black', marker = ms, markersize = 4.)

#  plot 정보로부터 범례 표기
leg = plt.legend(loc = 'best', fontsize = 'x-large')

# color_legend_text() 함수 정의 : plot 유형별 색과 라벨 색, 동일하게 표기
def color_legend_texts(leg) :
  for line, txt in zip(leg.get_lines(), leg.get_texts()) : # leg 정보 이용 plot 유형과 라벨 반복
    txt.set_color(line.get_color()) # plot 유형 색을 가져와 plot 라벨 색 표기

color_legend_texts(leg)   # p0, p1, p2 의 유형 색과 라벨 색 같게 표기
plt.savefig("fig_4_2.png")  # 그림 저장
plt.show()  # 그림 확인
```

형식		
Basemap (llcrnrlon=[llcrnrlon], llcrnrlat=[llcrnrlat], urcrnrlon=[urcrnrlon], urcrnrlat= [urcrnrlat], projection=[projection], resolution=[resolution], area_thresh=[area_thresh], …)		
매개변수	설정하는 특성	옵션
llcrnrlon	경도 좌측 하단 코너	실수값

llcrnrlat	위도 좌측 하단 코너	실수값
urcrnrlon	경도 우측 상단 코너	실수값
urcrnrlat	위도 우측 상단 코너	실수값
projection	지도 유형	None(기본)/문자열 ex) 'cyl'
resolution	해안선 등 해상도	'c'(기본)/'l'/'l'/'h'/None
area_thresh	해안선 등 문턱값	10000,1000,100,10,1

표 4-10. 지도를 불러오는 Basemap() 함수

형식		
m.plot([x], [y], colors = [c], linestyle = [linestyle], marker = [m], markersize = [msize], label=[label], ...)		
매개변수	설정하는 특성	옵션
[x]	그래프의 x 값	1 차원 배열/리스트
[y]	그래프의 y 값	x 와 길이가 같은 1 차원 배열/리스트
color(=c)	그래프 색	Pyplot 에서 인식하는 색 이름(ex. 'r', 'red', …) 또는 RGB 튜플(순서쌍)
linestyle	그래프 선 종류	선 스타일의 이름(ex. 'dashed') 또는 글자로 표현한 스타일(ex. '-', '--', '-.')
marker	그래프를 구성하는 마커(marker) 유형	ex. 'o', '.', 's', ...
markersize	마커(marker) 크기	0 이상의 실수 (0 인 경우 마커(marker)가 나타나지 않음)
label	xy 그래프 라벨	문자열

표 4-11. xy 그래프를 그리는 m.plot() 함수

4-3. 태풍 예측 강도 시계열

태풍 강도는 태풍 중심 부근의 최대풍속과 태풍 중심의 최소해면기압을 말합니다. 태풍 강도는 등급으로 구분하고 등급은 최대풍속으로 결정됩니다. 최대풍속은 역학적으로 기압과 연관이 있습니다. 예측 강도 시계열은 태풍 관측 시간에 따라 실제 태풍과 함께 수치모델의 예측 태풍 강도 경향을 비교할 수 있습니다. 그림 4-3 은 2020 년 0 호 가상 태풍 TYPHOON1 에 대해 관측 강도와 예측 강도를 함께 그린 시계열 차트입니다.

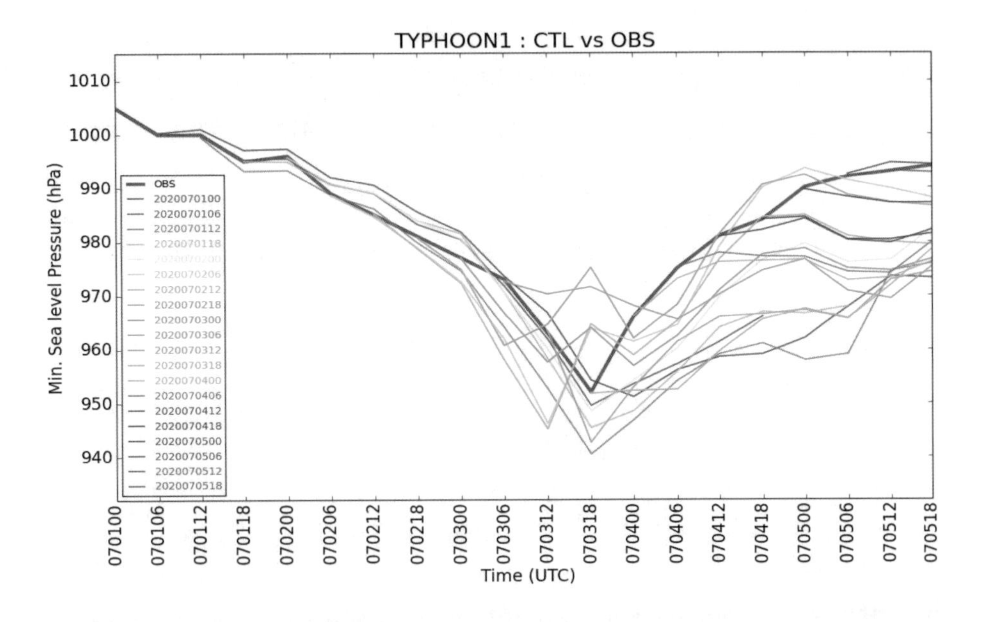

그림 4-3. 2020 년 0 호 가상 태풍 TYPHOON 1 에 대한 CTL 실험의 예측 강도 시계열 비교

그림 4-3 차트는 2020 년 0 호 가상 태풍 TYPHOON 1 의 관측 데이터와 분석 기간의 예측 데이터를 읽어 관측 시간 기준으로 예측 데이터를 합쳐 예측 0 시부터 120 시간까지 6 시간 간격으로 꺾은선 차트를 그리는 과정을 수행합니다. 진행 순서는 다음과 같습니다.

1) 태풍 관측자료 읽기 및 분석 기간의 관측 데이터 슬라이싱하기
2) 태풍 예측자료 읽기 및 관측 시간 기준 예측데이터와 관측 데이터 합치기
3) 태풍 관측 시간 기준 예측 120 시간까지의 강도 시계열 그리기

먼저 필요한 라이브러리와 인터페이스를 호출합니다.

```
# -! 라이브러리 및 인터페이스 호출
import os
import numpy as np
from string import rstrip
import datetime
from datetime import timedelta
from numpy.lib.recfunctions import append_fields
import matplotlib.pyplot as plt
```

태풍 관측자료 읽기는 헤더 지표인 99999 와 태풍정보 지표인 111 을 이용하여 태풍 이름, 관측 시간, 등급, 중심 위·경도, 최대풍속, 최소해면기압을 읽습니다. 태풍 관측자료는 4-1, 4-2 절과 동일한 자료로 4-1, 4-2 절에서 읽은 동일한 방법으로 처리합니다.

여기서도 remove_blank5list() 함수로 공백 요소를 제거하여 자료를 처리합니다.

```
# -! 태풍 관측자료 파일 선언
tynum = "2000"    # 태풍 발생연도, 번호 지정
tyobsf = "./data/ObsTrack.TC"+tynum    # 폴더, 파일 지정

# -! remove_blank5list() 함수 정의: 리스트의 공백 요소 제거
def remove_blank5list(list) :
  newlist = []
  for l in list :
    if not '' == l :
      newlist.append(l)
  return newlist

# -! 태풍 관측자료 파일 읽기
f = open(tyobsf, 'r')    # 파일 열기
list = map(rstrip, f)    # 라인별 오른쪽 공백 제거
ty_cat, ty_name, ty_date, ty_lat, ty_lon, ty_pmin, ty_vmax = [], [], [], [], [], [], [] #
리스트 초기화
for i in np.arange(np.shape(list)[0]) :
   if '99999' in list[i] :    # 99999 지표 이용 헤더 구분
    ilist = list[i].split(" ")   # 문자열, 공백 구분
```

```
  header = remove_blank5list(ilist)  # remove_blank5list() 힘수 이용 공백 요소 제거
  tyname = header[7]  # 태풍 이름 할당
  nline = int(header[2])  # 관측 데이터 수 할당
  for j in range(nline+1) :  # 관측 데이터 수 반복
    dataline = remove_blank5list(list[i+j].split(" "))  # remove_blank5list() 함수 이용
공백 요소 제거
    if '111' in dataline[1] :  # 111 지표 이용 데이터라인 구분
      ty_date.append(dataline[0][2:])  # 관측 시간
      ty_cat.append(dataline[2])  # 등급
      ty_lat.append(float(dataline[3])*0.1)  #  중심 위도
      ty_lon.append(float(dataline[4])*0.1)  # 중심 경도
      ty_vmax.append(float(dataline[5])*0.5144)  # 최대풍속, knot → m/s
      ty_pmin.append(float(dataline[6]))   # 최소해면기압
```

2020 년 0 호 가상 태풍 TYPHOON 1 의 열대 폭풍 이상으로 존재한 시기는 4-1 절과 동일하게 2020 년 7 월 1 일 00UTC 부터 7 월 5 일 18UTC 까지입니다. 읽은 태풍 관측 데이터는 4-1 절과 동일한 분석 기간에 해당하는 자료를 남겨야 합니다. 태풍 관측 데이터의 슬라이싱은 분석 시작과 마지막 시간의 인덱스 값으로 처리합니다. 해당 시간의 인덱스 값 찾기는 사용자 정의 함수 narr_match_date()를 이용합니다. narr_match_date() 함수는 분석 시간을 관측 시간과 일치하는 인덱스(index) 값을 반환해 줍니다.

```
# -! 분석 시작과 마지막 시간 지정
tysdate = "2020070100"
tyedate = "2020070518"

#  -! narr_match_date() 함수 정의 : 분석 시간과 관측 시간이 일치하는 인덱스 값 찾기
def narr_match_date(adate, ty_date) :
  xs = len(ty_date)  # 관측 시간의 마지막 인덱스 값 할당
  for i, d in enumerate(ty_date) :  # enumerate() 함수 이용 인덱스 값, 요소 값 반복
    if adate[4:] == d :  # 분석 시간과 관측 시간이 일치하면
      xs = i  # 인덱스 값, xs 에 할당
  return(xs)  # 인덱스 값 반환

# -! narr_match_date() 함수 이용 분석 시작과 마지막 시간의 인덱스값 찾기
ns = narr_match_date(tysdate, ty_date)
ne = narr_match_date(tyedate, ty_date) + 1
```

```
# -! 분석 시작과 마지막 시간의 인덱스 값 이용 태풍 관측 데이터 슬라이싱
ty_lon = ty_lon[ns : ne]; ty_lat = ty_lat[ns : ne]; ty_pmin = ty_pmin[ns : ne]
ty_date = ty_date[ns : ne]; ty_vmax = ty_vmax[ns : ne]; ty_cat = ty_cat[ns : ne]
```

슬라이싱한 태풍 관측 데이터는 하나의 구조체 배열로 만들기 위해 각 리스트를 배열로 변경한 후 zip() 함수로 묶어 줍니다. 튜플 a 는 열(Column)별 이름과 자료 유형을 정의하여 하나의 구조체 배열(tydata)로 저장한 것입니다.

```
# -! 리스트 이용 구조체 배열 할당
a = zip(np.array(ty_cat), np.array(ty_date), np.array(ty_lat), np.array(ty_lon),
np.array(ty_pmin), np.array(ty_vmax))    # 리스트, 배열 변경, zip() 함수 이용 묶기
odtype=[('ocat', 'S3'), ('odate', 'S6'), ('olat', 'f'), ('olon', 'f'), ('opmin', 'f'), ('ovmax',
'f')]   # 열별 이름과 자료 유형 선언
tydata = np.array(a, dtype = np.dtype(odtype))    # odtype 을 반영한 구조체 배열 할당
```

구조체 배열 tydata 은 다음과 같이 4-1 절에서 출력한 결과와 동일합니다.

```
>>> tydata
array([('3', '070100', 15.4, 132.1, 1005., 18.5184),
       ('3', '070106', 17.1, 130.7, 1000., 18.004 ),
       ('3', '070112', 17.6, 129.2, 1000., 21.0904),
       ('4', '070118', 17.8, 127.9,  995., 24.6912),
       ('3', '070200', 18.1, 126.8,  996., 22.6336),
       ('4', '070206', 19.2, 125.9,  989., 25.72  ),
       ('4', '070212', 20.2, 124.8,  985., 33.9504),
       ('4', '070218', 20.9, 123.6,  981., 29.3208),
       ('5', '070300', 21.7, 123. ,  977., 35.4936),
       ('5', '070306', 22.9, 122.9,  973., 36.008 ),
       ('5', '070312', 24.6, 122.9,  963., 39.6088),
       ('5', '070318', 26.2, 122.5,  952., 40.1232),
       ('5', '070400', 27.5, 122.5,  966., 34.9792),
       ('4', '070406', 28.6, 122.2,  975., 30.864 ),
       ('4', '070412', 30. , 122.5,  981., 29.3208),
       ('4', '070418', 30.6, 122.8,  984., 24.6912),
       ('3', '070500', 32. , 124. ,  990., 23.148 ),
       ('3', '070506', 33.3, 124.7,  992., 20.576 ),
       ('3', '070512', 34.3, 126.4,  993., 19.5472),
       ('3', '070518', 35.8, 128.2,  994., 18.5184)],
      dtype=[('ocat', 'S3'), ('odate', 'S6'), ('olat', '<f4'), ('olon', '<f4'),
 ('opmin', '<f4'), ('ovmax', '<f4')])
```

태풍 예측자료 읽기는 CTL 실험의 태풍 예측 데이터에 사용자 정의 함수 fdata_append_odata_bydate()를 이용하여 4-1 절처럼 태풍 관측 데이터를 합쳐 하나의 구조체 배열에 저장합니다. 읽기 전에 관측 시간 리스트는 연월일시(yyyymmddhh) 형태로 만들어 주고 읽을 열(Column)의 위치와 이름을 선언합니다. 태풍의 관측 데이터와 예측 데이터 합치기는 사용자 정의 함수 fdata_append odata_bydate()를 이용합니다. 이 함수는 분석 기간을 반복하여 예측 데이터에 관측 데이터를 추가한 후 하나의 구조체 배열로 반환합니다.

```
# -! 관측 시간 리스트 요소의 형태 변경 후 할당
tydate_list = []  # 리스트 초기화
for x in ty_date :   # mmddhh 형태 반복
tydate_list.append(''.join(['2020', x]))  # join() 함수 이용 yyyymmddhh 형태 변경 후 추가

# -! 태풍 예측자료에서 읽을 열의 위치, 이름 선언
usecols = (0, 1, 2, 3, 4)  # 읽을 열의 위치 지정
names = ['fcst', 'flon', 'flat', 'fvmax', 'fpmin']  # 읽을 열의 이름 지정

# -! fdata_append_odata_bydate() 함수 정의
# -! 관측 시간 기준 예측 데이터와 관측 데이터 합치기
def fdata_append_odata_bydate(date, fdata, tydata) :
   # 예측 시간의 태풍 관측 데이터 추출하기
   idata = ('XXX','999999', -1., -1., -1., -1.)  # idata, 미씽값으로 초기화
   fdate_list, odata = [], []  # 리스트 초기화
   for i, hr in enumerate(fdata['fcst']) :  # 예측 기간 반복
    dt = timedelta(hours=hr)   # timedelta() 함수 이용 더할 예측 기간 할당
    idate = datetime.datetime(int(date[:4]), int(date[4:6]), int(date[6:8]), int(date[8:]))
+ dt # datetime.datetime() 함수 이용 문자열을 시간 형태 변경 후 예측 기간 더하기
    fdate = idate.strftime('%Y%m%d%H')   # 계산한 예측 시간, 문자열 변환
    fdate_list.append(fdate)   # 예측 시간 리스트에 추가
    idx = np.where(tydata['odate'] == fdate[4:])[0]   # np.where() 함수 이용 관측 시간
기준 인덱스 값 찾기
    if len(idx) == 1 :   # 인덱스 값이 존재한다면
     odata.append(tydata[idx[0]])  # tydata 값 추가
    else :   # 인덱스 값이 없으면
     odata.append(idata)  # 미씽값 (idata) 추가
   fdata = append_fields(fdata, 'fdate', fdate_list, usemask=False)  # 구조체 배열
fdata 에 예측 시간 리스트 추가
   ff = zip(*fdata); oo = zip(*odata)   # 변수별 구분 후 zip() 함수 이용 묶기
   for o in oo :  # odata 자료 반복
    ff.append(o)  # fdata 에 odata 추가
   odtype = [('ocat', 'S3'), ('odate', 'S6'), ('olat', 'f'), ('olon', 'f'), ('opmin', 'f'),
('ovmax', 'f')] # 관측 데이터의 열별 이름과 자료 유형 선언
   fdtype = [('fcst', '<i8'), ('flon', '<f8'), ('flat', '<f8'), ('fvmax', '<f8'), ('fpmin', '<f8'),
('fdate', 'S10')] # 예측 데이터의 열별 이름과 자료 유형 선언
   dtype = fdtype + odtype   # 관측과 예측 데이터의 열별 이름과 자료 유형 합치기
```

```
    ff = zip(*ff)        # 변수별 구분 후 zip() 함수 이용 묶기
    fodata = np.array(ff, dtype = np.dtype(dtype))   # 구조체 배열로 할당
    return fodata      # 합친 예측과 관측 데이터의 구조체배열 반환

# -! 태풍 예측자료 읽기 : 읽은 예측과 관측의 데이터 구조체 배열, 딕셔너리로 할당
ctldata_dict = dict()    # 딕셔너리 초기화
for date in tydate_list :   # 관측 시간 리스트 반복
  ctlf = "./data/CTL_TC"+tynum+"."+date    # ctl 실험 파일 선언
  if os.path.exists(ctlf) :   # ctl 실험 파일이 존재하면 자료 처리
    ctldata = np.genfromtxt(ctlf, skip_header = 1, usecols = usecols, unpack = True,
dtype = None, names = names)   # np.genfromtxt() 함수 이용 구조체 배열로 읽기
    ctldata1 = fdata_append_odata_bydate(date, ctldata, tydata) #
fdata_append_odata_bydate() 함수 이용 예측 데이터와 관측 데이터 합치기
    ctldata_dict[date] = ctldata1   # 딕셔너리에 날짜별 구조체 배열을 할당
```

형식		
np.where([condition], ...)		
매개변수	설정하는 특성	옵션
[condition]	조건	1 차원 이상 배열 입력과 출력 형태: 배열

표 4-12. 조건에 의해 인덱스 값을 찾아 주는 np.where() 함수

형식		
append_fields([base], [name], [data], usemask=[True], ...)		
매개변수	설정하는 특성	옵션
[base]	입력 배열	1 차원 이상 배열
[name]	새로운 필드의 이름	문자열
[data]	새로운 필드	1 차원 이상 배열
usemask	masked 배열 반환 여부	True/False

표 4-13. 기존 배열에 새로운 필드를 추가하는 append_fields() 함수

형식
np.genfromtxt([fname], dtype=[dtype], skip_header=[skip_header], usecols=[usecols], names=[names], unpack=[True], ...)

매개변수	설정하는 특성	옵션
[fname]	텍스트파일	문자열
dtype	열(Column)의 자료 유형	None(기본)/([name], [format]) [name]: 자료 이름, [format]: 자료 형식
skip_header	파일의 스킵할 줄 수	0(기본)/정수형 숫자
usecols	읽을 열(Column) 선언	None(기본)/([usecols]) [usecols] 예시: (1, 4, 5)
names	열(Column) 이름	None(기본)/True/문자열 리스트
unpack	언팩 여부	None(기본)/True/False

표 4-14. 텍스트파일을 읽는 np.genfromtxt() 함수

딕셔너리(dictionary) ctldata_dict를 확인해 보겠습니다. 프롬프트에서 ctldata_dict['2020070212']를 입력하면 4-1 절과 동일하게 6 시간 간격으로 예측 120 시간까지 예측 데이터와 관측 데이터가 함께 나열되어 있습니다.

```
>>> ctldata_dict['2020070212']
array([(  0, 124.8, 20.2, 33.2,  985.1, '2020070212', '4', '070212', 20.2, 124.8, 985., 33.9504),
       (  6, 123.4, 21.2, 31.5,  978.7, '2020070218', '4', '070218', 20.9, 123.6, 981., 29.3208),
       ( 12, 122.9, 21.9, 37.3,  972.3, '2020070300', '5', '070300', 21.7, 123. , 977., 35.4936),
       ( 18, 122.8, 23.3, 43.6,  958. , '2020070306', '5', '070306', 22.9, 122.9, 973., 36.008 ),
       ( 24, 122.4, 24.8, 44.9,  945.2, '2020070312', '5', '070312', 24.6, 122.9, 963., 39.6088),
       ( 30, 121.8, 25.8, 36.7,  964.7, '2020070318', '5', '070318', 26.2, 122.5, 952., 40.1232),
       ( 36, 121.6, 27.1, 39. ,  958.9, '2020070400', '5', '070400', 27.5, 122.5, 966., 34.9792),
       ( 42, 121.8, 28.3, 32.5,  965.3, '2020070406', '4', '070406', 28.6, 122.2, 975., 30.864 ),
       ( 48, 121.9, 29.2, 30.1,  976.7, '2020070412', '4', '070412', 30. , 122.5, 981., 29.3208),
       ( 54, 122.2, 30.3, 25.9,  984.5, '2020070418', '4', '070418', 30.6, 122.8, 984., 24.6912),
       ( 60, 123. , 31.4, 27.9,  984.9, '2020070500', '3', '070500', 32. , 124. , 990., 23.148 ),
       ( 66, 123.9, 33. , 28.1,  981. , '2020070506', '3', '070506', 33.3, 124.7, 992., 20.576 ),
       ( 72, 124.9, 34.3, 29.2,  979.9, '2020070512', '3', '070512', 34.3, 126.4, 993., 19.5472),
       ( 78, 125.8, 35.3, 27. ,  979.4, '2020070518', '3', '070518', 35.8, 128.2, 994., 18.5184),
       ( 84, 127. , 36.3, 23.8,  981.8, '2020070600', 'XXX', '999999', -1. ,  -1. ,  -1., -1.    ),
       ( 90, 128.2, 37. , 20.9,  986.8, '2020070606', 'XXX', '999999', -1. ,  -1. ,  -1., -1.    ),
       ( 96, 130. , 37.4, 21.4,  992.7, '2020070612', 'XXX', '999999', -1. ,  -1. ,  -1., -1.    ),
       (102, 131.2, 37.5, 21.3,  993.8, '2020070618', 'XXX', '999999', -1. ,  -1. ,  -1., -1.    ),
       (108, 132.4, 37.6, 21.2,  994.9, '2020070700', 'XXX', '999999', -1. ,  -1. ,  -1., -1.    ),
       (114, 133.8, 37.1, 20.3,  998.8, '2020070706', 'XXX', '999999', -1. ,  -1. ,  -1., -1.    ),
       (120, 135.1, 36.6, 19.3, 1002.5, '2020070712', 'XXX', '999999', -1. ,  -1. ,  -1., -1.    )],
      dtype=[('fcst', '<i8'), ('flon', '<f8'), ('flat', '<f8'), ('fvmax', '<f8'), ('fpmin', '<f8'), ('fdat
e', 'S10'), ('ocat', 'S3'), ('odate', 'S6'), ('olat', '<f4'), ('olon', '<f4'), ('opmin', '<f4'), ('ovmax',
 '<f4')])
```

태풍의 관측 데이터와 예측 데이터의 처리가 끝났습니다. 그리기 전에 CTL 의 실험명과 예측 강도 시계열의 열(Column) 정보인 변수를 선언합니다. 변수 라벨 딕셔너리(dictionary)로 제목을 정해주면 간편하게 그림 제목을 표시할 수 있습니다. 또한 예측 강도를 관측 시간 순으로 색을 다르게 표시하기는 날짜순으로 plt.cm.gist_rainbow() 함수로 컬러를 x 축 눈금 수(관측 시간 수)만큼 선언하여 적용합니다.

```
# -! 실험명, 변수 라벨 딕셔너리, 그릴 변수 선언
nwpname = "CTL"
varDict={'pmin' : "Min. Sea level Pressure (hPa)", 'vmax' : "Max. Wind Speed (m/s) "}
var = 'pmin'

# -! x 축 간격이 6 시간 간격인 x 축 배열 선언
n = np.shape(tydata['odate'])[0]
N = range(n)

# x 축 수만큼 컬러 선언
color = plt.cm.gist_rainbow(np.linspace(0, 1, n))
```

관측 시간 기준으로 일치하는 예측 시간에 따라 예측 강도를 그려 그림 4-3 을 완성합니다.

```
# -! 시계열 그리기
plt.figure(1, figsize = (14, 10))

# 관측 시계열 그리기
plt.plot(N, tydata["o"+var], 'k-', label = 'OBS', linewidth = 3.5, alpha = 0.6)

# 관측 시간 기준 예측데이터 지정 및 시계열 그리기
tydatelist = tydate_list        # 날짜 리스트 할당
for i, c in zip (N, color) :
    # 관측 시간의 지정한 변수의 예측 값과 시간 할당
    ctldata = ctldata_dict[tydatelist[i]]['f' + var]
    ctldate = ctldata_dict[tydatelist[i]]['fdate']
    ctldata1 = [] # 리스트 초기화
    for o in tydatelist[i:] :   # i 로 관측 시간 조정 후 반복
        idx = np.where(np.array(ctldate) == o)[0]
```

```
        if len(idx) >= 1 :   # idx 가 1 이상이면
           ctldata1.append(ctldata[idx[0]])   # 예측 데이터 추가
        else :   # 아니면 NaN 값 추가
           ctldata1.append(np.nan)
    # 예측 시계열 그리기
    plt.plot(N[i:], np.array(ctldata1), c = c, linestyle = '-', markeredgecolor = c, label =
tydatelist[i], linewidth = 1.5, alpha = 0.8)

# plot 정보로부터 범례 표기
leg = plt.legend(loc = 'best', fontsize = 'small')

# color_legend_texts() 함수 정의 : plot 유형별 색과 라벨 색, 동일하게 표기
def color_legend_texts(leg) :
   for line, txt in zip (leg.get_lines(), leg.get_texts()): # leg 정보 이용 plot 유형과 라벨
할당
     txt.set_color(line.get_color())     # plot 유형의 색을 plot 라벨 색으로 지정

color_legend_texts(leg)    # plot 유형의 라벨과 색, 동일하게 지정

# 시계열 꾸미기 및 정보 표시
plt.xlim(0, n - 1)     # x 축 범위 지정
plt.ylim(np.min(tydata['o' + var]) - 20, np.max(tydata['o' + var]) + 10)     # y 축 범위
지정
plt.xticks(N, tydata['odate'], rotation = 'vertical', fontsize = 13.)  # x 축 눈금 라벨 지정
plt.yticks(fontsize = 16.)     # y 축 눈금 라벨 표시
plt.xlabel('Time (UTC)', fontsize = 16.)    # x 축 제목 지정 및 표시
plt.ylabel(varDict[var], fontsize = 16.)    # y 축 제목 지정 및 표시
plt.title(tyname.rstrip() + " : " + nwpname + " vs. OBS", fontsize = 20.)   # 그림 제목
표시
plt.savefig("fig_4_3.png")     # 그림 저장
plt.show()       # 그림 확인
```

형식		
plt.plot([x], [y], colors = [c], linestyle = [linestyle], , marker = [m], markeredgecolor = [markeredgecolor], ...)		
매개변수	설정하는 특성	옵션
[x]	그래프의 x 값들	1 차원 배열/리스트
[y]	그래프의 y 값들	x 와 길이가 같은 1 차원 배열/리스트
color(=c)	그래프 색	Pyplot 에서 인식하는 색 이름(ex. 'r', 'red', …) 또는 RGB 튜플(순서쌍)
linestyle	그래프 선 종류	선 스타일의 이름(ex. 'dashed') 또는 글자로 표현한 스타일(ex. '-', '--', '-.')
markeredgecolor	marker 선의 색	문자열, RGB 튜플 ex) 'red'
label	xy 그래프 라벨	문자열

표 4-15. xy 그래프를 그리는 plt.plot() 함수

4-4. 태풍 연직 단면도

태풍 연직 단면도는 태풍의 연직 구조와 발달 정도를 파악할 수 있는 분석 방법입니다. 연직 단면은 모델에서 예측한 태풍 중심을 기준으로 경도축(x 축)과 위도축(y 축)에 대해 연직적으로 데이터를 처리하여 표출하거나 원하는 곳의 데이터를 추출하여 표출하기도 합니다. 그림 4-4 는 7 월 2 일 12UTC 에 수치모델이 초기에 예측한 2020 년 0 호 가상 태풍 TYPHOON1 에 대한 경도축의 연직 단면도를 그린 차트입니다. 이 그림에서 빨간 실선은 예측 초기 태풍 중심 경도이고, 검은 파선은 관측 태풍 중심 경도입니다. 이 파선의 차이는 관측과 예측의 차이라 할 수 있습니다.

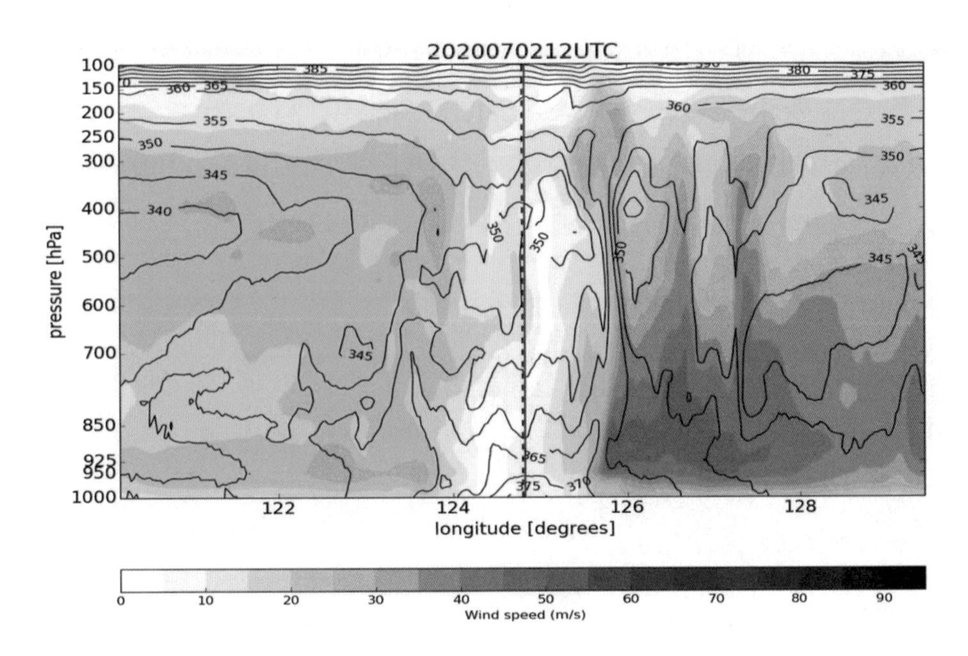

그림 4-4. 예측 초기 상당온위(등고선)와 풍속(채운 등고선)의 경도축 연직단면분포(2020 년 7 월 2 일 12 UTC)

그림 4-4 차트는 2020 년 0 호 가상 태풍 TYPHOON1 기간의 분석 시간인 7 월 2 일 12UTC 에 수치모델의 등압면 예측자료를 읽어 예측 초기 태풍 중심 위치를 찾고 예측 태풍 위도를 중심으로 지정한 분석영역의 경도에 따라 해당 데이터를 추출한 후 상당온위와 풍속을 계산하여 연직 단면도를 그리는 과정을 수행합니다. 진행 순서는 다음과 같습니다.

1) 태풍 관측자료 읽기
2) 수치모델 등압면 파일 정보를 큐브(Cube) 형태로 읽기
3) 예측 초기 태풍 위·경도 찾기 및 지정한 분석영역의 등압면 예측 데이터 슬라이싱하기
4) 풍속과 사용자 정의 함수 이용 상당온위 계산
5) 상당온위와 풍속의 연직 분포 그리기

먼저 필요한 라이브러리와 인터페이스는 다음과 같이 호출합니다.

```
# -! 라이브러리 및 인터페이스 호출
import iris
import matplotlib.pyplot as plt, matplotlib as mpl
import numpy as np
from string import rstrip
```

태풍 관측자료 읽기는 헤더 지표인 99999 와 태풍정보 지표인 111 을 이용하여 태풍 이름, 관측 시간, 등급, 중심 위·경도, 최대풍속, 최소해면기압을 읽습니다. 태풍 관측자료는 4-3 절까지과 동일한 자료로 4-3 절까지에서 읽은 방법으로 처리합니다. 여기서도 remove_blank5list() 함수로 공백 요소를 제거하여 자료를 처리합니다.

```
# -! 태풍 관측자료 파일 선언
tynum = "2000"    # 태풍 발생연도, 번호 지정
tyobsf = "./data/ObsTrack.TC"+tynum    # 폴더, 파일 지정

# -! remove_blank5list() 함수 정의: 리스트의 공백 요소 제거
def remove_blank5list(list) :
  newlist = []
  for l in list :
    if not '' == l :
      newlist.append(l)
  return newlist

# -! 태풍 관측자료 파일 읽기
f = open(tyobsf, 'r')    # 파일 열기
list = map(rstrip, f)    # 라인별 오른쪽 공백 제거
ty_cat, ty_name, ty_date, ty_lat, ty_lon, ty_pmin, ty_vmax = [], [], [], [], [], [], []  #
리스트 초기화
for i in np.arange(np.shape(list)[0]) :
   if '99999' in list[i] :    # 99999 지표 이용 헤더 구분
    ilist = list[i].split(" ")    # 문자열, 공백 구분
    header = remove_blank5list(ilist)  # remove_blank5list() 함수 이용 공백 요소 제거
    tyname = header[7]  # 태풍 이름 할당
    nline = int(header[2])  # 관측 데이터 수 할당
    for j in range(nline+1) :   # 관측 데이터 수 반복
      dataline = remove_blank5list(list[i+j].split(" "))   # remove_blank5list() 함수 이용
공백 요소 제거
      if '111' in dataline[1] :  # 111 지표 이용 데이터라인 구분
        ty_date.append(dataline[0][2:])   # 관측 시간
        ty_cat.append(dataline[2])   # 등급
        ty_lat.append(float(dataline[3])*0.1)   # 중심 위도
        ty_lon.append(float(dataline[4])*0.1)   # 중심 경도
        ty_vmax.append(float(dataline[5])*0.5144)  # 최대풍속, knot → m/s
        ty_pmin.append(float(dataline[6]))     # 최소해면기압
```

등압면 예측자료 읽기는 2020 년 7 월 2 일 12UTC 의 등압면 파일을 iris.Constraint() 함수로 읽을 변수와 초기 예측 기간을 지정하여 큐브(Cube)로 읽습니다. 큐브(Cube) 형태의 데이터 읽기는 iris.load() 함수를 이용합니다.

```
# -! 등압면 예측자료 파일 읽기
udate = "2020070212"  # 분석 시간 지정
fname = "./data/temp_rh_wind_"+udate+"_f00.nc"  # 폴더, 파일 지정
cubes = iris.load(fname)  # iris.load() 함수 이용 큐브 읽기
```

형식		
iris.Constraint([name]=[value], …)		
매개변수	설정하는 특성	옵션
[name]	큐브(Cube) 이름	[value]: 값 ex.forecast_period=0

표 4-16. iris.Constraint() 함수

형식		
iris.load([fname], …)		
매개변수	설정하는 특성	옵션
fname	파일명	문자열/문자열 리스트

표 4-17. CF Conventions 형태 저장 파일을 큐브(Cube)로 읽는 iris.load() 함수

프롬프트에서 print cubes 를 입력하면 큐브(Cube)는 4 개가 들어 있습니다. 숫자는 cubes 안에 변수의 위치를 의미하고 어떤 변수가 존재하는지 확인할 수 있습니다. 또한 print cubes[0]을 입력하면 좌표계와 속성에 따라 상세한 정보를 알 수 있습니다.

```
>>> print cubes
0: air_temperature / (K)                (pressure: 24; latitude: 738; longitude: 830)
1: relative_humidity / (%)              (pressure: 24; latitude: 738; longitude: 830)
2: x_wind / (m s-1)                     (pressure: 24; latitude: 738; longitude: 830)
3: y_wind / (m s-1)                     (pressure: 24; latitude: 738; longitude: 830)
>>> print cubes[0]
air_temperature / (K)                (pressure: 24; latitude: 738; longitude: 830)
     Dimension coordinates:
          pressure                        x              -              -
          latitude                        -              x              -
          longitude                       -              -              x
     Scalar coordinates:
          ForecastPeriod: 0.0 hours
          ForecastRefTime: 2020-07-02 12:00:00
          time: 2020-07-02 12:00:00
     Attributes:
          Conventions: CF-1.5
          STASH: m01s16i203
```

변수별 cubes 위치를 확인한 대로 다음과 같이 할당합니다.

```
temp = cubes[0]    # 온도 할당
rh = cubes[1]      # 습도 할당
xwind = cubes[2]     # u 벡터 할당
ywind = cubes[3]    # v 벡터 할당
```

분석 시간의 관측 태풍의 중심 위·경도를 추출합니다.

```
# 분석 시간의 관측 태풍 중심 위·경도 추출
idx = np.where(np.array(ty_date) == udate[4:])[0][0]
tylat = ty_lat[idx]; tylon = ty_lon[idx]
```

프롬프트에서 tylon, tylat 를 입력하면 분석 시간이 2020 년 7 월 2 일 12 UTC 의 관측 태풍 중심 위·경도를 알 수 있습니다.

```
>>> print tylon, tylat
124.8 20.2
```

태풍 중심 위도를 기준으로 경도축 방향의 연직 단면도를 분석하려면 예측 초기 태풍 중심 위·경도를

구해야 합니다. 태풍 중심은 해면기압을 이용하여 값이 최소인 지점을 태풍의 중심으로 정의하고 태풍 중심의 위·경도 격자 위치를 구합니다. 이때 해면기압은 단일면의 mslp 로 시작하는 nc 파일에서 iris.AttributeConstraint(), iris.Constraint() 함수와 STASH 코드를 이용하 큐브(Cube)로 데이터를 읽습니다

```
# -! 해면기압 이용 예측 초기 태풍 중심 격자 위치 찾기
fname="./data/mslp_"+udate+"_f00.nc"      # 폴더, 파일 지정
mslp0_stash = iris.AttributeConstraint(STASH = 'm01s16i222') &
iris.Constraint(ForecastPeriod = 0) # iris.AttributeContraint() 함수, STASH 코드 이용
변수와 iris.Constraint() 함수 이용 예측 초기 시간 지정
mslp = iris.load_cube(fname, mslp0_stash)    # iris.load_cube() 함수 이용 큐브 읽기
yy, xx = np.where(mslp.data == np.min(mslp.data))    # 최소해면기압의 격자 위치 찾기
nx = xx[0]; ny = yy[0]   # x 축, y 축의 격자 위치 할당

# -! 예측 초기 태풍 중심의 격자 위치의 위·경도 추출
lon = mslp.coord('longitude').points[:]    # 경도 좌표계에서 데이터 추출
lat = mslp.coord('latitude').points[:]     # 위도 좌표계에서 데이터 추출
lons, lats = np.meshgrid(lon, lat)    # 1 차원 위·경도, 2 차원 배열 선언
ftylon=lons[yy, xx][0]      # 예측 초기 태풍 중심의 경도 할당
```

형식		
iris.AttributeConstraint(STASH=[stashcode], …)		
매개변수	설정하는 특성	옵션
STASH	큐브(Cube)의 속성	stashcode: 문자열 형태 STASH 코드

표 4-18. 큐브(Cube)의 속성을 제한하는 iris.AttributeConstraint() 함수

형식		
iris.load_cube([fname], …)		
매개변수	설정하는 특성	옵션
fname	파일명	문자열

표 4-19. 단 하나의 큐브(Cube) 를 읽는 iris.load_cube() 함수

프롬프트에서 2 차원 위·경도인 lats[ny, nx], lons[ny, nx]를 입력하면 분석 시간이 2020 년 7 월 2 일 12 UTC 의 예측 초기 태풍 중심 위·경도가 출력됩니다. 관측 태풍 중심 위·경도와 근사함을 알 수 있습니다.

```
>>> print lats[ny, nx], lons[ny, nx]
20.211 124.83
```

등압면 고도에 따라 상당온위와 풍속을 계산해야 합니다. 분석하고자 하는 영역은 x 축 격자 간격(dnx=150)을 지정하여 위도 기준 경도에 따라 변수별로 데이터를 슬라이싱합니다. 또한 1 차원 기압은 2 차원으로 할당해 줍니다.

```
# -! 격자 위치와 수 이용 연직 단면 분석 영역 할당 및 예측 데이터 슬라이싱
dnx = 150
ext_temp = temp[:, ny, nx - dnx : nx + dnx ]
ext_rh = rh[:, ny, nx - dnx : nx + dnx]
ext_xwind = xwind[:, ny, nx - dnx : nx + dnx]
ext_ywind = ywind[:, ny, nx - dnx : nx + dnx]

# -! 상당온위 계산을 위한 기압 배열, 2 차원 할당
nz, nx = ext_rh.shape   # 2 차원 배열 수 확인
p2d = np.zeros((nz,nx))   # 2 차원 배열, 0 으로 초기화
ext_press = ext_rh.coord('pressure').points[:]   # 분석영역의 큐브의 기압데이터 추출
for n, p in enumerate(ext_press):
    p2d[n, :]=p   # 경도별 기압값 할당
```

지정한 분석 영역의 경도는 프롬프트에서 print lons[ny, nx - dnx], lons[ny, nx + dnx]를 입력하면 다음과 같이 출력되고, print p2d 를 입력하면 2 차원 리스트가 출력됩니다.

```
>>> print lons[ny, nx - dnx], lons[ny, nx + dnx]
117.638 126.938
>>> print p2d
[[   50.     50.     50. ...,    50.     50.     50.]
 [   70.     70.     70. ...,    70.     70.     70.]
 [  100.    100.    100. ...,   100.    100.    100.]
 ...,
 [  950.    950.    950. ...,   950.    950.    950.]
 [  975.    975.    975. ...,   975.    975.    975.]
 [ 1000.   1000.   1000. ...,  1000.   1000.   1000.]]
```

풍속은 uv 벡터로 계산합니다. 상당온위 계산은 사용자 정의 함수 cal_specific_humidity(), cal_sh_to_td(), cal_theta_e()를 이용하여 등압면 고도에 따라 계산합니다.

cal_specific_humidity() 함수는 온도, 상대습도와 기압으로 비습을 계산하고 cal_sh_to_td() 함수는 온도, 비습과 기압으로 노점온도를 계산하며 cal_theta_e() 함수는 온도와 노점온도로 상당온위를 계산합니다.

```
# -! uv 벡터 이용 풍속 계산
u2d = ext_xwind.data; v2d = ext_ywind.data    # uv 벡터별 데이터 추출
ws = np.sqrt(u2d ** 2 + v2d ** 2)              # uv 벡터 이용 풍속 계산

# -! cal_specific_humidity() 함수 정의 : 온도, 상대습도, 기압이용 등압면별 비습 계산
def cal_specific_humidity(tempK, Rh, p2d):
   pevaps = 6.11 * np.exp(17.67 * (tempK - 273.15) / (tempK - 29.65)) # 온도
단위(K>C) 변환 후 포화수증기압 계산
   shums = (0.622 * pevaps) / (p2d - pevaps)   # 건조공기에 대한 수증기의 질량 혼합비 계산
   shumi = Rh * shums / 100.    # 상대습도, shums 이용 비습 계산
   return shumi   # 비습 반환

# -! cal_sh_to_td() 함수 정의 : 온도, 비습, 기압 이용 등압면별 노점온도 계산
def cal_sh_to_td(tempK, p2d, shumi):
   pe = shumi * p2d / (0.622 + shumi)   # 비습 이용 포화수증기압 계산
   pe_ezero = pe / 6.112
   pelog = np.log(pe_ezero)
   Td = tempK - (29.65 * pelog - 17.67 * 273.15) / (pelog - 17.67)  # 노점온도 = 온도-건구온도
   return Td   # 노점온도 반환

# -! cal_theta_e() 함수 정의 : 온도, 노점온도 이용 등압면별 상당온위 계산
def cal_theta_e(tempK, dtempC, p2d):
   tempC = tempK - 273.15
   Tdif = tempC - dtempC
   pt = tempK * ((1000. / p2d) ** 0.285857)    # 온위 계산
   evap = 6.11 * np.exp((17.269 * (Tdif + 273.15) - 4717.3) / ((Tdif + 273.15) - \
35.86))   # 포화수증기압 계산
   rmix = (0.622 * evap) / (p2d - evap)     # 혼합비 계산
   theta_e = pt * np.exp((2.5 * 10. ** 6 * rmix) / (1004. * tempK))     # 상당온위 계산
   return theta_e      # 상당온위 반환

# -! cal_specific_humidity(), cal_sh_to_td(), cal_theta_e() 함수 이용 상당온위 계산
```

```
sh = cal_specific_humidity(ext_temp.data, ext_rh.data, p2d)  # 비습 계산
td = cal_sh_to_td(ext_temp.data, p2d, sh)    # 노점온도 계산
theta_e = cal_theta_e(ext_temp.data, td, p2d)     # 상당온위 계산
```

cal_specific_humidity(), cal_sh_to_td(), cal_theta_e() 함수로 계산한 sh, td, theta_e 를 확인해 보겠습니다. 프롬프트에서 print sh, td, theta_e 를 입력하면 다음과 같이 출력됩니다.

```
>>> print sh
[[  2.54559466e-06   2.50409520e-06   2.50409520e-06 ...,   2.99666471e-06
    2.99666471e-06   2.99666471e-06]
 [  1.78856294e-06   1.76561846e-06   1.82968688e-06 ...,   2.23091879e-06
    2.23091879e-06   2.23091879e-06]
 [  1.47071152e-07   6.55647453e-08   6.43018006e-08 ...,   1.07520300e-06
    1.09472038e-06   1.11456235e-06]
 ...,
 [  2.04470155e-02   2.02134837e-02   1.97632094e-02 ...,   1.76833862e-02
    1.77779497e-02   1.78488724e-02]
 [  2.09745022e-02   2.04784840e-02   2.00066364e-02 ...,   1.86278546e-02
    1.86535128e-02   1.86791710e-02]
 [  2.27773604e-02   2.31584769e-02   2.30864362e-02 ...,   1.89682076e-02
    1.89407969e-02   1.89682076e-02]]
>>> print td
[[ 27.16939799  27.13471498  27.13471498 ...,  27.51721279  27.51721279
   27.51721279]
 [ 19.75994349  19.95581481  20.01000574 ...,  21.53664411  21.53664411
   21.53664411]
 [ 23.68471994  27.28807508  27.25044033 ...,  19.96638792  19.9936007
   20.0208334 ]
 ...,
 [  2.50171679   2.81188927   3.29949051 ...,   1.07851068   0.99359522
    0.93017729]
 [  3.53070767   4.04341778   4.54526005 ...,   1.56971237   1.54762515
    1.52556551]
 [  3.25926146   3.1121649    3.28828261 ...,   2.35897896   2.3822926
    2.35897896]]
>>> print theta_e
[[ 495.94011208  495.64558528  495.64558528 ...,  498.88556701
   498.88556701  498.88556701]
 [ 434.41822998  434.68545522  435.22040526 ...,  440.83615392
   440.83615392  440.83615392]
 [ 378.78308219  378.54135935  378.29993816 ...,  391.09902984
   391.34052609  391.58202372]
 ...,
 [ 360.5807186   360.00865746  358.79366851 ...,  348.65727703
   348.93414776  349.14194091]
 [ 361.33400797  359.98570694  358.71474808 ...,  350.56894311
   350.64398816  350.71904881]
 [ 365.5560337   366.82055915  366.72688449 ...,  350.50721682
   350.42749503  350.50721682]]
```

데이터 처리는 끝났습니다. 그리기 전에 필요한 정보를 선언합니다.

```
# -! 분석 영역의 큐브 좌표계에서 위·경도 추출
ext_lon = ext_rh.coord('longitude').points[:]
ext_lat = ext_rh.coord('latitude').points[:]

# -! 분석 영역의 큐브 좌표계에서 기압, 경도의 값, 이름, 단위 추출
xname = ext_rh.coord('longitude').standard_name     # x 축 이름, 큐브에서 추출
xunit = ext_rh.coord('longitude').units     # x 축 단위, 큐브에서 추출
yname = ext_rh.coord('pressure').long_name     # y 축 이름, 큐브에서 추출
yunit = ext_rh.coord('pressure').units     # y 축 단위, 큐브에서 추출

# -! y 축 눈금의 표시 값, 라벨 지정
```

```
p_val = [100, 150, 200, 250, 300, 400, 500, 600, 700, 850, 925, 950, 1000]
p_val = map(int, p_val)
p_label = map(str, p_val)

# -! 등고선 간격 지정
cbar_labw = np.arange(0, 100, 5)
cbar_labep = np.arange(320, 400, 5)

# -! reverse_colormap() 함수 정의 : 색지도(colormap) 순서 뒤집기
def reverse_colormap(cmap, name = 'my_cmap_r'):
   reverse, k = [], []
   for key in cmap._segmentdata:
      k.append(key)
      channel = cmap._segmentdata[key]    #  key 별 rgb 데이터 선언
      data = []
      for t in channel:
         data.append((1 - t[0], t[2], t[1]))
      reverse.append(sorted(data))     # sorted() 함수 이용 데이터 정렬
   LinearL = dict(zip(k, reverse))
   my_cmap_r = mpl.colors.LinearSegmentedColormap(name, LinearL)    # Lookup 표
기반 색지도(colormap) 형태로 할당
   return my_cmap_r     # 뒤집은 색 지도 반환

# -! reverse_colormap() 함수 이용 색지도(colormap) 순서 뒤집기
cmaps_r = reverse_colormap(plt.cm.CMRmap)
cmaps = cmaps_r(np.linspace(0, 1, len(cbar_labw)))
```

등고선과 채운 등고선을 이용하여 그림 4-4 를 완성합니다.

```
# -! 연직 단면도 그리기
fig = plt.figure(figsize=(11,9))
crss_ws = plt.contourf(ext_lon, ext_press, ws, cbar_labw, colors = cmaps)   # 풍속의
채운 등고선 그리기
crss_ep = plt.contour(ext_lon, ext_press, theta_e, cbar_labep, colors = 'k', hold = 'on')
# 상당온위의 등고선 그리기
# 태풍의 관측과 예측 초기의 중심 경도, x 축선 표시
plt.axvline(tylon, color = 'k', linestyle = '--', linewidth=2., alpha=0.8)   # 관측 태풍 중심
경도선 표시
```

```
plt.axvline(ftylon, color = 'r', linestyle = '-', linewidth=1.5)    # 예측 초기 태풍 중심
경도선 표시
cbar = plt.colorbar(crss_ws, orientation = 'horizontal', aspect = 30, pad = 0.12)  #
컬러바
cbar.set_label("Wind speed (m/s)")    # 컬러바 제목 지정 및 표시
plt.clabel(crss_ep, inline = 1, fmt = '%1.0f')    # 상당온도 등고선 라벨 지정 및 표시
plt.gca().invert_yaxis()    # y 축 뒤집기
plt.ylim(1000, 99, 100)    # y 축 범위 지정
plt.yticks(p_val, p_label, fontsize = 12.)    # y 축 눈금 라벨 지정 및 표시
plt.xlabel(str(xname) + " [" + str(xunit) + "]", fontsize = 16)    # x 축 제목 지정 및 표시
plt.xticks(fontsize = 16.)    # x 축 눈금 라벨 크기 지정
plt.ylabel(str(yname) + " [" + str(yunit) + "]", fontsize = 16)    # y 축 제목 지정 및 표시
plt.yticks(fontsize = 11.)    # y 축 눈금 라벨 크기 지정
plt.title(udate + "UTC", fontsize=20)    # 그림 제목 지정 및 표시
plt.tight_layout()    # 그림 확대
plt.savefig("fig_4_4.png")    # 그림 저장
plt.show()    # 그림 확인
```

형식		
plt.contourf([x], [y], [z], [level], colors = [cmaps], …)		
매개변수	설정하는 특성	옵션
[x]	z 값의 x 값들	2 차원 배열/리스트
[y]	z 값의 y 값들	x 와 길이가 같은 2 차원 배열/리스트
[z]	z 값	x, y 와 길이가 같은 2 차원 배열/리스트
[level]	등고선 간격	1 차원 배열/리스트
colors	등고선 색	문자열 리스트/색지도(colormap)

표 4-20. 채운 등고선을 그리는 plt.contourf() 함수

형식		
plt.contour([x], [y], [z], [level], colors = [cmaps], hold=[on])		
매개변수	설정하는 특성	옵션
[x]	z 값의 x 값들	2 차원 배열/리스트
[y]	z 값의 y 값들	x 와 길이가 같은 2 차원 배열/리스트
[z]	z 값	x, y 와 길이가 같은 2 차원 배열/리스트
[level]	등고선 간격	1 차원 배열/리스트
colors	등고선 색	문자열 리스트/색지도(colormap)
hold	등고선 라벨 표시	'on'/'off'

표 4-21. 등고선을 그리는 plt.contour() 함수

4-5. 해면기압과 지상강수의 예측 초기 분포

이 절의 분석방법은 태풍의 수평적 구조와 강수의 분포, 태풍의 중심 위치를 파악할 수 있습니다. 그림 4-5 는 2020 년 0 호 가상 태풍 TYPHOON1 기간의 7 월 3 일 00UTC 에 예측한 초기 해면기압과 1 시간 강수의 분포입니다. 해면기압은 등고선, 1 시간 강수는 채운 등고선으로 그렸습니다. 강수의 색은 기상청에서 사용하는 강우강도에 따른 컬러바를 적용하였습니다.

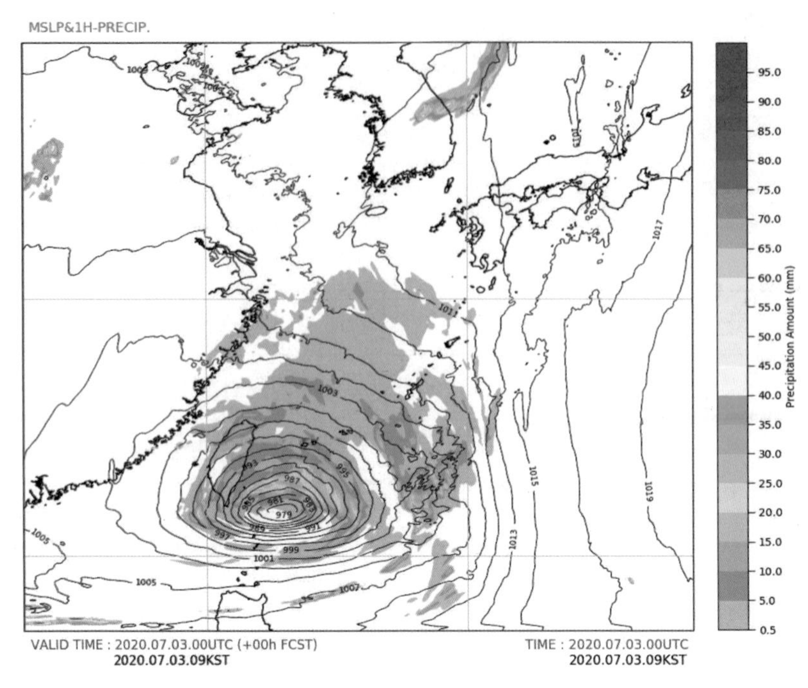

그림 4-5. 예측 초기 해면기압(등고선)과 1 시간 강수(채운 등고선) 분포(2020 년 7 월 3 일 00UTC)

그림 4-5 차트는 iris 라이브러리와 수치 모델의 단일면 파일을 읽어 2020 년 0 호 가상 태풍 TYPHOON1 기간의 7 월 3 일 00UTC 에 예측한 수치모델 단일면자료를 읽어 예측 초기 해면기압과 1 시간 강수의 분포를 그리는 과정을 수행합니다. 진행 순서는 다음과 같습니다.

1) 강우강도와 색을 정의한 참조파일 읽기
2) 수치모델 단일면 자료의 예측 초기 해면기압과 1 시간 강수 데이터 읽기
3) iris.plot 인터페이스 이용 해면기압과 1 시간 강수 분포 그리기

라이브러리와 인터페이스를 호출하고 rain_amount.rgb 파일을 이용하여 강우강도에 따른 색 정보를 불러옵니다. 강우강도에 따른 색 정보의 순서가 반대로 되어 있어 순서를 뒤집어 준 후 빨강, 초록, 파랑 순으로 치환합니다.

```
# -! 라이브러리 및 인터페이스 호출
import iris, iris.plot as iplt
import numpy as np, matplotlib.pyplot as plt
```

```
import matplotlib.ticker as mticker
import time, datetime
from datetime import timedelta

# -! 참조파일 이용 강수강도와 색 할당
rain_rgb_dir = "./data"    # 폴더 지정
rain_rgb_fname = "rain_amount.rgb"    # 파일 지정
precip_levs, red, green, blue = np.loadtxt(rain_rgb_dir+"/"+rain_rgb_fname, skiprows
= 1, unpack = True, delimiter = ",")    # np.loadtxt() 함수 이용  아스키 파일 읽기
red = red[::-1]; green = green[::-1]; blue = blue[::-1]   #  리스트 순서 뒤집기
colors = np.array([red, green, blue]).T   # np.array().T 이용 빨강, 초록, 파랑 순 치환
```

형식		
np.loadtxt([fname], skiprows=[skiprows], delimiter=[delimiter], unpack=[True], ...)		
매개변수	설정하는 특성	옵션
[fname]	텍스트파일	문자열
skiprows	파일의 스킵할 줄 수	0(기본)/정수형 숫자
delimiter	문자열 구분자	문자열 ex. ‘,’
unpack	언팩 여부	None(기본)/True/False

표 4-22. 텍스트파일을 읽는 np.loadtxt() 함수

프롬프트에서 colors 를 입력하면 다음과 같고 입력한 색 정보는 255 가 아닌 소수점 단위로 출력됩니다.

```
>>> colors
array([[0.722, 0.722, 1.   ],
       [0.498, 0.6  , 0.898],
       [0.498, 0.706, 0.824],
       [0.498, 0.824, 0.706],
       [0.784, 1.   , 0.588],
       [0.588, 1.   , 0.471],
       [0.392, 0.98 , 0.392],
       [0.196, 0.941, 0.196],
       [1.   , 1.   , 0.706],
       [1.   , 1.   , 0.51 ],
       [1.   , 0.98 , 0.314],
       [1.   , 0.941, 0.196],
       [1.   , 0.824, 0.588],
       [1.   , 0.706, 0.471],
       [1.   , 0.588, 0.353],
       [1.   , 0.392, 0.196],
       [1.   , 0.294, 0.157],
       [1.   , 0.196, 0.118],
       [1.   , 0.098, 0.078],
       [0.98 , 0.   , 0.   ],
       [1.   , 0.   , 0.   ]])
```

단일면 예측자료 읽기는 iris.AttributeConstraint() 함수를 이용하여 STASH 코드로 지정한 변수만 큐브(Cube)로 읽습니다. 큐브 mslp 와 acc_precip 는 위도, 경도의 2 차원 배열을 갖습니다.

```
# -! iris 이용 파일 읽기
fname="./data/mslp_rain1h_2020070300_f00.nc"  # 폴더, 파일 지정
mslp_stash = iris.AttributeConstraint(STASH = 'm01s16i222')  # 해면기압의 STASH 코드 지정
precip_stash = iris.AttributeConstraint(STASH = 'm01s04i201')  # 1 시간 강수의 STASH 코드 지정
mslp = iris.load_cube(fname, mslp_stash)       # 해면기압, 큐브로 읽기
acc_precip = iris.load_cube(fname, precip_stash)    # 강수량, 큐브로 읽기
```

형식		
iris.AttributeConstraint(STASH=[stashcode], …)		
매개변수	설정하는 특성	옵션
STASH	큐브(Cube)의 속성	stashcode: 문자열 형태 STASH 코드

표 4-23. 큐브(Cube)의 속성을 제한하는 iris.AttributeConstraint() 함수

형식		
iris.load_cube([fname], …)		
매개변수	설정하는 특성	옵션
fname	파일명	문자열

표 4-24. 단 하나의 큐브(Cube) 를 읽는 iris.load_cube() 함수

프롬프트에서 print mslp, acc_precip 를 입력하면 다음과 같이 배열 좌표(Dimensional Coordinates)와 스케일 좌표(Scalar coordinates), 속성(Attributes)에 대한 정보를 확인할 수 있습니다. 속성의 STASH 코드가 iris.AttributeConstraint() 함수로 지정한 코드와 동일함도 확인할 수 있습니다.

```
>>> print mslp
air_pressure_at_sea_level / (Pa)    (latitude: 738; longitude: 830)
     Dimension coordinates:
          latitude                           x              -
          longitude                          -              x
     Scalar coordinates:
          ForecastPeriod: 0.0 hours
          ForecastRefTime: 2020-07-03 00:00:00
          time: 2020-07-03 00:00:00
     Attributes:
          Conventions: CF-1.5
          STASH: m01s16i222
>>> print acc_precip
acc1h_rainfall_amount / (kg m-2)    (latitude: 738; longitude: 830)
     Dimension coordinates:
          latitude                           x              -
          longitude                          -              x
     Scalar coordinates:
          ForecastPeriod: -0.5 hours, bound=(-1.0, 0.0) hours
          ForecastRefTime: 2020-07-03 00:00:00
          time: 2020-07-02 23:30:00, bound=(2020-07-02 23:00:00, 2020-07-03 00:00:00)
     Attributes:
          Conventions: CF-1.5
          STASH: m01s04i201
```

그림의 캡션 추가를 위해 시간 정보를 할당합니다. 시간은 큐브(Cube)의 좌표 정보를 이용하여 선언할 수 있습니다. 큐브 mslp 와 acc_precip 의 시간 확인은 Cube.coord('time')를 이용합니다. acc_precip 의 시간 정보는 시간 좌표 정보의 bounds 값을 이용합니다. 시간 좌표 정보의 bounds[-1] 값은 그레고리력과 units.num2date() 함수를 이용하여 단위를 맞춥니다. 선택한 시간 값은 timedelta() 함수로 표시하고자 하는 시간을 계산하고 strftime() 함수를 이용하여 원하는 형태로 할당합니다.

```
# -! 캡션 추가를 위한 시간 할당
rain_time = acc_precip.coord('time')        # 강수량 큐브 에서 시간 좌표 정보 추출
rain_udate = rain_time.units.num2date(rain_time.bounds)    # 시간 좌표 정보에서
bounds 정보 추출 후 yyyymmddhh 형태로 변경
rain_udate = rain_udate[-1]     # 표시할 분석 시간 지정
udate_str = rain_udate.strftime('%Y.%m.%d.%HUTC')   # yyyy.mm.dd.hh UTC 형태 할당
ch_kdate = rain_udate + timedelta(hours = 9)     # 로컬 시간 계산 : UTC → KST
kdate_str = ch_kdate.strftime('%Y.%m.%d.%HKST')   # yyyy.mm.dd.hhKST 형태 할당
```

iplt 인터페이스를 이용하여 큐브(Cube) mslp, acc_precip 를 바로 등고선과 채운 등고선을 그립니다. Iplt 인터페이스는 큐브 정보를 이용하여 그림을 그립니다.

```
# -! 그리기
fig = plt.figure(figsize = (11, 10))
mslp_levs = np.arange(mslp.data.min(), mslp.data.max(), 2)    # 등고선 레벨 지정
p_mslp = iplt.contour(mslp, levels = mslp_levs, colors = ('k'), linewidths = (0.7))    #
iplt.contour() 함수 이용 해면기압의 등고선 그리기
plt.clabel(p_mslp, fmt = '%4.0f', colors = 'k', fontsize = 8.)   # 등고선 라벨 표시
p_precip = iplt.contourf(acc_precip, levels = precip_levs, colors=colors)  #
iplt.contourf() 함수 이용 색 채운 강수량 등고선 그리기
```

형식		
iplt.contour([Cube], levels=[levels], colors=[c], linewidths=[linewidths], …)		
매개변수	설정하는 특성	옵션
[Cube]	큐브(Cube) 이름	ex. mslp
levels	등고선 간격	1 차원 리스트
colors	등고선 색	튜플 ex. ('k')
linewidths	등고선 두께	튜플 ex. (0.7)

표 4-25. 큐브(Cube)로 등고선을 그리는 iplt.contour() 함수

형식		
iplt.contourf([Cube], levels=[levels], colors=[c], …)		
매개변수	설정하는 특성	옵션
[Cube]	큐브(Cube) 이름	ex. mslp
levels	등고선 간격	1 차원 리스트
colors	등고선 색	튜플 ex. ('k')

표 4-26. 큐브(Cube)로 채운 등고선을 그리는 iplt.contourf() 함수

해안선, 격자선, 컬러바를 지정하여 그림에 표시합니다.

```
plt.gca().coastlines('10m')    # 10m 해상도의 해안선 표시
gl = plt.gca().gridlines()    # 격자선 선언
gx = np.arange(100,180,10)    # 경도축 격자 범위 지정
gy = np.arange(10,90,10)    # 위도축 격자 범위 지정
gl.xlocator = mticker.FixedLocator(gx)    # 경도축 격자선 표시
gl.ylocator = mticker.FixedLocator(gy)    # 위도축 격자선 표시
cbar = plt.colorbar(p_precip, ticks = precip_levs[: len(precip_levs) - 1], pad = 0.03, \
shrink = 0.8, format = '%.1f')    # 채운 등고선 정보에 의한 컬러바 표시
cbar.ax.tick_params(size = 6.5)    # 컬러바 축 눈금 라벨 크기 지정
cbar.ax.set_ylabel('Precipitation Amount (mm)')  # 컬러바의 y 축 제목 지정 및 표시
```

그림의 시간 정보는 plt.annotate() 함수로 원하는 위치에 캡션을 추가하여 그림 4-5 를 완성합니다.

```
# -! plt.annotate() 함수 이용 캡션 추가
plt.annotate("MSLP&1H-PRECIP.", (0.01, 1.0362), xycoords = "axes fraction", xytext =
(0, -10), textcoords = "offset points", color = 'green', size = 13.) # 변수 정보 지정 및
표시
plt.annotate("VALID TIME : " + udate_str + " (+00h FCST)", (0.01, -0.015), xycoords =
"axes fraction", xytext = (0, -10), textcoords = "offset points", color = 'red', size = 12.)
# 예측 기간 지정 및 표시
plt.annotate(kdate_str, (0.135, -0.04), xycoords = "axes fraction", xytext = (0, -10), \
```

```
textcoords = "offset points", color = 'black', size = 12.) # 예측 기간의 로컬 시간 지정 및 표시
plt.annotate("TIME : " + udate_str, (0.75, -0.015), xycoords = "axes fraction", xytext =
(0, -10), textcoords = "offset points", color = 'red', size = 12.)  # 분석 시간 지정 및 표시
plt.annotate(kdate_str, (0.815, -0.04), xycoords = "axes fraction", xytext = (0, -10),
textcoords = "offset points", color = 'black', size = 12.)  # 분석 시간의 로컬 시간 지정 및 표시
plt.tight_layout()    # 그림 확대
plt.savefig("fig_4_5.png")    # 그림 저장
plt.show()    # 그림 확인
```

형식		
plt.annotate([text], [(x, y)], xycoords =[xycoords], xytext = [(x, y)], textcoords = [textcoords], color = [color], size = [size], …)		
매개변수	설정하는 특성	옵션
[text]	텍스트	문자열
[(x,y)]	텍스트의 xy 지점	실수형 데이터의 튜플 ex. (0.1, 0.7)
xycoords	xy 지점의 좌표계	'axes fraction'/… 'axes fraction': 좌측 하단의 축 프랙션
xytext	텍스트의 xy 위치	실수형 데이터의 튜플 ex. (0, -10)
textcoords	xytext 좌표계	'offset points'/'offset pixels' 'offset points': xy 값 포인트 오프셋 'offset pixels': xy 값 픽셀 오프셋
color	텍스트 색	문자열
size	텍스트 크기	실수형/정수형 숫자

표 4-27. xy 지점에 텍스트를 달아 주는 plt.annotate() 함수

5

다양한 자료의 시각화

5. 다양한 자료의 시각화

박훈영(hypark432nm@gmail.com)

이 장에서는 앞서 연습한 내용을 응용하여 자료를 다뤄 보도록 하겠습니다. 시계열 기반의 곡선 접합법(curve fitting), 극지역을 표현하기에 적합한 정사영도법(orthographic projection) 기반의 공간분포 다중표출, 자료의 통계적 특성 파악을 위하여 자주 이용되는 상자수염도(box-whisker plot), 온도 및 바람장 등의 복합 표출, 다변수 선형회귀 분석(multi-variable linear regression)을 연습해 보겠습니다.

5-1. scipy.optimize.curve_fit 을 이용한 곡선 접합법

로지스틱 커브는 최솟값에서 최댓값으로 수렴하는 형태의 곡선으로, 계절에 따른 식생 활동의 변화, 예를 들어 겨울철 휴면기에서 여름철 생장기로의 생장과정을 표현하기 위해 자주 이용됩니다. 여기에서는 scipy.optimize.curve_fit() 함수를 이용하여 임의의 데이터의 증가 패턴을 가장 잘 표현하는 로지스틱 곡선 계수를 찾는 과정, 즉 로지스틱 곡선 접합법(curve fitting)을 연습하고자 합니다. 식생 활동의 지표인 NDVI(Normalized Difference Vegetation Index)는 겨울에서 여름에 이르기까지 시간에 따라 증가하는 패턴을 보이며, 실제 연구에서는 이와 같은 증가 패턴을 로지스틱 곡선에 근사시켜 생장계절의 시작과 끝을 파악하기 위하여 활용합니다. 이 예제에서는 편의상 난수 함수를 이용하여 NDVI 를 임의로 생성하고, 해당 NDVI 데이터에 curve_fit() 함수를 적용하여 곡선 접합법을 수행하도록 하겠습니다.

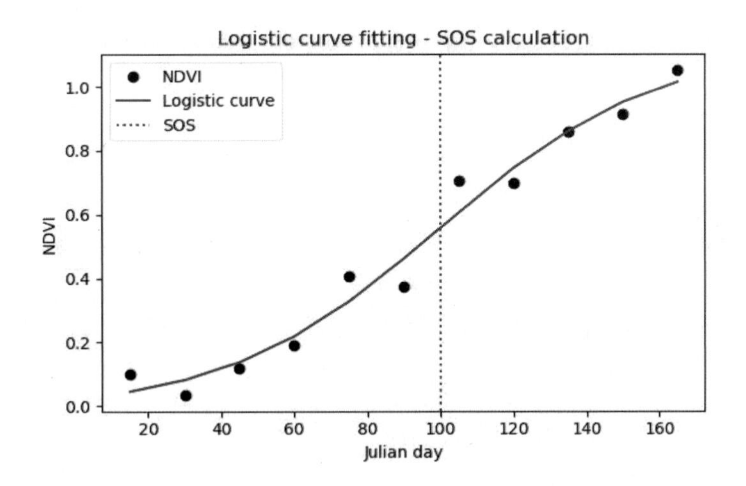

그림 5-1. 로지스틱 커브 접합 결과. 입력 자료로 사용된 NDVI 는 검은 원, 접합된 로지스틱 커브는 청색 실선, 계절 진폭의 50%에 도달하는 날짜(생장계절시작일)는 청색 점선으로 표현되었음.

```
import numpy as np
from scipy.optimize import curve_fit
import matplotlib.pyplot as plt

def logistic(xx, a0,a1,a2,a3):
   yy = ( (-a2) / (1.+np.exp(-a0*(1.-xx*a1))) ) + a3
   return yy
## 로지스틱 커브 함수. curve_fit() 함수에 적용하기 위하여 선언되어야 합니다.
## xx 는 x 축 데이터를 의미. a0 부터 a3 는 로지스틱 함수의 개형을 결정하는 인자.
## xx 와 a0, a1, a2, a3 값이 주어졌을 때, 주어진 x 값과 해당 인자에 따른 로지스틱 커브의
y 값을 출력

def residuals(a0,a1,a2,a3,yy,xx):
   err = np.absolute(yy - logistic(xx, a0,a1,a2,a3))
   return err
## 로지스틱 커브 접합을 수행한 이후, 계산된 최적 인자 (a0,a1,a2,a3)를 대입한 로지스틱
커브와 실제 관측값과의 잔차 (fitting error)를 계산하기 위한 함수

##우선 연습을 위한 랜덤 데이터셋을 생성합니다.
np.random.seed(1) ## 난수 생성 과정에 필요한 시드값 (seed)를 1 로 설정
noise = np.random.randn(24)/20. ## y 축 데이터 노이즈
julian = 15. * np.arange(24) +15. ## x 축 데이터값
ndvi = (1. - np.cos((julian)*(2*np.pi/365.)))/2. + noise ## 임의로 생성된 y 축 데이터
## 봄/겨울에 최소를 나타내고 여름에 최대를 보이는 계절변화 데이터를 생성.
```

```
maxp = np.argmax(ndvi) ## ndvi 가 최댓값을 보이는 지점의 위치
pinit = [5.,0.01,0.5,0.5] ## 곡선 접합과정에서 사용될 각 인자 (a0,a1,a2,a3)의 초기값.

if maxp > 3: # 주어진 y 값의 최댓값이 4 번째 이후에 존재하는 경우,
  try: # try except 구문; curve_fit 실패를 대비.
    xdat = julian[:maxp+1] # 0 번 데이터부터 maxp, 즉 최댓값이 나타나는 시점까지의
x 값
    ydat = ndvi[:maxp+1] # 0 번 데이터부터 maxp, 즉 최댓값이 나타나는 시점까지의 y 값

    popt, pcov = curve_fit(logistic, xdat, ydat,
          p0=pinit, bounds=([0,0,0,0], [100,2,2,2])) # curve_fit()은 표 5-1 참조
    a0,a1,a2,a3 = popt
    sos = 1./a1 # 생장계절시작일 (NDVI 계절진폭의 50%에 도달하는 날짜)
    err = np.sum(residuals(a0,a1,a2,a3, ydat, xdat))
    print ('SOS:',format(sos, '3.1f'), ' Err:', format(err, '1.3f'))

  except RuntimeError:
    sos = np.nan
    print ('Fitting failure! Input or bounding problem?')
    raise SystemError
# curve_fit()을 수행하기에 입력자료가 부족한 경우, 혹은 계산이 수렴하지 않아 곡선접합이
실패한 경우에는 Runtime Error 가 발생할 수 있음.
# try except 구문을 이용하여 에러를 출력시키고 계산을 중단시키는 역할.

if ~np.isnan(sos): # curve_fit()이 성공한 경우, 이를 간략히 시각화하는 과정.
  plt.figure(figsize = (6,4))
  plt.plot(xdat,ydat,'o',label = 'NDVI', color = 'k')
  plt.plot(xdat,logistic(xdat,a0,a1,a2,a3),color ='b'
      ,label = 'Logistic curve')
  plt.axvline(x = sos, color = 'b', linestyle = ':'
        ,label = 'SOS') # 특정 x 위치에 연직선을 그리는 옵션
  plt.xlabel('Julian day')
  plt.ylabel('NDVI')
  plt.legend()
  plt.title('Logistic curve fitting - SOS calculation')
  plt.tight_layout()
  plt.show()
```

위와 같은 방법을 통하여 주어진 데이터를 가장 잘 설명하는 최적의 로지스틱 커브를 계산할 수 있습니다. 해당 방법론은 로지스틱 곡선뿐만 아니라 다항식, 지수함수 등에 공통적으로 적용 가능한

방법입니다. 여기서 사용된 scipy.optimize.curve_fit()은 최소자승법 (least square method)을 이용, 미리 설정된 함수 형태에 기반하여 x 및 y 값을 가장 최소한의 오차로 설명하는 최적의 함수 인자를 찾아내는 함수입니다. curve_fit()은 다변수 회귀분석, 다항식, 지수함수식, 로지스틱 커브 등 다양한 곡선을 대상으로 범용적으로 이용될 수 있습니다. curve_fit() 사용 과정에서 자주 사용되는 옵션에 대한 설명은 이하와 같습니다.

<table>
<tr><th colspan="2">scipy.optimize.curve_fit</th></tr>
<tr><td colspan="2">popt, pcov = curve_fit([func], [xdat], [ydat], p0=[pinit], bounds=([minimums], [maximums]), ...)</td></tr>
<tr><th>출력 결과 및 매개변수</th><th></th></tr>
<tr><td>popt</td><td>curve_fit()의 결과물로서 반환되는 최적 함수 인자(위 예제의 a0, a1, a2, a3)로, 주어진 자료를 가장 잘 설명할 수 있는 인자.</td></tr>
<tr><td>pcov</td><td>반환된 함수 인자의 공분산값.</td></tr>
<tr><td>[func]</td><td>curve_fit()을 수행할 함수의 기본 개형 (위 예제의 로지스틱 커브).
함수 정의(def)를 통하여 선언되어 있어야 함.</td></tr>
<tr><td>[xdat]</td><td>입력되는 자료의 x 값</td></tr>
<tr><td>[ydat]</td><td>입력되는 자료의 y 값</td></tr>
<tr><td>p0</td><td>최소자승법 과정에 함수 인자의 초기 추정값을 주는 옵션.
함수 인자와 동일한 개수의 값이 입력되어야 함.</td></tr>
<tr><td>bounds</td><td>함수 인자의 범위를 결정하는 옵션. 함수 인자가 특정 범위 내에 존재하는 경우(ex 항상 양의 값을 지니는 경우), 이 옵션을 주어서 해당 조건을 만족하는 최적 함수 인자를 찾을 수 있음.
함수 인자와 동일한 갯수의 최솟값 및 최댓값이 함께 입력되어야 함.
ex) bound = [[0, 0, 0, -np.inf], [100, 10, +np.inf, 0]]인 경우, 이는 0≤a0≤100, 0≤a1≤10, 0≤a2≤∞, -∞≤a3≤0 임을 의미함.</td></tr>
</table>

표 5-1. scipy.optimize.curve_fit() 옵션 설명

이와 같은 방법론을 통하여 곡선 접합(curve fitting)을 수행할 수 있습니다. 선형 관계의 경우, scipy.stats.lingress()를 이용하여 분석을 하는 것이 가장 쉬우나, 비선형 함수나 다변수 선형 함수를

기반으로 곡선 접합을 수행하는 경우에는 이 예제에서 이용된 scipy.optimize.curve_fit()이 큰 도움이 됩니다.

5-2. gridspec.Gridspec 을 이용한 공간분포의 다중 표출

이 절에서는 Cartopy 및 gridspec 을 이용하여 서브플롯을 다루고 공간분포를 그리는 방법을 다룹니다. plt.subplot()은 충분히 강력한 도구이지만, 그림을 한꺼번에 많이 표출하는 경우에는 gridspec 을 함께 이용하는 것이 더욱 효율적으로 시각화를 할 수 있습니다. 이 절에서 예제 데이터로 활용할 자료는 GIMMS NDVI3g 자료입니다. 해당 NDVI 자료는 지면 식생의 활성도를 나타내는 지표로써 다양한 연구에서 이용된 바 있습니다. 해당 NDVI 자료를 이용하여 1 월부터 6 월까지 매달 중순의 NDVI 분포를 한꺼번에 표출하는 것이 이 절의 목표입니다. 이 예제에서는 2010 년도 1 월 중순부터 6 월 말까지의 NDVI 자료를 사용하였으며, 해당 자료는 웹페이지에서 쉽게 다운로드 받을 수 있습니다(https://climatedataguide.ucar.edu/climate-data/ndvi-normalized-difference-vegetation-index-3rd-generation-nasagfsc-gimms). 굳이 해당 자료가 아니더라도, 온도나 강수 등 타 변수 공간 분포를 이용하여 이 예제를 진행하여도 무관합니다.

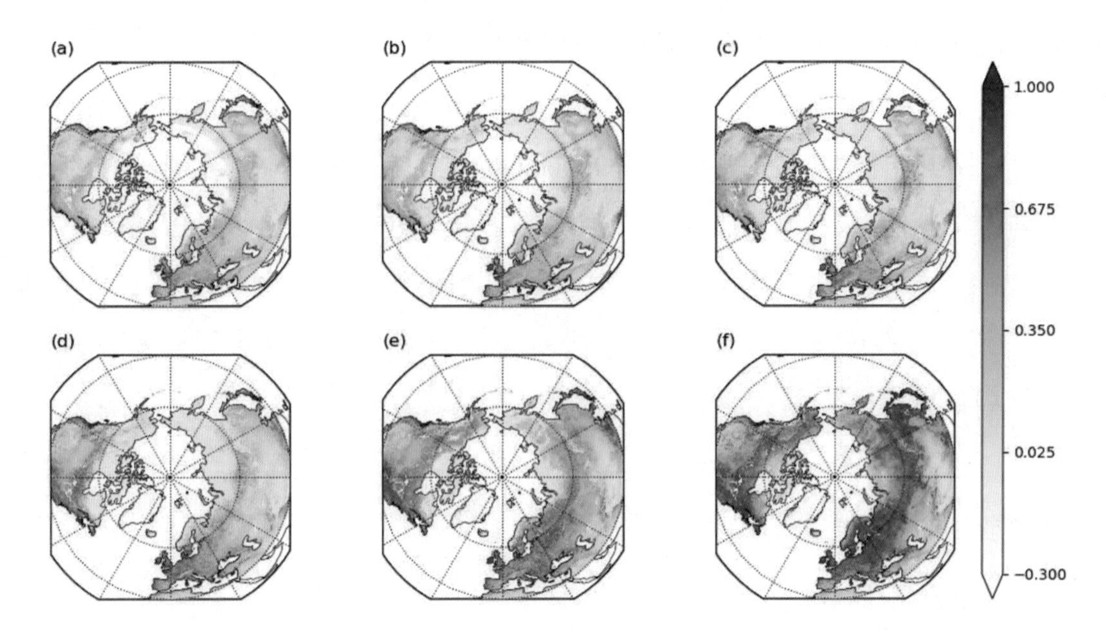

그림 5-2. 북반구 북위 30 도 이상 지역의 NDVI 공간 분포. 2010 년 (a) 1 월 중순, (b) 2 월 중순, (c) 3 월 중순, (d) 4 월 중순, (e) 5 월 중순, (f) 6 월 중순을 대상으로 나타내었음.

```
import numpy as np
import matplotlib.pyplot as plt
import cartopy.crs as ccrs
import matplotlib.gridspec as gridspec
import netCDF4 as nc

fpath = './DATA/ndvi3g_geo_v1_2010_0106.nc4' # 예제 NDVI 공간분포 데이터
ncfile = nc.Dataset(fpath, mode='r')
lon, lat = ncfile.variables['lon'][:], ncfile.variables['lat'][:]
latid = np.where((lat>=30.) * (lat<=80.)) # 북위 30 도~80 도 지역 좌표 확인
lat = lat[latid]
yy0,yy1 = latid[0][0], latid[0][-1]
```

np.where()을 위와 같은 형태로 조건을 주어 적용하는 경우, n 차원 데이터에 대한 np.where()의 결과물은 튜플 (Tuple)로 제공되며, 조건을 만족하는 데이터의 인덱스(index)를 ([첫 번째 차원 인덱스 리스트], [두 번째 차원 인덱스 리스트], …, [n 번째 차원 인덱스])의 형태로 가집니다. 예를 들어, data = np.array([[0., 0., 0.], [5., 0., 0.], [0., 0., 5.]])의 2 차원 데이터에 test_idx =np.where(data == 5)를 적용시키는 경우, test_idx 의 결과물은 (array([1, 2]), array([0, 2]))로

반환됩니다. 이는 (1, 0) 및 (2,2) 좌표가 해당하는 조건에 만족한다는 것을 의미하며, 조건을 만족하는 좌표 리스트 중에서 첫 번째 차원의 인덱스만 추출하고 싶은 경우에는 idx[0]으로 입력하면 [1,2]가 반환되게 됩니다. 위의 예제에서 np.where()에 1 차원 데이터인 lat 이 입력 자료로 이용되었으므로, latid 는 ([첫 번째 차원 인덱스 리스트])의 형태를 지니며, latid[0][0]은 첫 번째 차원 인덱스 중 최초의 인덱스, latid[0][-1]은 첫 번째 차원 인덱스 중 마지막 인덱스를 의미하게 됩니다. 이를 이용하여 원하는 지역, 즉 yy0 부터 yy1 까지의 데이터를 대상으로 슬라이싱(slicing)을 할 수 있습니다.

```
ndvi = ncfile.variables['ndvi'][::2,yy0:yy1+1,:] / 10000.
# 분석 대상 지역 자료 읽어 오기
# 10000 은 자료에 명시된 scale factor 입니다.
#해당 자료는 15 일 간격의 자료로, 30 일 간격으로(::2) 건너뛰며 데이터 로드.
idx = np.where((ndvi < -0.3) + (ndvi>1.0)) # 정상범위 이외의 데이터 좌표 파악
ndvi[idx] = np.nan #에러 데이터 예외처리 수행
ncfile.close()

projection_type = ccrs.Orthographic(central_longitude=0., central_latitude=90.)
minlon,maxlon,minlat,maxlat = -180,180.,30.,90.
# 이 예제에서는 Cartopy 를 이용하여 시각화를 수행하였음.
# ccrs.Orthographic()은 정사영도법 기반의 2 차원 시각화로, 고위도 지역의 변화를 살펴보는
경우에 효과적인 도법.

fig = plt.figure(figsize = (10,6), dpi = 100)
gs1 = gridspec.GridSpec(2,3, left=0.01, right=0.9 , top = 0.95, bottom = 0.1)
# 대소문자 유의하여야 합니다. GridSpec
# GridSpec 상세 옵션은 표 5-2 참조
cgs = gridspec.GridSpec(1,1, left=0.91, right=0.93, top = 0.95, bottom = 0.1)
cax = plt.subplot(cgs[0]) # 컬러바를 할당할 서브플롯인 cax
```

1 월부터 6 월까지의 NDVI 분포와 컬러바 위치를 배정하기 위하여 gridspec.GridSpec()이 사용되었습니다. 해당 함수는 격자 형태로 plt.figure()를 분할하여 서브플롯의 위치를 지정하고 배치하기 쉽도록 합니다. gs1 의 경우, figure fraction 을 기준으로 수평적으로는 0.01~0.9, 수직적으로는 0.1~0.95 의 공간에 2 행 3 열의 격자를 생성하고, cgs 의 경우 수평적으로 0.91~0.93, 수직적으로 0.1~0.95 의 공간에 1 행 1 열의 격자를 생성합니다. 여기서 figure fraction coordinate 는 그림

내에서의 위치를 상대적인 비율로 나타낸 것으로, 수평축의 경우에는 가장 왼쪽의 픽셀이 0.00, 가장 오른쪽의 픽셀이 1.00 이며, 수직 축의 경우 가장 아래쪽의 픽셀이 0.00, 가장 위쪽의 픽셀이 1.00 이 됩니다. 예를 들어, figure fraction coordinate 로 x=0.90 및 y=0.95 인 지점은 각각 전체 그림폭 대비 왼쪽으로부터 90%에 해당하는 지점, 전체 그림 높이 대비 아래쪽으로부터 95%에 해당하는 지점, 즉 그림의 우상단 지점을 지시하게 됩니다. gridspec()의 상세한 용법은 이하와 같습니다.

<table>
<tr><th colspan="3">형식</th></tr>
<tr><td colspan="3">matplotlib.gridspec.GridSpec(nrows, ncols, left=None, bottom=None, right=None, top=None, wspace=None, hspace=None, width_ratios=None, height_ratios=None)</td></tr>
<tr><th>매개변수</th><th>설정하는 특성</th><th>옵션</th></tr>
<tr><td>nrows</td><td>gridspec 의 행 수</td><td>자연수</td></tr>
<tr><td>ncols</td><td>gridspec 의 열 수</td><td>자연수</td></tr>
<tr><td>left
bottom
right
top</td><td>gridspec 의 왼쪽 경계
gridspec 의 아래쪽 경계
gridspec 의 오른쪽 경계
gridspec 의 위쪽 경계</td><td>0 과 1 사이의 실수로 입력되어야 하며,
해당 값은 figure fraction 을 의미함</td></tr>
<tr><td>wspace</td><td>gridspec 내부의 격자 간
수평 간격</td><td>0 과 1 사이의 실수
값이 클수록 격자 간 수평 간격이 넓어짐</td></tr>
<tr><td>hspace</td><td>gridspec 내부의 격자 간
수직 간격</td><td>0 과 1 사이의 실수
값이 클수록 격자 간 수직 간격이 넓어짐</td></tr>
<tr><td>width_ratios</td><td>gridspec 격자 간
수평 비율</td><td>ncols 과 동일한 원소 수를 가지는 리스트
ex) ncols 3 일 경우, width_ratio = [1,1,3]</td></tr>
<tr><td>height_ratios</td><td>gridspec 격자 간
수직 비율</td><td>nrows 과 동일한 원소 수를 가지는 리스트
ex) nrows 2 일 경우, width_ratio = [1, 0.5]</td></tr>
</table>

표 5-2. gridspec.Gridspec()의 상세 옵션

```
minr,maxr = -0.3, 1.
labset = ['(a)','(b)','(c)','(d)','(e)','(f)',]
lon2d, lat2d = np.meshgrid(lon, lat)  # np.meshgrid()를 이용하여 2 차원 위경도 자료 생성
```

```
for mm in range(6): # 1 월부터 6 월까지
    result = ndvi[mm,:,:]
    ax = plt.subplot(gs1[mm], projection = projection_type)
    # 앞서 projection_type 이라는 변수로 지정된 도법을 바탕으로 하는 서브플롯을 선언.
    ax.set_extent([minlon,maxlon,minlat, maxlat],
            crs = ccrs.PlateCarree()
    #ccrs.PlateCarree(), 즉 위경도 좌표를 기반으로 해당 서브플롯의 공간범위를 지정.
```

for 구문을 이용하여 생성된 Gridspec()에 순차적으로 서브플롯을 선언합니다. Gridspec()을 이용하여 만들어진 gs1 의 각 격자는 gs1[행번호, 열번호]의 형태로 호출되거나, 좌측 상단부터 우측 하단까지 순차적으로 gs1[번호]로 호출될 수 있습니다. Cartopy 사용을 위하여 plt.subplot()에서 projection 옵션을 이용하여 미리 선언해 둔 ccrs.Orthographic()을 적용하였습니다. 적용 후, 분석 대상지역을 설정하기 위하여 ax.set_extent()를 이용하여 공간 범위를 설정하였습니다. 위도/경도 정보를 바탕으로 공간 범위를 설정하고 싶다면 crs = ccrs.PlateCarree()를 설정해 주셔야 합니다. ccrs.PlateCarree() 옵션을 설정하지 않는 경우, 위경도 좌표계가 아닌 좌표계로 인식되어 공간범위가 이상하게 설정될 수 있습니다.

plt.subplot()을 이용하여 특정 서브플롯 (ax)이 선언된 이후부터, 해당 서브플롯에 그림을 그리기 위해서는 plt.plot()이나 plt.pcolormesh()가 아니라 ax.plot(), ax.pcolormesh() 등을 사용해야 합니다. 이는 향후에 ax1, ax2, ax3 등 여러 서브플롯을 동시에 활용하여 다른 특성을 그림으로 시각화해야 할 때에 중요합니다.

```
    cs = ax.pcolormesh(lon2d, lat2d, result, cmap = 'YlGn',
transform=ccrs.PlateCarree() ,
                vmin = minr, vmax = maxr, zorder = 4)
    # 선언된 서브플롯 ax 에 자료 공간분포를 음영으로 표현
    # Cartopy 를 바탕으로 2 차원 위경도 좌표계를 이용하여 공간분포를 그리므로,
transform=ccrs.PlateCarree() 옵션을 적용하여야 함.
    # 만약 transform=ccrs.PlateCarree()을 적용하지 않는 경우, 좌표계가 위경도 시스템을
따르지 않아 plt.pcolormesh() 결과가 제대로 표출되지 않을 수 있습니다.

    ax.gridlines(crs = ccrs.PlateCarree() ,color = 'k',
        linestyle = ':',xlocs = np.arange(0,390,30),
```

```
        ylocs = np.arange(-90., 90.1, 30.),zorder = 7) # 위경도 라벨 표현
    ax.coastlines(linewidth = 0.5, zorder=7) # 해안선 표현
    ax.set_title(labset[mm], loc = 'left')
  # 주의) plt.title(), plt.ylim(), plt.xlim() 등의 일부 함수의 경우, 서브플롯에 적용할 때에는
ax.set_title(), ax.set_ylim(), ax.set_xlim()로 바꾸어 적어야 합니다.

clevs = np.linspace(minr,maxr,5)
cbar = plt.colorbar(cs, extend='both', cax=cax, ticks = clevs, orientation = 'vertical')
plt.show()
```

여기서 zorder 는 그려지는 요소 (pcolormesh(), gridline(), scatter(), plot(), contour() 등)의 상대적인 표출 순서(z 축, 즉 각 레이어의 높이를 생각하면 됩니다)를 이야기합니다. zorder 값이 작으면 밑에, 크면 위에 덧칠된다고 생각하시면 됩니다. 여기서는 pcolormesh() 위에 gridline 을 덧칠하여야 하는 것이므로, pcolormesh()보다 gridline()의 zorder 를 높게 주었습니다. zorder 는 이하의 5-4 절 일기도 예제에서 본격적으로 다루어 보겠습니다.

이와 같이 Gridspec()을 이용하여 여러 종류의 그림을 한꺼번에 표출할 수 있습니다. matplotlib.gridspec.Gridspec()은 매우 활용성이 높은 기능이며, 익숙해지면 다양한 데이터를 표출하는 과정에서 큰 도움이 됩니다. Gridspec()의 공식 튜토리얼도 간단히 따라해 보는 것이 좋습니다 (https://matplotlib.org/tutorials/intermediate/gridspec.html).

5-3. 공간 분포 자료를 이용한 상자 수염도 표출

이 절에서는 GIMMS NDVI3g 를 이용하여 북반구 지역의 NDVI 패턴을 그리고, 위도별 NDVI 의 특성을 plt.boxplot()을 이용하여 상자수염도(box-whisker plot)으로 나타내고자 합니다. 상자수염도는 데이터의 분포 특성(중앙값, 5th, 25th, 75th, 95th 분위값 등)을 쉽게 나타낼 수 있는 방법입니다. 히스토그램이나 확률분포함수에 비해서는 데이터의 상세한 분포 특성을 나타내지 못한다는 한계가 있지만, 다양한 데이터 간의 분포 특성을 비교하여야 하는 경우에는 상자수염도가 큰 도움이 됩니다. 여기에서는 상자수염도를 이용하여 각 위도범위에서의 NDVI 의 특성을 나타내어 보겠습니다. 상세한 방법은 이하와 같습니다.

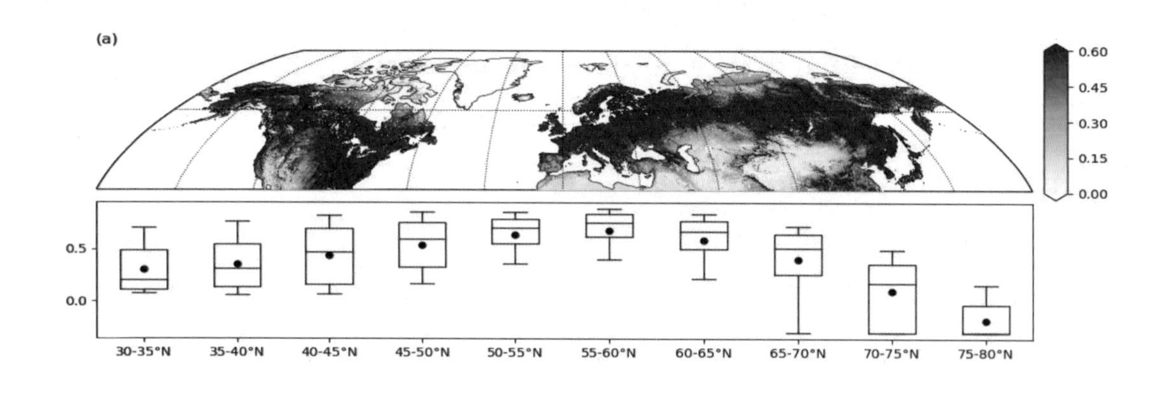

그림 5-3. (a) 북반구 북위 30 도 이상 지역의 2010 년도 6 월 말 NDVI 공간 분포.
(b) 각 위도범위별 NDVI 의 상자수염도. 평균값(점), 중간값(실선),
25 번째 및 75 번째 분위수(상자), 10 번째 및 90 번째 분위수(수염)를 나타내었음.

```
import numpy as np
import matplotlib.pyplot as plt
import cartopy.crs as ccrs
import matplotlib.gridspec as gridspec
import netCDF4 as nc

fpath = './DATA/ndvi3g_geo_v1_2010_0106.nc4'
ncfile = nc.Dataset(fpath, mode='r')
lon, lat = ncfile.variables['lon'][:], ncfile.variables['lat'][:]
latid = np.where((lat>=30.) * (lat<=80.))
```

```
lat = lat[latid] ## 앞 절에서의 방법과 동일한 방법으로 NDVI 를 처리하여 줍니다.
yy0,yy1 = latid[0][0], latid[0][-1]+1
ndvi = ncfile.variables['ndvi'][-1,yy0:yy1,:] / 10000.
# 분석 대상 지역의 마지막 시간 스텝 자료 (-1), 즉 6 월 말의 NDVI 를 불러옵니다.
idx = np.where((ndvi < -0.3) + (ndvi>1.0))
ndvi[idx] = np.nan
# 적절한 NDVI 범위 이외의 에러값을 예외 처리하기 위하여 np.nan 로 치환합니다.
ncfile.close()

latcode = np.copy(ndvi)
# NDVI 와 동일한 차원을 가지는 latcode 행렬을 생성합니다. 해당 행렬에 각 지역의 위도에
따른 인덱스를 부여하고, 아래에서 상자수염도를 그릴 때에 해당 인덱스를 이용하여 각
위도범위의 자료를 불러오는 데에 이용됩니다.
# 이와 같은 방법을 응용하여, 특정 국가나 특정 지면 유형 등을 대상으로 지역별/유형별
상자수염도를 쉽게 그릴 수 있습니다. 여기에서는 편의상 위도 범위를 이용하여 인덱스를 이하와
생성합니다.

for ii in range(10): # 10 개 구간을 대상으로
    lat0 = 30. + ii*5.
    lat1 = 30. + (ii+1)*5. # 30 도부터 5 도 간격으로 구간 설정
    latid = np.where((lat >= lat0) * (lat < lat1))[0]
    yy0, yy1 = latid[0], latid[-1]+1 # 해당 구간의 경도 인덱스 파악
    latcode[yy0:yy1,:] = ii # 해당 구간에 ii 값 부여
```

이 예제에서는 약간 번거롭지만 latcode 행렬을 생성하여 각 지역의 위도에 따라 ii 인덱스(index)를 부여하고, 해당 ii 인덱스(index)를 바탕으로 NDVI 자료를 추출하여 상자수염도를 그리고자 하였습니다. 단순히 위도 범위에 따라 상자수염도를 그리는 것은 np.where()을 이용하여 간략히 수행할 수 있지만, 지역 선정 기준이 복잡한 경우, 예를 들어 특정 국가나 지역, 식생 유형 등을 대상으로 데이터 분석을 수행하는 경우에는 이처럼 인덱스(index) 행렬을 생성/이용하여 진행하는 방식이 쉬운 경우가 많습니다.

```
projection_type = ccrs.Robinson(central_longitude=0.) # Robinson 도법을 이용
minlon,maxlon,minlat,maxlat = -180,180.,30.,90. # 공간 범위를 미리 설정.

fig = plt.figure(figsize = (12,4), dpi = 100)
gs0 = gridspec.GridSpec(1,1, left=0.1, right=0.90 , top = 0.95, bottom = 0.5)
ax0 = plt.subplot(gs0[0], projection = projection_type)
#앞서 다룬 gridspec()을 이용하여 공간분포용 서브플롯의 위치를 잡아 줍니다.
cgs = gridspec.GridSpec(1,1, left=0.91, right=0.93, top = 0.95, bottom = 0.5)
cax0 = plt.subplot(cgs[0]) #컬러바를 위한 서브플롯 선언
gs1 = gridspec.GridSpec(1,1, left=0.1, right=0.90 , top = 0.49, bottom = 0.1)
ax1 = plt.subplot(gs1[0])
#마찬가지로 gridspec()을 이용하여 상자수염도를 위한 서브플롯 위치를 잡아 줍니다.
minr,maxr = 0., 0.6 #공간분포 그림을 위한 NDVI 최솟값 및 최댓값 설정
lon2d, lat2d = np.meshgrid(lon, lat)

ax0.set_extent([minlon,maxlon,minlat, maxlat],
        crs = ccrs.PlateCarree()) #ax0 에 공간범위를 설정합니다.
cs = ax0.pcolormesh(lon2d, lat2d, result, cmap = 'YlGn',
transform=ccrs.PlateCarree() ,
                vmin = minr, vmax = maxr, zorder = 4) #NDVI 공간분포 그리기
ax0.gridlines(crs = ccrs.PlateCarree() ,color = 'k',
        linestyle = ':',xlocs = np.arange(0,390,30),
        ylocs = np.arange(-90., 90.1, 30.),zorder = 7)  #위경도선 그리기
ax0.coastlines(linewidth = 0.5, zorder=7) # 해안선 그리기
ax0.set_title('(a)', loc = 'left') # 그림 번호 라벨링
clevs = np.linspace(minr,maxr,5) # 컬러바를 위한 레벨 생성
cbar = plt.colorbar(cs, extend='both', cax=cax0, ticks = clevs, orientation = 'vertical')
# 미리 선언해 두었던 cax0 에 컬러바를 그려 줍니다.
```

여기서는 plt.boxplot()을 이용하여 상자수염도를 생성합니다. 상자수염도에 리스트 혹은 행렬 데이터를 입력하면 해당 데이터 및 옵션을 바탕으로 통계값을 산정하여 그림에 반영하게 됩니다. 여기에서는 datadict 라는 이름의 딕셔너리(dictionary)를 생성, 데이터를 집어넣어 plt.boxplot()에 입력하도록 하겠습니다.

```
datadict = {} # 딕셔너리(dictionary) 생성
for ii in range(10): # 인덱스 ii 반복문
    bandname = format(lat0, '2.0f') +'-'+format(lat1, '2.0f')+ '°N' # 각 위도 구간의 이름
생성
    idx = np.where((latcode == ii) * ~np.isnan(result))
    # latcode 가 ii 이며 ndvi 가 np.nan 이 아닌 지점 파악
    datadict[bandname] = result[idx] #datadict 행렬을 대상으로 위도구간의
이름(bandname)에 조건을 만족하는 해당 위도 구간의 데이터 (result[idx])를 할당.

ax1.boxplot(list(datadict.values()), showfliers=False, whis = [10,90],
medianprops={'color':'k'}, showmeans =True, meanprops={'markerfacecolor':'k',
'markeredgecolor':'None','marker':'o'})
# 상세 설명 이하 참조.

ax1.set_xticklabels(list(datadict.keys()))
# datadict.keys(), 즉 datadict 에 입력되었던 key 값을 이용하여 각 위도구간의 이름을 x 축
tick 에 달아 줍니다.
plt.show()
```

위에서 ax1.boxplot()에 입력되는 데이터인 list(datadict.values())는 datadict 에 입력된 위도 구간의 데이터가 순차적으로 포함된 리스트입니다. 즉, [30-35 도 행렬, 35-40 도 행렬, … 75-80 도 행렬]의 형태로 10 개의 np.array 를 담고 있는 리스트입니다. 이렇게 입력하는 경우, plt.boxplot은 자동으로 리스트 내의 10 개의 np.array 각각을 대상으로 삼아 10 개의 상자수염도를 그리게 됩니다. 이 기능을 이용하면 편리하게 여러 데이터의 상자수염도를 그릴 수 있습니다. plt.boxplot 은 매우 다양한 옵션을 지원하며, 자주 사용되는 옵션은 다음과 같습니다.

형식		
plt.boxplot(x, positions=None, widths=None, vert=None, showfliers=False, whis = None, medianprops=None, showmeans =False, meanprops=None)		
매개변수	설정하는 특성	설명
x	입력 데이터	행렬 혹은 리스트로 입력 가능. 리스트로 묶인 행렬을 줄 경우, 리스트 내 각 행렬을 대상으로 상자수염도 표출.
vert	상자수염도 방향	True: 수직 상자수염도 표출 False: 수평 상자수염도 표출
positions	상자수염도의 위치	vert=True: 상자수염도의 x 축 좌표 vert=False: 상자수염도의 y 축 좌표
widths	상자수염도의 두께	상자가 차지하는 x 축 길이
showfliers	수염 범위 초과 데이터 표현 여부	True 인 경우, 수염 범위를 초과하는 극단치(outlier)를 표현함.
whis	수염 범위 설정	수염의 범위 설정. ex) [5,75]: 5th 부터 75th.
medianprops	중간값 표출 옵션	중간값 마커(marker)의 색깔, 두께, 종류 등을 변경할 수 있는 옵션.
showmeans	평균값 표출 여부	True 인 경우, 평균값을 표출함.
meanprops	평균값 표출 옵션	평균값 마커(marker)의 색깔, 두께 등을 변경할 수 있는 옵션.

표 5-3. plt.boxplot()의 주요 옵션

위의 옵션에서는 딕셔너리(dictionary) 타입을 이용하여 상자수염도를 그리는 방법을 알아보았습니다. 일반적인 경우에는 데이터와 상자수염도를 그릴 좌표(x 데이터 및 positions 키워드)를 이용하여 그리는 것이 편하지만, 다양한 자료를 한번에 도시하는 경우에는 위의 예제처럼 딕셔너리(dictionary)를 활용할 수 있습니다. 딕셔너리(dictionary)를 이용하는 경우, 다중 자료 관리가 크게 편해질 수 있으니 딕셔너리(dictionary) 개념에 익숙해지는 것이 좋습니다.

5-4. 다양한 공간분포 자료의 동시 표출

이 절에서는 다양한 공간분포 자료를 동시에 표출하는 방법을 다룹니다. plt.pcolormesh()로 비습을, plt.contour()로 온도 및 지위고도를, plt.quiver()를 이용하여 바람장을 표출하여 다양한 자료를 동시에 표출하는 것을 연습해 보고자 합니다. 이 섹션에서는 ERA5 재분석자료(2020 년 1 월 1 일 00 UTC)를 이용, 850hPa 등압면을 대상으로 분석을 진행하였습니다. 분석 코드는 이하와 같습니다.

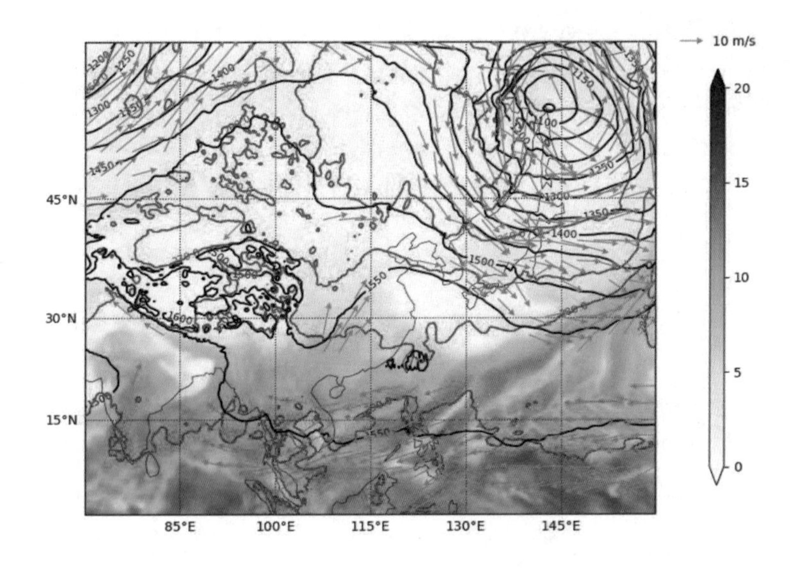

그림 5-4. 2020 년 1 월 1 일의 동아시아 850hPa 등압면의 대기장 특성 공간분포.
지위고도(흑색 실선, m), 평균 온도(적색 실선, K), 비습(음영, g/kg),
바람장(회색 화살표, m/s)를 각각 나타내었음. 바람장의 경우, 풍속이 10m/s 이상인 지역만 도시하였음.

```
import numpy as np
import matplotlib.pyplot as plt
import cartopy.crs as ccrs
import matplotlib.gridspec as gridspec
import netCDF4 as nc
from cartopy.mpl.gridliner import LONGITUDE_FORMATTER, LATITUDE_FORMATTER
#
minlon, maxlon = 70, 160 # 경도 범위 설정
minlat, maxlat = 0, 60 # 위도 범위 설정
```

```
fpath = './ERA5_TQUVZ_20200101_00.nc' # ERA5 데이터 파일
ncfile = nc.Dataset(fpath, mode='r')
lon, lat = ncfile.variables['longitude'][:], ncfile.variables['latitude'][:]
latid = np.where((lat>=minlat) * (lat<=maxlat))[0]
lonid = np.where((lon>=minlon) * (lon<=maxlon))[0]
yy0,yy1 = latid[0], latid[-1]+1
xx0,xx1 = lonid[0], lonid[-1]+1
# 위경도 범위에 해당하는 인덱스 파악

lat, lon = lat[latid], lon[lonid] # 위경도 범위에 따라 lon, lat slicing
lon2d, lat2d = np.meshgrid(lon, lat) # 2 차원 위경도 자료 생성

temp = ncfile.variables['t'][0,yy0:yy1, xx0:xx1] # 위경도 범위의 온도자료 불러오기
shum = ncfile.variables['q'][0,yy0:yy1, xx0:xx1] # 위경도 범위의 비습자료 불러오기
geop = ncfile.variables['z'][0,yy0:yy1, xx0:xx1] # 위경도 범위의 지오포텐셜자료 불러오기
udat = ncfile.variables['u'][0,yy0:yy1, xx0:xx1] # 위경도 범위의 동서풍자료 불러오기
vdat = ncfile.variables['v'][0,yy0:yy1, xx0:xx1] # 위경도 범위의 남북풍자료 불러오기
# 위에서 t, q, z, u, v 는 ERA5 파일 내의 변수 명을 의미합니다. nc 파일이 가지고 있는 변수에
대한 상세 정보는 해당 nc 파일을 nc.Dataset()으로 연 이후에 print (ncfile.variables)를
적용하면 손쉽게 확인 가능합니다.
ncfile.close()

fig = plt.figure(figsize = (8,6), dpi = 100)
gs1 = gridspec.GridSpec(1,1, left=0.01, right=0.9 , top = 0.95, bottom = 0.1)
cgs = gridspec.GridSpec(1,1, left=0.91, right=0.93, top = 0.90, bottom = 0.15)
cax = plt.subplot(cgs[0])
projection_type = ccrs.Mercator()
ax = plt.subplot(gs1[0], projection = projection_type) # Cartopy subplot
ax.set_extent([minlon,maxlon,minlat, maxlat],
        crs = ccrs.PlateCarree()) # ax 의 위경도 범위 설정
gl = ax.gridlines(crs = ccrs.PlateCarree() ,color = 'k',
        linestyle = ':',xlocs = np.arange(minlon,maxlon+1,15),
        ylocs = np.arange(minlat,maxlat+1,15) ,zorder = 7, draw_labels=True)
# ax 에 표현될 위도선 (ylocs) 및 경도선 (xlocs) 위치와 선 스타일 등을 결정합니다.
# np.arange(A,B,D)는 A 이상 B "미만"까지 D 간격으로 증가하는 어레이를 생성합니다.
# 이를 고려하여 np.arange(minlon,maxlon+1,15)로 기입, minlon 부터 maxlon 까지 모두
표현되도록 적용해 줍니다.

gl.xlabels_top = False  #그림 위쪽에 표현될 경도선 라벨을 보이지 않게 처리
gl.ylabels_right = False #그림 오른쪽에 표현될 위도선 라벨을 보이지 않게 처리

gl.xformatter = LONGITUDE_FORMATTER
```

```
gl.yformatter = LATITUDE_FORMATTER
#cartopy.mpl.gridliner.LONGITUDE_FORMATTER() 및 LATITUDE_FORMATTER()는 위경도
라벨의 형식을 보기 좋게 변경해 줍니다. (ex) 경도 -30.0 => 30ºW, 위도 50.0 => 50ºN)
ax.coastlines(linewidth = 0.5, zorder=7) #해안선 표현
```

위와 같은 방법으로 분석 대상지역의 데이터를 불러오고, 표출할 그림 및 컬러바의 사이즈, 도법 등을 결정할 수 있습니다. 기초적인 맵 세팅을 완료했으니, 이제부터는 대기장을 그려 보도록 하겠습니다.

```
qmin, qmax = 0., 20. #표현할 비습의 최솟값, 최댓값을 설정
clevs = np.linspace(qmin,qmax,5)
#np.linspace()를 이용하여 qmin 부터 qmax 까지를 5 개의 구간으로 분할 (0,5,10,15,20)
cs = ax.pcolormesh(lon2d, lat2d, shum*1000., cmap = 'YlGnBu',
transform=ccrs.PlateCarree(), vmin = qmin, vmax = qmax, zorder = 1)
# plt.pcolormesh()를 적용하여 비습을 shading 으로 표현
# ERA5 의 경우, 비습의 단위가 kg/kg 이므로 1000 을 곱하여 g/kg 으로 환산
# 해안선이나 위경도선, 향후 그려질 plt.contour() 등을 가리지 않도록 zorder 는 낮게
설정하여 그림을 배경처럼 깔아 줍니다.
cbar = plt.colorbar(cs, extend='both', cax=cax, ticks = clevs, orientation = 'vertical')
#위에서 선언한 서브플롯 cax 에 컬러바를 그림.
```

plt.contour()를 이용하여 해당 그림에 온도 및 지위고도를 추가합니다. 상세한 방법은 다음과 같습니다.

```
tmin, tmax = 240, 300 #일 평균 온도의 범위 설정 (unit: K)
tlev = np.arange(tmin, tmax+1, 10.) # tmin 부터 tmax 까지 10K 간격으로 레벨 설정.
cont1 = ax.contour(lon2d, lat2d, temp, colors = 'r', levels = tlev, zorder = 8,
        vmin = tmin, vmax = tmax,  transform=ccrs.PlateCarree(),)
#plt.pcolormesh()와 동일한 방식으로 그림을 그려 줍니다. 단, plt.contour()가
plt.pcolormesh()에 깔려서 가려지지 않도록, zorder 를 더 높게 설정해 줍니다.
# 주의) plt.pcolormesh()와 마찬가지로, Cartopy 를 이용하여 그릴 때에는 transform 을
잊으면 안 됩니다. transform 설정을 하지 않는 경우, 그림이 그려지지 않을 수 있습니다.
ax.clabel(cont1, inline = True, fmt = '%.1f', fontsize = 8)
# plt.contour() 기능을 통하여 그려진 등온선 (cont1)을 따라 라벨을 추가해 줍니다.
# inline=True 인 경우, 라벨이 적히는 지점의 등온선을 생략하여 가독성을 높여 줍니다.
# fmt = '%.Nf'는 소숫점 N 번째 자리까지 표현한다는 의미입니다.
# '%.1f'를 적용하는 경우에, 123.4567 은 반올림되어 '123.5'로 표현됩니다.

zmin, zmax = 1000., 1600. # 850hPa 의 지위고도 범위
zlev = np.arange(zmin, zmax+1, 50.)  # zmin 부터 zmax 까지 50m 간격으로 레벨 설정
```

```
cont2 = ax.contour(lon2d, lat2d, geop/9.8, colors = 'k', levels = zlev, zorder = 8,
        vmin = zmin, vmax = zmax,  transform=ccrs.PlateCarree(),)
# ERA5 의 지오포텐셜을 지위고도(Geopotential height)로 변환하기 위하여
# 중력가속도 9.8 m s-2 로 나눠 주었음.

ax.clabel(cont2, inline = True, fmt = '%.0f', fontsize = 8)
# 그려진 등지위고도선 (cont2)을 따라 라벨을 추가해 줍니다.
```

마지막으로 바람장을 그려 보도록 하겠습니다. 바람장의 경우, 고해상도 데이터를 그리는 경우에 화살표가 너무 많이 그려지면서 그림이 가려지는 경우가 많습니다. 이를 고려하여 풍속이 10m/s 미만인 지역은 np.nan 로 예외처리하고 시각화하도록 하겠습니다. 이에 더하여, 화살표의 밀도를 줄이기 위하여 데이터를 일정한 간격으로 건너뛰어 가며 바람장을 시각화하도록 하겠습니다.

```
skipp = 10 # 데이터 건너뛸 간격.
windscale = 10 # 바람장 화살표 범례에 이용할 기준 풍속값
idx = np.where(np.sqrt(udat**2. + vdat**2.) < 10.) # 풍속 10 m/s 이하 지역 파악
udat[idx] = np.nan # 동서풍 예외처리 수행
vdat[idx] = np.nan # 남북풍 예외처리 수행

quiv = ax.quiver(lon2d[::skipp, ::skipp], lat2d[::skipp, ::skipp],
   udat[::skipp, ::skipp], vdat[::skipp, ::skipp] , units = 'xy', angles = 'uv',
   zorder = 10, scale_units='inches', scale = 40, headwidth =5, linewidths = 3,
   transform=ccrs.PlateCarree(),color = 'grey')
# plt.quiver()는 바람장을 시각화할 때 이용되는 함수입니다. 2 차원 경도, 위도, 동서풍, 남북풍
정보를 주어서 흔히 볼 수 있는 바람장 그림을 그릴 수 있습니다. 여기에서는 모든 데이터를 10
(skipp) 간격으로 입력([::skipp, ::skipp])하여 성기게 바람장을 그려 보았습니다.

qk = ax.quiverkey(quiv, 0.9, 0.95, windscale, repr(windscale) + ' m/s', labelpos='E',
coordinates='figure')
# plt.quiver()를 바탕으로 화살표 범례를 생성하는 함수입니다. 앞에서 선언된 quiv 를
바탕으로, figure fraction coordinates 를 이용하여 좌측으로부터 90%, 하단으로부터 95%
위치에 주어진 값(windscale)을 대상으로 화살표 범례를 그리고, 그 밑에 텍스트
정보(repr(windscale)+'m/s')를 표기합니다.

plt.show()
```

plt.quiver()는 2 차원 벡터장, 즉 바람장을 그릴 때에 이용되는 함수입니다. plt.quiver()의 기본 형식 및 바람장을 그리기 위해 필요한 주요 옵션은 이하와 같습니다.

형식		
plt.quiver([X, Y], U, V, [C], **kw)		
매개변수	설정하는 특성	옵션
X	경도 정보	1 차원 혹은 2 차원 행렬 (X, Y, U, V 의 차원은 서로 동일하여야 함)
Y	위도 정보	1 차원 혹은 2 차원 행렬
U	동서풍 정보	1 차원 혹은 2 차원 행렬
V	남북풍 정보	1 차원 혹은 2 차원 행렬
color	화살표 색	화살표 전체에 공통으로 적용할 색 정보
units	화살표 길이 정보	바람장의 경우, 'xy'로 설정할 것 (U 및 V 로 풍속을 계산하여 적용됨)
angles	화살표 각도 정보	바람장의 경우, 'uv'로 설정할 것 (U 및 V 로 풍향을 계산하여 적용됨)
scale	사이즈 스케일	클수록 화살표가 전체적으로 짧아짐
scale_units	사이즈 스케일 유닛	화살표 스케일링 유닛. 'inches'가 편리 scale=2, scale_units='inches'인 경우, 풍속이 1m/s 인 지점의 화살표 길이가 1/scale 인치로 그려짐
headwidth	화살표 머리 폭	화살표 선분 대비 머리 폭의 배율 (클수록 머리가 두꺼워짐)
headlength	화살표 머리 길이	화살표 선분 대비 머리 길이의 배율 (클수록 머리가 길어짐)

표 5-4. plt.quiver()의 주요 옵션

이와 같은 방법으로 다양한 변수를 하나의 그림에 표출할 수 있습니다. 이 예제에서는 기초적인 방법을 소개해 드렸으며, 각 함수의 상세 설명을 참조하시면 투명도(alpha 옵션)를 넣거나, 등고선 레벨마다 다른 색으로 그리는 등의 다양한 적용이 가능합니다. 특히 zorder 옵션은 복합적인 데이터를 시각화하는 경우에 요긴하게 사용될 수 있으니, 기억해 두시면 큰 도움이 됩니다.

5-5. 다변수 회귀분석 및 데이터 표출

이 절에서는 임의의 데이터를 생성하여 다변수 회귀분석을 진행하고, 그 결과를 시각화해 보도록 하겠습니다. 다변수 회귀분석은 다양한 독립변수 (x1, x2, and x3)에 의하여 영향받는 종속변수 (y)의 변화를 이해하기 위하여 이용될 수 있는 분석법으로, 다양한 연구에 활용 가능합니다. 3 종의 독립변수에 의해 선형적으로 영향받는 종속변수에 대한 다변수 선형회귀식은 이하와 같습니다.

$$y = a_0 + a_1 x_1 + a_2 x_2 + a_3 x_3 + error$$

위의 식에서 y 절편 (a0) 및 y 에 대한 각 변수의 회귀계수 (a1, a2, a3)는 다변수 회귀분석을 진행하여 계산할 수 있습니다. 위의 식에서, 선형적으로 설명되지 않는 오차항(error)을 무시한 결과, 즉 독립변수 (x1, x2, x3)를 통하여 예측된 종속변수(fitted y)는 이하와 같이 표현됩니다.

종속변수 예측 결과 (fitted y): $\hat{y} = a_0 + a_1 x_1 + a_2 x_2 + a_3 x_3$

아래의 예제에서는 다변수 선형 회귀 분석을 진행하고, 3 종의 독립변수 (x1, x2, and x3)와 종속변수 (y), 얻어진 다변수 회귀식을 통해 얻을 수 있는 변수별 기여도 (a1*x1, a2*x2, and a3*x3) 그리고 회귀식에 따른 종속변수 예측 결과 (fitted y)를 동시에 시계열로 나타내어 보겠습니다.

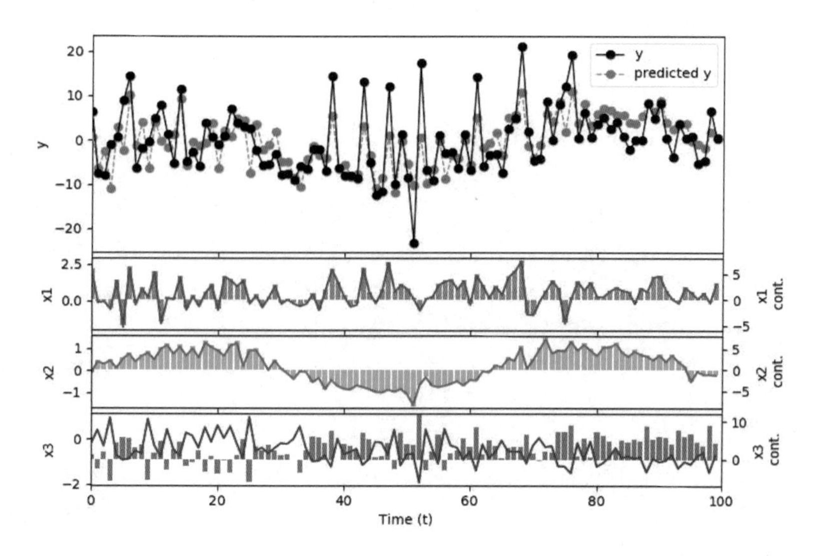

그림 5-5. 다변수 회귀분석 결과를 나타낸 그림. (a) y 값(검은 실선)과 다변수 회귀분석을 통하여 예측된 y 값(회색 실선). x1, x2, 그리고 x3 의 실제값(실선)과 기여도(막대)를 하단에 추가로 나타내었음.

```
import numpy as np
import matplotlib.pyplot as plt
import matplotlib.gridspec as gridspec
import netCDF4 as nc
from cartopy.mpl.gridliner import LONGITUDE_FORMATTER, LATITUDE_FORMATTER
from scipy.stats import linregress
from scipy.optimize import curve_fit

def mullinreg3(x,a,b,c,d):
   return a + b*x[0] + c*x[1] + d*x[2]
 # 로지스틱 커브에서와 마찬가지로 curve_fit()에 적용할 3 변수 다항식의 형태를 만들어
줍니다.

# 예제를 위한 시계열을 생성합니다.
ntime = 100
np.random.seed(1)
xvar1 = np.random.randn(ntime) + .5 # 랜덤 요소
xvar2 = np.sin(np.arange(ntime)/10.) + np.random.randn(ntime)/4. # 주기 요소
xvar3 = np.random.randn(ntime)/2. - np.arange(ntime)/100. # 장기추세 요소
yvar = 3.*(xvar1**2.) + 5*(xvar2**3.) + 7*(xvar3**2.) + np.random.randn(ntime)/2.
yvar  = yvar - np.mean(yvar)
# 세 x 값을 이용하여 비선형적으로 y 값을 생성하고, 편의상 y 값의 평균을 제거하여 편차값으로
```

```
바꾸어 줍니다.

xvarset = np.stack((xvar1,xvar2,xvar3)) # 세 x 변수를 합쳐서 (ntime, 변수 개수)의 형태로
쌓아 줍니다.
popt, pcov = curve_fit(mullinreg3, xvarset, yvar) # 선언된 3 변수 다항식에 x 변수 세트 및
y 변수 세트를 입력, 다변수 회귀분석을 수행하여 popt (즉, a0, a1, a2, a3)를 계산합니다.

predicted_y = mullinreg3(xvarset, popt[0],popt[1],popt[2],popt[3])
# 선언된 3 변수 다항식에 x 변수 세트 및 계산된 a0,a1,a2,a3 를 입력하여 fitted y 를
계산합니다.

con_x1 = xvar1 * popt[1] #x1 과 a1 을 곱하여 x1 의 기여도 (a1*x1) 시계열 생성
con_x2 = xvar2 * popt[2] #x2 과 a2 을 곱하여 x2 의 기여도 (a2*x2) 시계열 생성
con_x3 = xvar3 * popt[3] #x3 과 a3 을 곱하여 x3 의 기여도 (a3*x3) 시계열 생성
intercept = popt[0] * np.ones(ntime) #계산된 y 절편을 시계열로 변환
```

위와 같은 방식으로 시각화를 위한 기초 자료를 생성하였습니다. 여기서 y 값은 x1, x2, x3 과 비선형적인 관계를 가지도록 만들어 주었습니다. x 변수나 y 변수를 바꾸어 가면서 다변수 회귀분석이 잘 작동하는지, predicted_y 가 y 값과 어느 정도의 상관성을 가지는지 살펴보시는 것도 좋습니다. 이하부터는 위에서 생성된 값을 이용하여 시각화를 진행하겠습니다.

```
fig = plt.figure(figsize = (8,6), dpi = 100)
gs = gridspec.GridSpec(4,1, left=0.1, right=0.9 , top = 0.9, bottom = 0.1,
                 height_ratios=[3,1,1,1], wspace = 0.05, hspace =0.05)
ax0 = plt.subplot(gs[0])
 # 앞서 설명된 gridspec 을 이용하여 서브플롯 위치를 조정해 줍니다.

times = np.arange(ntime)  #x 축 생성
ax0.plot(times, yvar, 'o-',color = 'k', linewidth = 1,zorder = 5) # y 값 표시
ax0.plot(times, predicted_y, 'o-',color = 'grey', linewidth = 1, linestyle = '--', zorder =
4)
# 다변수 회귀분석을 통하여 예측된 y 값 (fitted y)를 표시
ax0.tick_params(axis='x', labelbottom=False)
# x tick 을 생략하도록 설정.
```

위에서는 서브플롯을 선언하고 y 와 예측된 y(predicted y or fitted y)를 나타내있습니다. 여기서 예측된 y 값은 x1, x2, x3 와 다변수 회귀분석을 통하여 설명된 y 로, 위의 다변수 회귀분석이 얼마나 y 의 값을 잘 예측하는지를 나타내 줍니다. y 와 예측된 y 값의 상관계수가 높을수록 주어진 변수 및 다변수 회귀분석이 y 를 효과적으로 설명할 수 있음을 의미하게 됩니다. 여기에서는 y 가 x1, x2, x3 와 비선형적인 관계를 맺고 있고, 랜덤 노이즈까지 더해 주었기 때문에 둘 사이의 상관계수(r)가 0.7 가량으로 나타날 것입니다. 이는 선형 다변수 회귀분석 결과 (fitted y)가 y 의 변동성을 약 50%가량 설명함을 의미합니다.

이제부터는 각 변수와 각 변수의 기여도 (a1*x1, a2*x2, and a3*x3)를 나타내어 보겠습니다. 3 가지 변수를 다뤄야 하는 관계로, 이제부터는 딕셔너리(dictionary)를 활용하여 시각화를 해 보겠습니다.

```
colorset = {'x1':'r', 'x2':'g', 'x3':'b', 'x0':'lightgrey'} # 각 변수별 색깔을
딕셔너리(dictionary)로 지정
dataset = {'x1':xvar1, 'x2':xvar2, 'x3':xvar3}
# 시계열로 그려질 각 변수 데이터를 각 변수의 이름을 이용하여 딕셔너리(dictionary)로 선언
contset =  {'x1':con_x1, 'x2':con_x2, 'x3':con_x3, 'x0':intercept}
# 막대그래프로 그려질 기여도 데이터를 각 변수의 이름을 이용하여 딕셔너리(dictionary)로
선언

for vv, vname in enumerate(['x1','x2','x3']): #enumerate 설명은 아래 참조
    ax = plt.subplot(gs[vv+1], sharex=ax0)
    # 각 변수의 시계열 및 기여도가 그려질 ax 를 선언하고, ax0 와 x 축 특성을 공유하도록 설정
    ax.plot(times, dataset[vname], color =colorset[vname]) # 변수 시계열 표출
    ax.set_xlim([0,ntime])

    subax = ax.twinx()  # 오른쪽 y 축을 추가로 생성.
    subax.bar(times, contset[vname], color =colorset[vname], alpha = 0.5)
    # 앞서 계산된 변수별 기여도를 plt.bar()를 이용하여 그리기
    minr,maxr = contset[vname].min(), contset[vname].max()
    ax.set_ylabel(vname)
    subax.set_ylim([np.floor(minr),np.ceil(maxr)]) #minr 및 maxr 을 이용하여 y 축 범위 설정
    subax.set_ylabel(vname +'\n cont.')
    if vname != 'x3':
        ax.tick_params(axis='x', labelbottom=False)
    #x3 가 아닌 경우, 즉 맨 밑의 서브플롯이 아닌 경우 틱 라벨을 생략해 줍니다.
```

```
plt.show()
```

여기에서는 딕셔너리(dictionary) 및 enumerate 를 이용하여 결과 표출을 진행합니다. enumerate()는 이하와 같이 for 구문에서 이용할 수 있습니다. enumerate()는 입력된 리스트를 대상으로 리스트의 각 원소의 순서(인덱스(index))와 원소를 반환하는 함수입니다. 예제를 살펴보겠습니다.

```
for ii, jj in enumerate(['a', ['b','c'], np.arange(10)]):
        print (ii, jj)
```

```
0 a
1 ['b', 'c']
2 [0 1 2 3 4 5 6 7 8 9]
```

이처럼 enumerate()는 인덱스(index)와 원소를 함께 순차적으로 반환하기 때문에, 다양한 활용성을 가지고 있습니다. 위에서는 반환된 인덱스(index)를 이용하여 서브플롯을 순서대로 선언하고 딕셔너리(dictionary) 내의 각 변수를 호출하는 데에 enumerate 를 활용하였습니다. 앞 절에서도 이용된 바 있지만, 딕셔너리(dictionary)는 행렬이나 리스트, 서브플롯 등의 데이터를 자유롭게 담을 수 있으며, 지정된 키를 이용하여 데이터 호출이 가능한 일종의 리스트입니다. 다소 개념이 생소할 수 있지만, 다양한 종류의 데이터를 다루는 경우에 딕셔너리(dictionary)를 활용하면 편하게 데이터 처리를 할 수 있습니다. 예를 들어 기후모형의 다양한 변수를 시각화하는 경우에, 전처리 후 딕셔너리(dictionary)를 이용하여 변수별 데이터를 저장해 두고, for 및 enumerate 로 데이터를 호출하여 시각화시키는 것을 고려할 수 있습니다. enumerate()는 필수적인 용법은 아니지만 for 구문을 보다 간결하게 작성할 때에 큰 도움이 되며, 딕셔너리(dictionary)는 굉장히 유연한 자료 특성을 가져서 활용성이 매우 높고 다중 데이터 분석에 큰 도움이 됩니다.

6

자료의 후처리 및 기타

6. 자료의 후처리 및 기타

진대호(Daeho.Jin@nasa.gov)

6-1. 자료 분포의 시각화

자료의 분포(data distribution)를 파악할 수 있는 쉬운 방법으로 히스토그램이 있습니다. 열대 기후에서 가장 중요한 현상 중의 하나인 Madden-Julian Oscillation(MJO)의 진행 상황과 강도를 알려 주는 Real-Time Multivariate MJO Index(RMM Index; Wheeler and Hendon, 2004)[2]를 이용하여 자료의 분포를 보여 주는 다양한 방법에 대해 알아보겠습니다.
(자료는 http://www.bom.gov.au/climate/mjo/graphics/rmm.74toRealtime.txt 에서 받을 수 있습니다)

[2] Wheeler, M. C., and H. H. Hendon, 2004: An all-season real-time multivariate MJO index: Development of an index for monitoring and prediction. *Mon. Wea. Rev.*, **132**, 1917-1932.

6-1-1. 기본 막대 그래프

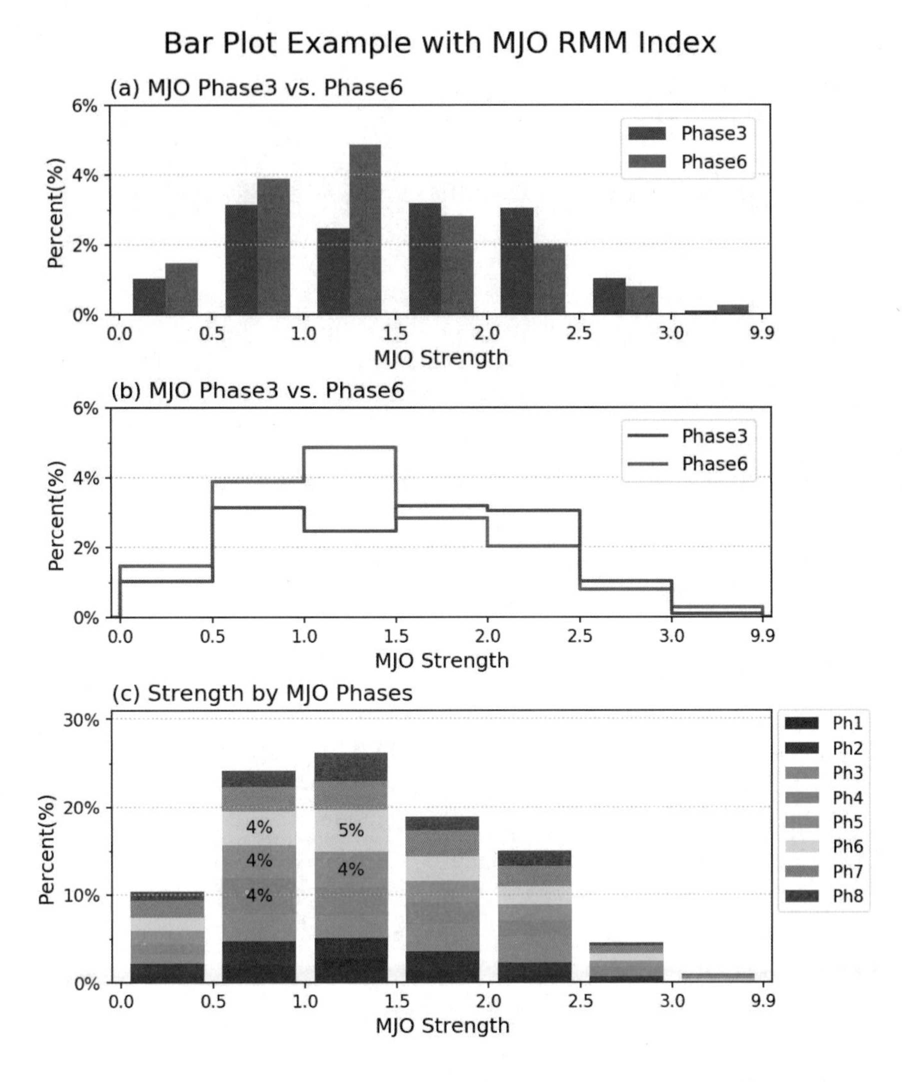

그림 6-1. MJO 위상(phase) 3 기와 6 기 간의 강도별 분포 비교, (a) 보통의 막대 그래프와 (b) 선 그래프. (c) 전체 8 가지 MJO 위상(Phase)의 누적 분포도.

자료의 분포를 파악하는 기본적인 방법 중 하나는 히스토그램을 살펴보는 것입니다. 막대그래프는 히스토그램을 표현하는 데 적합한 시각화 방법입니다. 여기서는 세 가지 모양의 막대그래프를 생성하는 방법을 살펴보겠습니다. 아래는 프로그램의 진행 순서입니다.

1) RMM Index 가 기록된 텍스트 파일을 읽어 MJO 위상별로 MJO 의 강도(strength) 변수 정리하기
2) 그림에 사용될 함수와 그림 객체를 정의하고 서브플롯 패널(axes) 크기를 지정하기
3) 각각의 서브플롯 패널에 막대 그래프 그리기
4) 그림 세부 설정 조정 후 파일로 그림을 저장

a. 텍스트 파일을 읽어 RMM Index 를 불러들이고 MJO 위상별로 정리하기

```
### 사용되는 패키지 불러오기
import sys
import os.path
import numpy as np
from datetime import date

### 텍스트 형식의 RMM Index 자료를 읽어 들이는 함수
def read_rmm_text(fname, date_range=[]):
    """
    Read RMM Index Text file
    fname: include directory
    date_range: start and end dates, including both end dates, optional
    """
    if not os.path.isfile(fname):  # 파일이 존재하는지 확인
        sys.exit("File does not exist: "+fname)

    if len(date_range)!=0 and len(date_range)!=2:  # 입력이 올바른지 확인
        print("date_range should be [] or [ini_date,end_date]")
        sys.exit()

    months, pc, phs= [], [], []
    with open(fname,'r') as f:
        for i,line in enumerate(f):
            if i>=2:  # 헤더 2 줄은 그냥 넘어감
                ww= line.strip().split()
                onedate= date(*map(int,ww[0:3])) # "map()": "int()" 함수를 ww[0:3]의 각
원소에 적용; "*" 표시는 리스트 객체에서 모든 원소를 각각 소환
                if len(date_range)==0 or (len(date_range)==2 and onedate>=date_range[0]
and onedate<=date_range[1]):
                    pc.append([float(ww[3]), float(ww[4])]) # RMM PC1 and PC2
```

```
            phs.append(int(ww[5]))  # MJO Phase
            months.append(onedate.month)  # "월(month)" 정보만 저장

    print("Total RMM data record=", len(phs))
    return np.asarray(months), np.asarray(pc), np.asarray(phs) # Numpy 배열로 반환
```

텍스트 형식의 RMM Index 자료 파일에서 주어진 기간 동안의 Index와 Phase 그리고 각 날짜의 월(month)만 저장합니다. 월 정보는 이후 겨울 자료만 뽑아낼 때 이용됩니다.

```
### Parameters
rmm_fname= './Data/rmm.74toRealtime.txt'
tgt_dates= (date(2000,11,1), date(2015,3,31))

### Read RMM data
mons, pcs, phs= read_rmm_text(rmm_fname, tgt_dates)
print(pcs.shape) # 차원을 출력해서 확인

### Filtering only for Nov-Mar
tidx= np.logical_or(mons>=11, mons<=3) # 11-12 월 혹은 1-3 월
pcs= pcs[tidx,:]
phs= phs[tidx]
print(pcs.shape) # 필터링 후 변화된 차원을 출력해서 확인

### Calculate strength from PCs
strs= np.sqrt((pcs**2).sum(axis=1))  # 강도는 제곱-합-근으로 정의
print(strs.min(), strs.max())  # 계산된 강도의 범위를 확인

### Build histogram of strength by MJO phase
bin_bounds= np.arange(0.,4., 0.5)  # 7 개의 히스토그램 구간 생성
bin_bounds[-1]= 9.9  # 끝 구간은 큰 값도 포함되도록 수정
hists= []
for ph in range(1,9,1):  # 각각의 MJO 위상(phase)에 대하여
    phidx= phs==ph
    hist= np.histogram(strs[phidx], bin_bounds)[0]  # 히스토그램 계산
    hists.append(hist)  # 리스트에 입력
hists= np.asarray(hists)  # Numpy 배열로 변환
print(hists.shape)  # 히스토그램 자료의 차원을 확인
```

```
hists= hists/phs.shape[0]*100.  # 정규화시키고 백분율(%)로 변환
```

```
> python3 Code1_Bar_Plot_py3.py
Total RMM data record= 5264
(5264, 2)
(2268, 2)
0.05588880845074462 4.621688780418009
(8, 7)
```

RMM Index 자료는 2000 년 11 월 1 일부터 2015 년 3 월 31 일까지 읽은 후 매해 11 월에서 3 월까지 5 개월간의 자료만 모읍니다. 모인 인덱스(index) 자료로부터 MJO 의 강도를 계산한 후, 각 MJO 의 위상(phase)별로 MJO 강도의 히스토그램을 계산합니다. 마지막으로 히스토그램의 값들을 전체 데이터 크기로 나누고 100 을 곱하여 백분율(%) 값으로 정규화시킵니다. 여기까지의 결과물은 [8 가지의 MJO 위상×7 개의 히스토그램 구간] 크기의 정규화된 Numpy 배열입니다.

b. 그림 객체 생성하기

위의 주어진 결과물을 이용하여 세가지 형태의 그림을 그립니다. 상단에는 보통의 막대그래프를, 중간에는 선으로 이어진 막대그래프를, 그리고 하단에는 누적 막대그래프를 그립니다.

```
# 그림 그리는 데 사용되는 패키지 불러오기
import matplotlib.pyplot as plt
from matplotlib.ticker import MultipleLocator, AutoMinorLocator, FormatStrFormatter

# x 축 상에서 막대그래프의 위치를 잡아 주는 함수
def bar_x_locator(width, data_dim= [1, 10]):
    """
    Depending on width and number of bars,
    return bar location on x axis
    Input width: (0,1) range
    Input data_dim: [# of vars, # of bins]
    Output locs: list of 1-D array(s)
    """
```

```
    xx= np.arange(data_dim[1])
    shifter= -width/2*(data_dim[0]-1)
    locs= []
    for x1 in range(data_dim[0]):
        locs.append(xx+(shifter+width*x1))
    return locs

# 막대그래프를 꾸며주는 명령어들을 모아 놓은 함수
def bar_common(ax, subtit, x_dim=10, xt_labs=[], y_range=[]):
    """
    Decorating Bar plot
    """
    ### Title
    ax.set_title(subtit, fontsize=13, ha='left', x=0.0)  # 소제목

    ### Axis Control
    xx=np.arange(x_dim+1)
    ax.set_xlim(xx[0]-0.6, xx[-2]+0.6)  # x 축 범위 지정
    ax.set_xticks(xx-0.5)  # x 축 눈금의 위치 지정
    ax.set_xticklabels(xt_labs)  #,rotation=35,ha='right'); x 축 값(tick label)을 지정
    if len(y_range)==2:
        ax.set_ylim(y_range[0], y_range[1])  # y 축 범위 지정

    ### Ticks and Grid
    ax.tick_params(axis='both', which='major', labelsize=10)  # 양 축의 값(tick label)
폰트 크기 지정
    ax.yaxis.set_major_formatter(FormatStrFormatter("%d%%"))  # y 축 값(tick label)의
형식 지정
    if y_range[1]-y_range[0]<=5: # y 축 범위에 따라 틱 위치 지정
        ax.yaxis.set_major_locator(MultipleLocator(1))
    elif y_range[1]-y_range[0]<=10:
        ax.yaxis.set_major_locator(MultipleLocator(2))
    elif y_range[1]-y_range[0]<=30:
        ax.yaxis.set_major_locator(MultipleLocator(5))
    else:
        ax.yaxis.set_major_locator(MultipleLocator(10))
    ax.yaxis.set_minor_locator(AutoMinorLocator(2))
    ax.grid(axis='y' ,color='0.7', linestyle=':', linewidth=1)  # 격자를 표시하는 조건 지정
    return

# 막대그래프 상에 값을 숫자로 표시하는 함수
```

```
def write_val(ax, values, xloc, yloc, crt=0, ha='center', va='center'):
    """
    Show values on designated location if val>crt.
    Input values, xloc, and yloc should be of same dimension
    """
    ### Show data values
    for val, xl, yl in zip(values, xloc, yloc):
        if val>crt:  # 특정 값보다 클 때만 표시
            pctxt= '{:.0f}%'.format(val)  # 표시할 값
            ax.text(xl, yl, pctxt, ha=ha, va=va, stretch='semi-condensed', fontsize=10)
    return
```

그림을 그리는 데 필요한 패키지/라이브러리를 불러오고 관련된 함수를 정의하였습니다. "bar_x_locator()" 함수는 막대그래프의 너비와 개수에 따라 위치를 잡아 주는 역할을 합니다. "bar_common()" 함수는 막대그래프를 그린 후 꾸며 주는 부분 중 공통적인 것들을 모아 놓았습니다. "write_val()" 함수는 특정한 조건에 맞추어 막대그래프의 값을 숫자로 표시합니다.

```
### Define a figure (page)
fig= plt.figure()
fig.set_size_inches(6, 8.5)  # 페이지의 가로세로 크기 (xsize, ysize in inch)

### Page Title
suptit= "Bar Plot Example with MJO RMM Index"
fig.suptitle(suptit, fontsize=17, y=0.97, va='bottom') #stretch='semi-condensed'

### Parameters for subplot area
left, right, top, bottom= 0.05, 0.95, 0.925, 0.05
npnx, gapx, npny, gapy= 1, 0.03, 3.3, 0.09  # 1 열과 3.3 행으로 지정. 3 번째 행은 30%
더 긴 공간에 그림을 그릴 예정.
lx= (right-left-gapx*(npnx-1))/npnx
ly= (top-bottom-gapy*(npny-1))/npny; ly2= ly*1.3
ix,iy= left, top  # axes 를 정의할 위치 초기값

###-- Top Panel
### Compare strength distribution of phase 3 and 6
ax1= fig.add_axes([ix, iy-ly, lx, ly])  # 첫 번째 axis 를 정의
wd= 0.35  # 막대그래프의 너비 지정
```

```
ph2draw= [3, 6] # 그림을 그릴 MJO Phase 를 지정
xlocs= bar_x_locator(wd, data_dim=[len(ph2draw), hists.shape[1]])
cc= ['b', 'r'] # 막대그래프의 색상을 지정
### Draw Bar Plot
for i,ph in enumerate(ph2draw):
    pbar= ax1.bar(xlocs[i], hists[ph-1,:], width=wd,
          color=cc[i], alpha=0.8, label='Phase{}'.format(ph))
### Fine tuning and decorating
y_range= [0, 6] # y 축 값의 범위 지정
subtit= '(a) MJO Phase{} vs. Phase{}'.format(*ph2draw)
bar_common(ax1, subtit, x_dim=hists.shape[1], xt_labs=bin_bounds,
y_range=y_range)
ax1.set_xlabel('MJO Strength', fontsize=12) #,labelpad=0)
ax1.set_ylabel('Percent(%)', fontsize=12)
ax1.legend(loc='upper right', bbox_to_anchor=(0.99,0.98), fontsize=11)
```

그림을 그릴 페이지를 정의하고 그 페이지 안에 subplot 이 몇 개가 어떻게 들어갈지 정의합니다. 여기서는 3 행(row)으로 정의되었습니다. 페이지의 전체 제목을 작성하고 상단의 막대그래프를 그립니다. 막대그래프를 그릴 자료의 차원에 따라 먼저 막대그래프의 위치를 잡고, 주어진 위치에 정해진 색으로 막대그래프를 그립니다. 이후 상단 패널의 제목과 축의 눈금 등을 세부 조정합니다.

```
iy= iy-ly-gapy
###-- Middle Panel
### Lined Bar(Step) plot
ax2= fig.add_axes([ix, iy-ly, lx, ly]) # 두 번째 axes 를 정의
xx= np.arange(hists.shape[1]+2)-1
### Draw Lined Bar Plot
for i, ph in enumerate(ph2draw):
    data1= np.pad(hists[ph-1,:], (1,1), mode='constant', constant_values=0) # 자료의
앞뒤에 0 값을 삽입
    pbar2= ax2.step(xx, data1, where='mid', label='Phase{}'.format(ph)
        ,color=cc[i], lw=2, alpha=0.8)
### Fine tuning and decorating
subtit= '(b) MJO Phase{} vs. Phase{}'.format(*ph2draw)
bar_common(ax2, subtit, x_dim=hists.shape[1], xt_labs=bin_bounds,
y_range=y_range)
ax2.set_xlabel('MJO Strength', fontsize=12) #,labelpad=0)
```

```
ax2.set_ylabel('Percent(%)', fontsize=12)
ax2.legend(loc='upper right', bbox_to_anchor=(0.99,0.98), fontsize=11)
```

중간 패널에는 "Axes.step()" 함수를 이용하여 선으로 이어진 막대그래프를 그립니다. 입력 데이터와 추후 꾸미는 부분은 상단 막대그래프와 동일합니다. 위의 경우 기존 "Axes.step()" 함수는 주어진 데이터 바깥에는 선이 안 그려지기 때문에 인위적으로 "np.pad()" 함수를 이용하여 데이터의 앞뒤에 값 "0"을 추가하였습니다.

형식		
Axes.step(*x, y, *args, where='pre', data=None, **kwargs*)		
매개변수	설정하는 특성	옵션
x	그래프의 x 값들	1 차원 배열/리스트
y	그래프의 y 값들	x 와 길이가 같은 1 차원 배열/리스트
where	스텝이 자리할 위치	'pre', 'post', 'mid' 'pre'의 경우 (x[i-1], x[i]) 구간에 y[i] 값의 선이 그어지고, 'post'의 경우(x[i], x[i+1]) 구간에 y[i] 값의 선이 그어집니다.
data	라벨 데이터	만약 주어지면 해당하는 x, y 위치에 라벨을 표시합니다.
**kwargs	추가적인 옵션	옵션은 Axes.plot()의 옵션을 따릅니다. 선의 색과 두께, 선 모양 등을 지정할 수 있습니다.

표 6-1. 선으로 이어진 막대그래프를 그리는 "Axes.step()" 함수

형식		
np.pad(*array, pad_width, mode='constant', **kwargs*)		
매개변수	설정하는 특성	옵션
array	입력 데이터	배열 혹은 배열과 유사한 형식

pad_width	입력 데이터의 각 축에 따라 끝에 값이 추가될 너비(자료의 개수)	입력 데이터가 N 개의 축이 있을 경우 ((before_1, after_1), … (before_N, after_N)) 형식으로 정의. 만약 정수 숫자 하나만 주어질 경우 모든 축의 앞과 뒤에 똑같은 크기로 값들이 추가됨.
mode	끝에 값이 추가되는 방식	'constant' (default); 'constant_values' 상수 지정 'edge'; 기존 배열 끝 값을 복사 'linear_ramp'; 'end_values'를 향해 선형으로 증가 혹은 감소 'maximum'; 'stat_length'에서 최대값 'mean'; 'stat_length'에서 평균값 'median'; 'stat_length'에서 중간값 'minimum'; 'stat_length'에서 최소값 'reflect'; 끝 값 제외 반사 (대칭) 'symmetric'; 끝 값 포함 대칭 (반사) 'wrap'; 예) 오른편 끝 이후에 왼쪽 끝 값을 추가 'empty'; 값이 정해지지 않음 <padding function>; 임의의 함수

표 6-2. 주어진 배열의 양 끝에 값을 추가하는 "np.pad()" 함수

마지막으로 하단 패널에 누적 막대그래프를 그립니다.

```
iy= iy-ly-gapy
###-- Bottom Panel
### Stacked bar for all phases
ax3= fig.add_axes([ix, iy-ly2, lx, ly2]) # 세 번째 axis 를 정의
wd= 0.8 # 막대그래프 너비 지정
xlocs= bar_x_locator(wd, data_dim=[1, hists.shape[1]]) # 각 막대의 위치 지정
### Pick colors from existing colormap
nph= hists.shape[0]
cm= plt.cm.get_cmap('nipy_spectral', nph*2+1)
cm= cm(np.arange(nph*2+1)) # 'nipy_spectral' 색지도에서 색 정보를 'nph*2+1'개 뽑아
저장
cc= []
for i in range(nph):
    cc.append([tuple(cm[1+i*2,:-1]),]) # MJO Phase 별로 고유의 색 정보를 cc 리스트에
```

```
저장
### Draw stacked bar
### - Need information of bar base
base= np.zeros([hists.shape[1],]) # 쌓아 올릴 막대의 밑면 위치 정보
for k in range(hists.shape[0]):
    pbar3= ax3.bar(xlocs[0], hists[k,:], width=wd, bottom=base,
          color= cc[k], alpha=0.9, label='Ph{}'.format(k+1))
    write_val(ax3, hists[k,:], xlocs[0], base+hists[k,:]/2., crt=3.5)
    base+= hists[k,:] # 현 막대의 높이만큼 다음 막대의 밑면 위치를 갱신
### Fine tuning and decorating
subtit= '(c) Strength by MJO Phases'
bar_common(ax3, subtit, x_dim= hists.shape[1], xt_labs= bin_bounds, y_range=
[0,31])
ax3.set_xlabel('MJO Strength', fontsize=12) #,labelpad=0)
ax3.set_ylabel('Percent(%)', fontsize=12)
ax3.legend(loc='upper left', bbox_to_anchor=(1.01,1.), borderaxespad=0,
fontsize=10)

###--- Save or Show
#plt.show()
outdir = "./Pics/"
fnout = "Code1_vertical_bar_example.png"

plt.savefig(outdir+fnout, bbox_inches='tight', dpi=150) # 고품질의 그림을 위해서는
dpi 값을 증가시키길 권장합니다. 'tight' 옵션은 'plt.tight_layout()'과 같은 효과를 냅니다.
print(outdir+fnout)
```

누적 막대그래프는 각각의 색을 달리 지정하여 알아보기 쉽게 하였습니다. 여기서는 기존의 'nipy_spectral' 색지도(colormap)에서 색을 불러들여 필요한 만큼 저장합니다. 누적 막대 그래프는 "base" 값을 갱신함으로써 차곡차곡 쌓는 모양으로 그려집니다. 누적 막대 그래프로 그려진 값들 중에 특정 조건(여기서는 3.5%) 이상인 경우 숫자로 값을 표시하였습니다. 이후 완성된 그림 객체를 주어진 파일 이름으로 주어진 조건에 맞추어 저장합니다.

6-1-2. 수평 막대 그래프와 바이올린 플롯

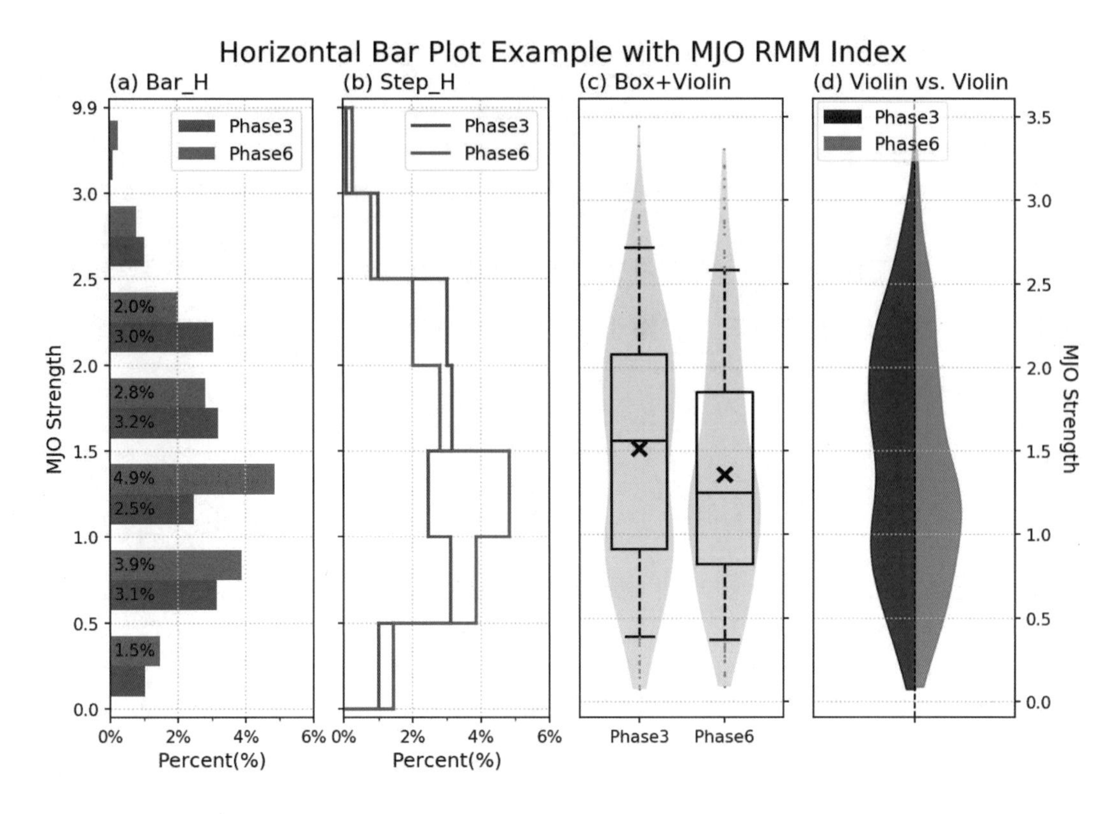

그림 6-2. MJO 위상(phase) 3 기와 6 기 간의 강도별 분포 비교, (a) 수평 막대 그래프와 (b) 선 그래프. (c) Box-Whisker plot 과 바이올린 플롯, (d) 바이올린 플롯 절반을 서로 붙여 비교를 용이하게 함.

앞 절에서 소개된 막대그래프는 수평방향으로 그릴 수도 있습니다. 또한 상자-수염 그림(Box-Whisker plot)과 바이올린 그림(violin plot)도 자료의 분포를 표현하는 데 자주 이용됩니다. 아래는 프로그램의 진행 순서입니다.

1) RMM Index 가 기록된 텍스트 파일을 읽어 MJO 위상별로 MJO 의 강도(strength) 변수 정리하기(6-1-1 과 동일) 2) 그림에 사용될 함수와 그림 객체를 정의하고 서브플롯 패널(axes) 크기를 지정하기 3) 각각의 서브플롯 패널에 막대 그래프와 바이올린 그림 그리기 4) 그림 세부 설정 조정 후 파일로 그림을 저장

a. 텍스트 파일을 읽어 RMM Index 를 불러들이고 MJO 위상(phase)별로 정리하기

```
#자료를 처리하는 부분은 6-1-1-a 의 코드와 같기 때문에 생략합니다
```

b. 그림 객체 생성하기

위의 주어진 결과물을 이용하여 네 가지 형태의 그림을 그립니다. 왼쪽부터 오른쪽으로 수평 막대그래프, 수평 선-막대그래프, 바이올린 그림과 상자-수염 그림 그리고 절반으로 쪼개진 바이올린 그림을 그립니다.

```
# 그림 그리는 데 사용되는 패키지 불러오기
import matplotlib.pyplot as plt
from matplotlib.ticker import MultipleLocator, AutoMinorLocator, FormatStrFormatter
from itertools import repeat

# x 축 상에서 막대그래프의 위치를 잡아 주는 함수
def bar_x_locator(width, data_dim=[1,10]):
    """
    이 함수는 6-1-1 에 소개된 함수와 동일하기 때문에 생략합니다.
    """

# 막대그래프를 꾸며 주는 명령어들을 모아 놓은 함수
def barh_common(ax, subtit, y_dim=10, yt_labs=[], x_range=[]):
    """
    Decorating Barh plot
    """
    ### Title
    ax.set_title(subtit, fontsize=13 ,ha='left', x=0.0)  # 소제목

    ### Axis Control
    yy= np.arange(y_dim+1)
    ax.set_ylim(yy[0]-0.6, yy[-2]+0.6)  # y 축 범위 지정
    ax.set_yticks(yy-0.5)  # y 축 눈금의 위치 지정
    ax.set_yticklabels(yt_labs) #,rotation=35,ha='right'); y 축 값(tick label)을 지정
    if len(x_range)==2:
        ax.set_xlim(x_range)  # x 축 범위 지정
```

```
    ### Ticks and Grid
    ax.tick_params(axis='both', which='major', labelsize=10)  # 양 축의 값(tick label)
폰트 크기 지정
    ax.xaxis.set_major_formatter(FormatStrFormatter("%d%%"))  # x 축 값(tick label)의
형식 지정
    if x_range[1]-x_range[0]<=5:  # x 축 범위에 따라 틱 위치 지정
        ax.xaxis.set_major_locator(MultipleLocator(1))
    elif x_range[1]-x_range[0]<=10:
        ax.xaxis.set_major_locator(MultipleLocator(2))
    elif x_range[1]-x_range[0]<=30:
        ax.xaxis.set_major_locator(MultipleLocator(5))
    else:
        ax.xaxis.set_major_locator(MultipleLocator(10))
    ax.xaxis.set_minor_locator(AutoMinorLocator(2))
    ax.grid(axis='both', color='0.7', linestyle=':', linewidth=1)  # 격자를 표시하는 조건 지정
    return

# 막대그래프상에 값을 숫자로 표시하는 함수
def write_val(ax, values, xloc, yloc, crt=0, ha='center', va='center'):
    """
    이 함수는 6-1-1 에 소개된 함수와 동일하기 때문에 생략합니다.
    """


# 수평선 막대그래프를 그리는 함수
def plot_horizontal_step(ax, xx, yy, label='', props=dict(color='k',)):
    '''
    Draw horizontal step plot
    Input xx: values
    Input yy: location of bin boundaries, dim(yy)= dim(xx)+1
    Input props: line property
    '''
    nn= yy.shape[0]
    for i in range(nn-1):
        ax.plot([xx[i], xx[i]], [yy[i], yy[i+1]], **props)  # 수직선 그리기

    for i in range(1,nn-1,1):
        ax.plot([xx[i-1], xx[i]], [yy[i], yy[i]], **props)  # 수평선 그리기
    ax.plot([0, xx[0]], [yy[0], yy[0]], **props)  # 수평선, 처음
    l1= ax.plot([0, xx[-1]], [yy[-1], yy[-1]], label=label, **props)  # 수평선, 끝
    return l1
```

그림을 그리는 데 필요한 패키지/라이브러리를 불러오고 관련된 함수를 정의하였습니다. "bar_x_locator()" 함수는 수평 막대그래프의 y 축 상의 위치를 잡아 주는 역할을 수행합니다(6-1-1 의 함수를 재사용하였습니다). "barh_common()" 함수는 6-1-1 의 "bar_common()"와 마찬가지로 막대그래프를 그린 후 꾸며 주는 부분 중 공통적인 것들을 모아 놓았습니다. "write_val()" 함수 또한 6-1-1 에서 쓰인 것과 동일하며, "plot_horizontal_step()" 함수는 "Axes.step()" 함수의 수평 막대그래프에 해당하는 역할을 합니다.

```
### Define a figure (page)
fig= plt.figure()
fig.set_size_inches(8.5, 6)  # 페이지의 가로세로 크기(xsize, ysize in inch)

### Page Title
suptit= "Horizontal Bar Plot Example with MJO RMM Index"
fig.suptitle(suptit, fontsize=17, y=0.97, va='bottom') #stretch='semi-condensed'

### Parameters for subplot area
left, right, top, bottom= 0.05, 0.95, 0.925, 0.05
npnx, gapx, npny, gapy= 4, 0.03, 1, 0.1  # 4 열과 1 행으로 지정.
lx= (right-left-gapx*(npnx-1))/npnx
ly= (top-bottom-gapy*(npny-1))/npny
ix, iy= left, top  # axes 를 정의할 위치 초기값

###-- Panel1
### Compare strength distribution of phase 3 and 6
ax1= fig.add_axes([ix, iy-ly, lx, ly])  # 첫 번째 axis 를 정의
wd= 0.35  # 막대그래프의 높이 지정
ph2draw= [3, 6]  # 그림을 그릴 MJO Phase 를 지정
ylocs= bar_x_locator(wd, data_dim=[len(ph2draw), hists.shape[1]])
cc= ['b', 'r']  # 막대그래프의 색상을 지정
### Draw Bar Plot
for i, ph in enumerate(ph2draw):
   pbar= ax1.barh(ylocs[i], hists[ph-1,:], height=wd,
         color=cc[i], alpha=0.8, label='Phase{}'.format(ph))
   write_val(ax1, hists[ph-1,:], repeat(0.1), ylocs[i], crt=1.45, ha='left') ###
itertools.repeat(): 상수가 반복해서 이용되도록 만들어 줌
### Fine tuning and decorating
x_range= [0,6]  # x 축 값의 범위 지정
```

```
subtit= '(a) Bar_H'
barh_common(ax1,subtit, y_dim=hists.shape[1], yt_labs=bin_bounds,
x_range=x_range)
ax1.set_xlabel('Percent(%)', fontsize=12)
ax1.set_ylabel(' MJO Strength', fontsize=12)
ax1.legend(loc='upper right', bbox_to_anchor=(0.99,0.995), fontsize=11)

ix= ix+lx+gapx
###-- Panel2
### Lined Bar(Step) plot
ax2= fig.add_axes([ix, iy-ly, lx, ly]) # 두 번째 axes 를 정의
yy= np.arange(len(bin_bounds))-0.5
### Draw lined bar plot
for i, ph in enumerate(ph2draw):
    data1= np.pad(hists[ph-1,:], (1, 1), mode='constant', constant_values=0) # 자료의
앞뒤에 0 값을 삽입
    pbar2= plot_horizontal_step(ax2, hists[ph-1], yy, label='Phase{}'.format(ph),
                        props=dict(color=cc[i], lw=2))
### Fine tuning and decorating
subtit= '(b) Step_H'
barh_common(ax2, subtit, y_dim=hists.shape[1], yt_labs=[], x_range=x_range)
ax2.set_xlabel('Percent(%)', fontsize=12)
#ax2.set_ylabel('MJO Strength', fontsize=12) # 공간이 충분치 않아 ylabel 을 생략
ax2.legend(bbox_to_anchor=(.99, 0.995), loc='upper right', fontsize=11)
```

그림을 그릴 페이지를 정의하고 그 페이지 안에 subplot 이 몇 개가 어떻게 들어갈지 정의합니다. 여기서는 4 열(column)로 정의되었습니다. 페이지의 전체 제목을 작성하고 좌측부터 수평 막대그래프와 수평선 막대그래프를 그립니다. 막대그래프를 그릴 자료의 차원에 따라 먼저 막대그래프의 위치를 잡고, 주어진 위치에 정해진 색으로 막대그래프를 그립니다. 수평 막대그래프의 경우 x 축과 y 축이 서로 바뀌었다는 점만 제외하면 6-1-1 의 예제와 거의 같습니다. "write_val()" 함수에서 주어진 x 좌표값은 상수인데, 함수에서는 y 좌표값과 같은 크기의 (유사) 배열을 원하므로 "repeat()" 함수를 이용하여 상수가 반복적으로 입력되도록 합니다.

형식		
itertools.repeat(object[, times])		
매개변수	설정하는 특성	옵션
object	입력 객체	반복할 임의의 객체
times	반복할 횟수	지정하면 지정된 횟수만큼만 반복

표 6-3. 임의의 객체를 반복적으로 표출하는 "itertools.repeat()" 함수

세번째 열에는 박스 플롯과 바이올린 플롯을 겹쳐 그립니다.

```
ix= ix+lx+gapx
###--- Panel3
### Box plot over Violin plot
ax3= fig.add_axes([ix, iy-ly, lx, ly]) # 세 번째 axes 를 정의
dx= 1. # 너비의 기준값
### Collect data for box and violin plot
data= []
for i, ph in enumerate(ph2draw):
    data.append(strs[phs==ph]) # 박스/바이올린 플롯에 필요한 자료의 모음
xtm= np.arange(0, len(data))*dx # 박스/바이올린 플롯이 그려질 위치
### There are several properties to change for the box plot 박스 플롯의 여러 성질을 설정
flierprops= dict(marker='.', markerfacecolor='gray', markeredgecolor='none',
markersize=3, linestyle='none')
meanprops= dict(marker='x', markeredgecolor='k', markerfacecolor='k',
markersize=9, markeredgewidth=2.5)
box1= ax3.boxplot(data, whis=[5,95], widths=dx*0.65, positions=xtm
    ,showfliers=True, meanline=False, showmeans=True
    ,boxprops=dict(linewidth=1.5, color='k')
    ,medianprops=dict(color='k', linewidth=1.5)
    ,meanprops=meanprops
    ,capprops=dict(linewidth=1.5, color='k')
    ,whiskerprops=dict(linewidth=1.5, linestyle='--')
    ,flierprops=flierprops)
### Draw violin plot
vio1= ax3.violinplot(data, positions=xtm, showextrema=False, widths=dx*0.85)
### Fine tuning and decorating
subtit= '(c) Box+Violin'
```

```
ax3.set_title(subtit, fontsize=13, ha='left', x=0.0)
ax3.yaxis.tick_right() # y 축 눈금의 위치를 오른쪽으로 변경
ax3.set_yticklabels('') # y 축의 값(tick label) 표시를 생략
ax3.set_xlim(xtm[0]-dx*0.7, xtm[1]+dx*0.7)
ax3.set_xticklabels(['Phase{}'.format(ph) for ph in ph2draw])
ax3.grid(axis='y', color='0.7', linestyle=':', linewidth=1)
```

박스 플롯의 경우 모든 선의 색과 굵기를 조절하기 위해 각종 성질(property)이 수동으로 입력되었습니다. 바이올린 플롯은 주어진 자료의 Gaussian kernel density estimation 을 그려 줍니다.

형식		
Axes.violinplot(dataset,positions=None,vert=True,widths=0.5,showmeans=False,showextrema=True,showmedians=False,quantiles=None,points=100,bw_method=None,*,data=None)		
매개변수	설정하는 특성	옵션
dataset	입력 자료	배열 혹은 벡터의 모음
positions	바이올린 플롯의 위치	배열 혹은 유사 배열
vert	수직 혹은 수평 선택	'True': 수직 바이올린 플롯 'False': 수평 바이올린 플롯
widths	너비	바이올린 플롯의 최대 너비 혹은 폭
showmeans	평균 표시	'True' 혹은 'False'
showextrema	극한값 표시	'True' 혹은 'False'
showmedians	중간값 표시	'True' 혹은 'False'
quantiles	입력 자료의 사용할 부분(변위)	만약 값이 주어지면 주어진 변위만큼의 자료를 이용해 바이올린 플롯 생성; 0 과 1 사이의 실수의 리스트
points	입력 자료의 가우시안 밀도 계산에 사용될 자료의 개수	상수; 기본은 100
bw_method	가우시안 밀도 계산 시 bandwidth 를 설정하는 방법	'scott', 'silverman', 상수, 혹은 GaussianKDE 객체. 기본은 'scott'

표 6-4. 바이올린 플롯을 그리는 "Axes.violinplot()" 함수

오른쪽 마지막 패널에는 두 개의 바이올린 플롯을 반만 그리고 서로 붙여 분포를 비교하기 쉽도록 합니다.

```
ix= ix+lx+gapx
###--- Panel4
### Violin plot, half and half
ax4= fig.add_axes([ix, iy-ly, lx, ly]) # 네 번째 axes 를 정의
### Draw violin plot first
vio1= ax4.violinplot([data[0],], positions=[0,], showextrema=False, widths=dx)
vio2= ax4.violinplot([data[1],], positions=[0,], showextrema=False, widths=dx)
### Change properties of violin plot
for b1, b2 in zip(vio1['bodies'], vio2['bodies']):
    b1.set_color('MidnightBlue'); b1.set_alpha(0.8) # 바이올린 플롯 몸통의 색을 지정
    m = np.mean(b1.get_paths()[0].vertices[:, 0])
    b1.get_paths()[0].vertices[:, 0]= np.clip(b1.get_paths()[0].vertices[:, 0], -np.inf, m)
# 중간값 기준 왼편만 남기고 나머지는 생략

    b2.set_color('IndianRed'); b2.set_alpha(0.8) # 2 번째 바이올린 플롯 몸통의 색을 지정
    m = np.mean(b2.get_paths()[0].vertices[:, 0])
    b2.get_paths()[0].vertices[:, 0] = np.clip(b2.get_paths()[0].vertices[:, 0], m, np.inf)
# 중간값 기준 오른편만 남기고 나머지는 생략

### Need to draw manual legend
import matplotlib.patches as mpatches
patch1= mpatches.Patch(color='MidnightBlue') # 바이올린 플롯 몸통과 같은 색의 패치를
정의
patch2= mpatches.Patch(color='IndianRed')
ax4.legend([patch1, patch2], ['Phase{}'.format(ph) for ph in ph2draw]
    ,bbox_to_anchor=(0.02, 0.995), loc='upper left', fontsize=11, framealpha=0.6
    ,borderaxespad=0.) # 정의된 패치를 이용해 바이올린 플롯에 해당하는 레전드 생성

### Fine tuning and decorating
subtit= '(d) Violin vs. Violin'
ax4.set_title(subtit, fontsize=13, ha='left', x=0.0)
ax4.yaxis.tick_right() # y 축 틱의 위치를 오른쪽으로 변경
ax4.set_xlim(-dx*1.1, dx*1.1)
ax4.set_xticks([0,])
ax4.set_xticklabels('')
ax4.axvline(x=0, linestyle='--', lw=1, c='k') # 패널을 관통하는 수직선 그리기
ax4.yaxis.set_label_position("right")
```

```
ax4.set_ylabel('MJO Strength', fontsize=12, rotation=-90, va='bottom') #,labelpad=0)
ax4.grid(axis='y', color='0.7', linestyle=':', linewidth=1)
###--- Save or Show
#plt.show()
outdir = "./Pics/"
fnout = "Code2_barh+Violin_example.png"

plt.savefig(outdir+fnout, bbox_inches='tight', dpi=150)  # 고품질 그림을 위해서는 더 높은 dpi 값을 권장합니다.
print(outdir+fnout)
```

기본적으로 일단 바이올린 플롯을 생성한 후에 각각의 바이올린 플롯의 모양을 수정하는 방식으로 진행됩니다. 바이올린 플롯의 경우 범례에 쓰일 이름("label" 옵션)을 지원하지 않기 때문에 범례를 그리기 위해 임의의 "Patch"를 바이올린 플롯과 같은 색으로 생성한 후, 이 "Patch"를 이용하여 범례를 만들었습니다. 이후 패널의 축 눈금과 이름 등을 꾸민 후에 주어진 파일 이름으로 그림을 저장합니다.

형식		
Axes.axvline(*x=0, ymin=0, ymin=1, **kwargs*)		
매개변수	**설정하는 특성**	**옵션**
x	x 축 상의 위치	상수
ymin	y 최소값: 선이 시작하는 위치	선택 사항이며, 0 과 1 사이의 값
ymax	y 최대값: 선이 끝나는 위치	선택 사항이며, 0 과 1 사이의 값
**kwargs	추가적인 옵션	옵션은 Axes.plot()의 옵션을 따릅니다. 선의 색과 두께, 선 모양 등을 지정할 수 있습니다

표 6-5. 수직선을 그리는 "Axes.axvline()" 함수. 비슷하게 수평선을 그리는 함수로 "Axes.axhline()"가 있습니다.

6-1-3. 2 차원 분포도

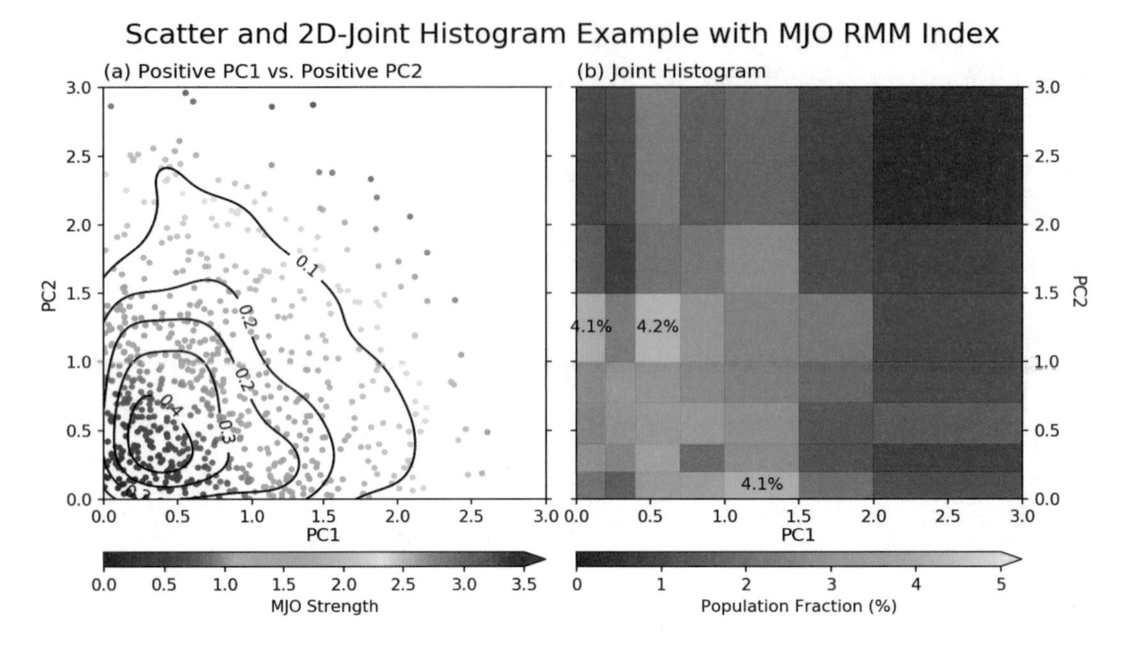

그림 6-3. MJO Index 인 PC1 과 PC2 가 모두 양의 값을 가질 때의 분포를 나타내는
(a) 산점도(Scatter plot)와 확률 밀도 함수(검은선), (b) 2 변량 히스토그램(2-D Joint histogram).

두 가지 변수의 종합적 분포를 파악할 때 산점도(scatter plot)와 2 변량 히스토그램(2-D joint histogram)이 많이 사용됩니다. 산점도의 경우 그림 자체만으로는 수치화된 분포의 정보를 알 수가 없으므로 여기서는 자료의 밀도 근사값을 계산하여 추가합니다. 아래는 프로그램의 진행 순서입니다.

1) RMM Index 가 기록된 텍스트 파일을 읽어 들이기
2) PC1 과 PC2 모두 양의 값을 가지는 경우만 추려 내어 MJO 의 강도(strength) 계산하기
3) 그림에 사용될 함수와 그림 객체를 정의하고 서브플롯 패널(axes) 크기를 지정하기
4) 각각의 서브플롯 패널에 산점도와 2 변량 히스토그램 그리기
5) 그림 세부 설정 조정 후 파일로 그림을 저장

a. 텍스트 파일을 읽어 RMM Index 를 불러들이고 그중 필요한 자료만 선별하기

```
# 사용되는 패키지 불러오기
```

```
import sys
import os.path
import numpy as np
from datetime import date

# 텍스트 형식의 RMM Index 자료를 읽어 들이는 함수
def read_rmm_text(fname, date_range=[]):
    """
    이 함수는 6-1-1-a 에 소개된 함수와 동일하기 때문에 생략합니다.
    """

### Parameters
rmm_fname= './Data/rmm.74toRealtime.txt'
tgt_dates= (date(2000,11,1), date(2015,3,31))

### Read RMM data
mons, pcs, phs= read_rmm_text(rmm_fname, tgt_dates)
print(pcs.shape)  # 차원을 출력해서 확인

### Filtering only for Nov-Mar
tidx= np.logical_or(mons>=11, mons<=3)  # 11-12 월 혹은 1-3 월
pcs= pcs[tidx,:]
phs= phs[tidx]
print(pcs.shape)  # 필터링 후 변화된 차원을 출력해서 확인

### Filtering for only MJO Phase 5 and 6 (Both PCs are positive)
idx= np.logical_and(pcs[:,0]>0, pcs[:,1]>0)  # PC1 과 PC2 모두 양수일 때
pcs=pcs[idx,:]
print(pcs.shape)  # 필터링 후 변화된 차원을 출력해서 확인

### Calculate strength from PCs
strs= np.sqrt((pcs**2).sum(axis=1))  # 강도는 제곱-합-근으로 정의
print(strs.min(), strs.max())  # 계산된 강도의 범위를 확인

### Build 2-D joint histogram
bin_bounds= [0., 0.2, 0.4, 0.7, 1.0, 1.5, 2., 3.]  # 비선형 구간
X, Y= np.meshgrid(bin_bounds, bin_bounds)  # 나중에 pcolormesh()에 쓰기 위해 격자
생성
H, xedges, yedges = np.histogram2d(pcs[:,0], pcs[:,1],
bins=(bin_bounds,bin_bounds))  # 2 변량 히스토그램의 생성
H= (H/H.sum()*100.).T  ### 정규화 시키고 백분율(%)로 변환. 행/열 바꿈(transpose)이
```

```
필요함에 주의.
print(X.shape, H.shape, H.min(), H.max())  # 차원 및 크기와 값의 범위를 확인
```

```
> python3 Code3_Scatter+2D_JHist_Plot_py3.py
Total RMM data record= 5264
(5264, 2)
(2268, 2)
(687, 2)
0.08990186907398186 3.3061142343757957
(8, 8) (7, 7) 0.14619883040935672 4.239766081871345
```

텍스트 형식의 RMM Index 자료 파일에서 주어진 기간(2000 년 11 월 1 일부터 2015 년 3 월 31 일까지) 동안의 인덱스(Index; PC1 & PC2)와 위상(Phase) 그리고 각 날짜의 월(month)만 저장합니다. 월 정보는 이후 11 월에서 3 월까지 5 개월간의 자료만 뽑아낼 때 이용됩니다. 그리고 이번 예제를 위하여 PC1 과 PC2 둘 다 양의 값을 가지는 경우만 골라 냅니다. 이 자료를 가지고 MJO 의 강도를 계산하고, 주어진 히스토그램 구간(bin)에 따라 PC1 과 PC2 의 통합 히스토그램을 계산합니다. 히스토그램 배열의 값은 전체 빈도 값으로 나눠서 정규화시킵니다. 또한 히스토그램 계급의 경계값을 이용하여 2 차원 격자를 생성합니다. 이 격자는 추후 "Axes.pcolormesh()" 함수를 이용해 그림을 그릴 때 사용됩니다.

형식		
np.histogram2d(*x, y, bins=10, range=None, normed=None, weights=None, density=None*)		
매개변수	설정하는 특성	옵션
x	히스토그램의 x 축에 해당하는 입력 데이터	배열 혹은 배열과 유사한 형식, 크기 N
y	히스토그램의 y 축에 해당하는 입력 데이터	배열 혹은 배열과 유사한 형식, 크기 N
bins	히스토그램 계급의 특성	정수, 1 차원 배열, [정수, 정수], [1 차월 배열, 1 차원 배열], 혹은 [정수, 1 차원 배열]/[1 차원 배열, 정수]

range	계급의 범위 지정	[[x 최소, x 최대], [y 최소, y 최대]] 형태의 (유사) 배열
density	확률 밀도 함수로 값을 변환할지 여부	True or False
normed	density 옵션과 동일	True or False
weights	가중치	(유사) 배열, 크기 N

표 6-6. 2 차원 히스토그램을 계산하는 “np.histogram2d()” 함수

b. 그림 객체 생성하기

위의 주어진 결과물을 이용하여 산점도(scatter plot)와 2 변량 히스토그램(2-D joint histogram)을 그립니다.

```
# 그림 그리는 데 사용되는 패키지 불러오기
import matplotlib.pyplot as plt
from matplotlib.ticker import MultipleLocator, AutoMinorLocator

# 산점도를 그린 후 꾸며 주는 부분을 모아 놓은 함수
def myscatter_common(ax, xtloc, ytloc, ylidx=True):
    """
    Decorating scatter plot
    Input xtloc, ytloc: major tick location for x and y axis, respectively.
    - tick location values are also used for tick label
    - xlim and ylim are also determined by xtloc and ytloc
    Input ylidx: if False, remove y-tick label.
    """
    ax.set_xticks(xtloc)
    ax.set_yticks(ytloc)
    ax.axis([xtloc[0], xtloc[-1], ytloc[0], ytloc[-1]])  # x 축과 y 축 범위를 한꺼번에 지정
    ax.tick_params(axis='both', which='major', labelsize=10)
    ax.yaxis.set_ticks_position('both')  # y 축 눈금을 좌우 양쪽에 표시
    if not ylidx:
        ax.set_yticklabels('')  # 함수 입력값에 따라 y 축 눈금값을 표시할지 생략할지 결정
    return
```

```
# 컬러바를 그리는 함수
def draw_colorbar(ax, pic1, type='vertical', size='panel', gap=0.06, width=0.02,
extend='neither'):
    '''
    Draw colorbar
    Type: 'horizontal' or 'vertical'
    Size: 'page' or 'panel'
    Gap: gap between panel(ax) and colorbar, ratio to total page size
    Width: how thick the colorbar is, ratio to total page size
    Extend: End style of color bar, 'both', 'min', 'max', 'neither'
    '''
    pos1= ax.get_position().bounds  # 결과값: (left, bottom, width, height)
    if type.lower()=='vertical' and size.lower()=='page':
        cb_ax = fig.add_axes([pos1[0]+pos1[2]+gap, 0.1, width, 0.8])  # 입력값: (left,
bottom, width, height)
    elif type.lower()=='vertical' and size.lower()=='panel':
        cb_ax = fig.add_axes([pos1[0]+pos1[2]+gap, pos1[1], width, pos1[3]])
    elif type.lower()=='horizontal' and size.lower()=='page':
        cb_ax = fig.add_axes([0.1, pos1[1]-gap, 0.8, width])
    elif type.lower()=='horizontal' and size.lower()=='panel':
        cb_ax = fig.add_axes([pos1[0], pos1[1]-gap, pos1[2], width])
    else:
        print('Error: Options are incorrect:', type, size)
        return
    cbar= fig.colorbar(pic1, cax=cb_ax, extend=extend, orientation=type)  # 여기에 더
추가할 수 있는 옵션 예: ticks=[0.01,0.1,1], format='%.2f')
    cbar.ax.tick_params(labelsize=10)
    return cbar

# 그림 위에 숫자로 값을 표현하는 함수
def write_val(ax, values, xloc, yloc, crt=0, ha='center', va='center'):
    """
    이 함수는 6-1-1-b 에 소개된 함수와 동일하기 때문에 생략합니다.
    """
```

그림을 그리는 데 필요한 패키지/라이브러리를 불러오고 관련된 함수를 정의합니다. "myscatter_common()" 함수는 산점도의 축 눈금 등을 꾸미는 부분을 모아 놓은 것입니다. "write_val()" 함수는 6-1-1 에서 쓰인 것과 동일합니다. "draw_colorbar()" 함수는 Colorbar 의 위치와 형태를 조정하여 그려 주는 역할을 합니다.

```
fig= plt.figure()
fig.set_size_inches(8.5, 4.2)  # 페이지의 가로세로 크기(xsize, ysize in inch)

### Page Title
suptit= "Scatter and 2D-Joint Histogram Example with MJO RMM Index"
fig.suptitle(suptit,fontsize=17, y=0.98, va='bottom') #stretch='semi-condensed'

### Parameters for subplot area
left, right, top, bottom= 0.05, 0.95, 0.90, 0.05
npnx, gapx, npny, gapy= 2, 0.03, 1, 0.1  # 2 열 1 행으로 지정
lx= (right-left-gapx*(npnx-1))/npnx
ly= (top-bottom-gapy*(npny-1))/npny
ix, iy= left, top  # axes 를 정의할 위치 초기값

###-- Panel1
### Scatter Plot
ax1= fig.add_axes([ix, iy-ly, lx, ly])  # 첫 번째 axis 를 정의
### Set properties
cm= plt.cm.get_cmap('jet');  # 색지도(colormap)를 불러와 정의
props= dict(edgecolor='none', alpha=0.8, vmin=0., vmax=3.5, cmap=cm)  # 산점도
그림에 반영될 특성 설정
### Draw scatter plot
pic1= ax1.scatter(pcs[:,0], pcs[:,1], c=strs, s=15, marker='o', **props)
### Fine tuning and decorating
ax1.set_title('(a) Positive PC1 vs. Positive PC2', x=0., ha='left',   fontsize=12,
stretch='semi-condensed')
xtloc= np.arange(0, 3.1, 0.5)
myscatter_common(ax1, xtloc, xtloc, True)
ax1.set_xlabel('PC1', fontsize=11, labelpad=1)
ax1.set_ylabel('PC2', fontsize=11)
### Draw Colorbar
cb= draw_colorbar(ax1, pic1, type='horizontal', size='panel', extend='max',
gap=0.14, width=0.03)
cb.ax.set_xlabel('MJO Strength')  # 컬러바의 이름표 설정

### Gaussian Density Estimation
from scipy.stats import gaussian_kde
k= gaussian_kde([pcs[:,0], pcs[:,1]])  # 밀도 근사값을 계산하기 위한 객체 생성
xi, yi= np.mgrid[pcs[:,0].min():pcs[:,0].max():160j, pcs[:,1].min():pcs[:,1].max():160j]
# 밀도 근사값을 그릴 새로운 격자 생성
zi= k(np.vstack([xi.flatten(), yi.flatten()]))  # 새로운 격자점마다 밀도 근사값 계산
```

```
### Draw contour plot and insert contour label
cs=ax1.contour(xi, yi, zi.reshape(xi.shape), 5, colors='k', linewidths=1.3)
ax1.clabel(cs, inline=True, fontsize=10, fmt='%.1f') #; print(cs.levels)
```

그림을 그릴 페이지를 정의하고 그 페이지 안에 subplot 이 몇 개가 어떻게 들어갈지 정의합니다. 여기서는 2 열(column)로 정의되었습니다. 페이지의 전체 제목을 작성하고 첫 번째로 산점도 (scatter plot)를 그립니다. 유의할 점은 산점도(scatter plot)의 색(color; 매개변수 'c'에 해당)에 색 정보가 아니라 MJO 강도를 의미하는 배열이 들어간다는 점입니다. 이 배열의 숫자들은 상단의 "props"에 정의된 'vmin'과 'vmax' 값에 의해 정규화되고, 불러오는 색지도(colormap)에 해당하는 색으로 변환됩니다(Colormap 의 다양한 정규화 방식은 여기를 참조하기 바랍니다. https://matplotlib.org/3.1.1/tutorials/colors/colormapnorms.html).

2 차원 평면상의 밀도는 Scipy.stats 에서 불러온 가우시안 커널(gaussian_kde)에 의해 계산되었습니다. 입력 자료를 이용해 gaussian_kde 의 객체를 정의하고, 임의의 격자를 제공하여 그 격자에 해당하는 밀도 근사값을 계산합니다. 여기서는 산점도(scatter plot)에 겹쳐 그리기 위해 밀도 근사값이 등고선 그림으로 표현되었습니다.

<table>
<tr><th colspan="3">형식</th></tr>
<tr><td colspan="3">class scipy.stats.gaussian_kde(dataset, bw_method=None, weights=None)</td></tr>
<tr><th>매개변수</th><th>설정하는 특성</th><th>옵션</th></tr>
<tr><td>dataset</td><td>입력 자료</td><td>1 차원 혹은 2 차원 (유사) 배열, 크기: (# of dims, # of data)</td></tr>
<tr><td>bw_method</td><td>가우시안 밀도 계산 시 bandwidth 를 설정하는 방법</td><td>'scott', 'silverman', 상수, 혹은 GaussianKDE 객체. 기본은 'scott'</td></tr>
<tr><td>weights</td><td>가중치</td><td>입력 자료와 같은 크기</td></tr>
</table>

표 6-7. 2 차원 밀도 근사값을 계산하는 "scipy.stats.gaussian_kde()" 클래스

다음으로 오른쪽 패널에는 2 변량 히스토그램(2D Joint Histogram)을 그립니다.

```
ix= ix+lx+gapx
###--- Panel2
### 2D Joint Histogram plot
ax2= fig.add_axes([ix, iy-ly, lx, ly]) # 두 번째 axes 를 정의
### Set Properties
newmax= 5  # 그려질 백분율값의 한계를 지정. 실제 H 의 최대값보다 살짝 크게 지정되었다.
cm= plt.cm.get_cmap('viridis')  #; cm.set_under('w')
props= dict(edgecolor='none', alpha=0.8, vmin=0., vmax=newmax, cmap=cm)  #
그림의 특성을 설정
### Draw 2-D joint histogram
pic1= ax2.pcolormesh(X, Y, H, **props)
### Fine tuning and decorating
ax2.set_title('(b) Joint Histogram', x=0., ha='left', fontsize=12, stretch='semi-
condensed')
ax2.yaxis.tick_right()  # y 축 눈금과 눈금값을 오른쪽에 표시
ax2.yaxis.set_label_position("right")  # y 축 이름표를 오른쪽에 위치시킴
ax2.set_xlabel('PC1', fontsize=11, labelpad=1)
ax2.set_ylabel('PC2', fontsize=11, rotation=270, va='bottom')
ax2.yaxis.set_ticks_position('both')  # y 축 눈금은 양쪽에 다 표시
### Add number to show notable values
for j in range(H.shape[0]):
    x_center= (X[j,1:]+X[j, :-1])/2.  # 히스토그램 구간의 중간 지점
    y_center= (Y[j+1, :-1]+Y[j, :-1])/2.
    write_val(ax2, H[j,:], x_center, y_center, crt=3.95)

### Draw Colorbar
cb= draw_colorbar(ax2, pic1, type='horizontal', size='panel', extend='max',
gap=0.14, width=0.03)
cb.ax.set_xlabel('Population Fraction (%)')

###--- Save or Show
#plt.show()
outdir = "./Pics/"
fnout = "Code3_Scatter+JHist_example.png"

plt.savefig(outdir+fnout, bbox_inches='tight', dpi=150)  # 고품질 그림을 위해서는
dpi 값을 증가시키길 권장합니다. 'tight' 옵션은 'plt.tight_layout()'과 같은 효과를 냅니다.
print(outdir+fnout)
```

히스토그램을 계산할 때 같이 만들었던 격자를 이용하여 “Axes.pcolormesh()”로 그리면 히스토그램 계급 크기에 비례하는 격자의 그림이 그려집니다. 만약 비선형 격자이지만 히스토그램은 선형으로(계급 간 등간격으로) 그리고 싶으면 “imshow()”를 이용하여 그리고, x 와 y 축의 눈금 이름표(label)를 수동으로 입력해야 합니다. 위와 같이 우측에 위치하는 그림의 경우 y 축 눈금값(tick_label)과 이름표를 우측으로 이동시킬 수 있습니다. 혹시 y 축 눈금을 좌우 양쪽에 모두 표시하고 싶다면 반드시 “ax.yaxis.tick_right()”를 먼저 실행시켜 눈금과 눈금값을 우측으로 이동시킨 후에 “ax.yaxis.set_ticks_position('both')”를 실행시켜 눈금의 위치를 덮어써야 합니다.

6-2. Numpy 를 이용한 Filtering 과 Interpolation

배열(Array 혹은 Matrix) 기반의 Numpy 를 효율적으로 이용하는 프로그램의 구성은 반복문(loop)을 기반으로 개개의 값에 접근하여 계산하는 C/Fortran 방식의 프로그램과는 차이가 큽니다. 더하여 Numpy/Scipy 에서 기본적으로 제공하는 다양한 함수를 이용하면 간단한 프로그램으로 효율적인 계산이 가능합니다. 이번 절에서는 간단한 알고리즘의 Time Filtering 과 Grid Interpolation 이 Numpy/Scipy 에서 어떻게 구현되는지 알아보겠습니다.

6-2-1. Filtering Time Series

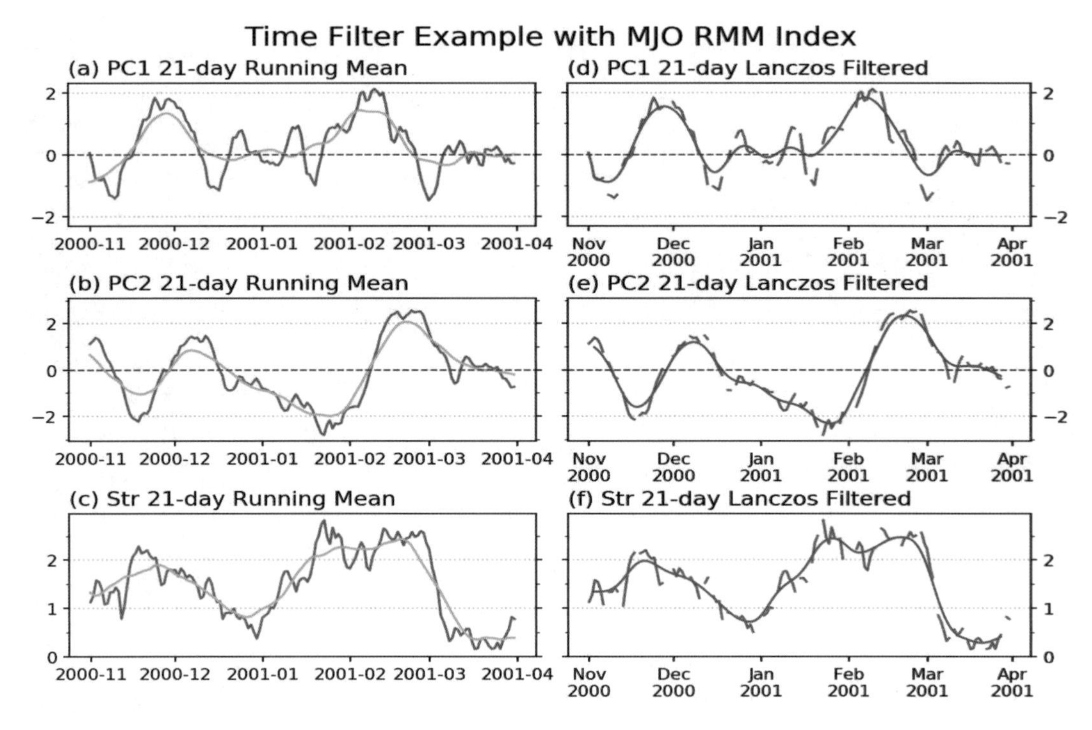

그림 6-4. MJO 인덱스 PC1, PC2, 그리고 MJO 강도(Str)의 5 개월간 시계열(검정선)과 21 일 이동평균(주황선: 좌측 열) 및 21 일 low-pass Lanczos 필터가 적용된 모습(파랑선: 우측 열).

시계열의 필터링은 과학/공학 연구의 중요한 방법론 중 하나입니다. 여기서는 이동평균과 Lanczos 필터를 구현하는 간단한 예를 살펴보겠습니다. 다음은 프로그램의 진행 순서입니다.

1) 예제에 쓰일 시계열 관련 함수들 정의하기
2) RMM Index 가 기록된 텍스트 파일을 읽어 일정 기간 동안의 변수 모으기
3) 그림에 사용될 함수와 그림 객체를 정의하고 서브플롯 패널(axes) 크기를 지정하기
4) 왼쪽 열에는 시계열과 이동평균 그리기
5) 오른쪽 열에는 시계열 일부를 손실시킨 후 Lanczos 필터 적용한 결과 그리기
6) 그림 세부 설정 조정 후 파일로 그림을 저장

a. 시계열 필터링 관련된 함수들의 정의

```
# 사용되는 패키지 불러오기
import sys
import os.path
import numpy as np
from datetime import date

# 이동평균을 계산하는 함수
def running_mean(x, N):
    """
    Calculate running mean with "Cumulative Sum" function, assuming no missings
    Ref: https://stackoverflow.com/questions/13728392/moving-average-or-running-
mean
    Input x: 1-d Numpy array of time series
    Input N: Running Mean period
    Return: Same dimension with x; end points are averaged for less than N values
    """
    cumsum= np.cumsum(np.insert(x, 0, 0))
    new_x= (cumsum[N:] - cumsum[:-N]) / float(N)  # 이동평균 결과값, 크기는 [dim(x)-N]
    pd0= N//2; pd1= N-1-pd0  # 위에서 이동평균이 계산 안 된 양쪽 끝 값의 개수. 예) N=5:
pd0=2, pd1=2
    head= []; tail= []
    for i in range(pd0):  # 양쪽 끝 값의 경우 가능한 개수의 값 만으로 평균 계산(tailing)
        head.append(x[:i+N-pd0].mean())
        tail.append(x[-i-1-pd1:].mean())
    new_x= np.concatenate((np.asarray(head), new_x, np.asarray(tail)[::-1][:pd1]))
    return new_x

# 여러 개의 시계열에서 이동평균을 한꺼번에 계산하는 함수
def running_mean_bunch(arr, N):
    """
    Calculate running mean with "Cumulative Sum" function, assuming no missings,
      and it's a version of calculating a bunch of time series together
    Ref: https://stackoverflow.com/questions/13728392/moving-average-or-running-
mean
    Input arr: 2-d Numpy array of time series, [variables,time_series]
    Input N: Running Mean period
    Return: Same dimension with arr; end points are averaged for less than N values
    """
```

```
    if len(arr.shape)!=2:  # 입력 자료의 차원이 2 일 경우에만 작동
        print("Input variable should be in the form of [variables, time_series].")
        print("Current input data shape = ",arr.shape)
        sys.exit()
    cumsum = np.cumsum(np.pad(arr, ((0,0),(1,0)), 'constant', constant_values=
0),axis=1)
    new_arr= (cumsum[:,N:] - cumsum[:,:-N]) / float(N)
    pd0= N//2; pd1= N-1-pd0  # 위 이동평균에서 계산 안 된 양 끝 값들의 개수. 예) N=5:
pd0=2, pd1=2
    head= []; tail= []
    for i in range(pd0):  # 양쪽 끝 값의 경우 가능한 개수의 값만으로 평균 계산 (tailing)
        head.append(arr[:, :i+N-pd0].mean(axis=1))
        tail.append(arr[:, -i-1-pd1:].mean(axis=1))
    head=np.asarray(head).T; tail=np.asarray(tail).T
    new_arr= np.concatenate((head, new_arr, tail[:,::-1][:,:pd1]), axis=1)
    return new_arr

# 어떤 경우에도 적용시킬 수 있는 일반화된 이동평균 함수
def running_mean_general_bunch(arr, N, undef=-999., crt=0.5, wt=[]):
    """
    Calculate running mean, a bunch of time series together.
    It can deal with time series having some missings.
    Input arr: 2-d Numpy array of time series, [variables,time_series]
    Input N: Running Mean period
    Input undef: lower values than undef will be masked out.
    Input crt: cut-off criterion. If missing ratio > crt: set undef.
    Input wt: Weights for running mean. Ex) 1-2-1 filter: wt=[1,2,1]
        If empty, wt=1 (equal weight).
    Return: Same dimension with arr; undef value represents missing
    """
    if len(arr.shape)!=2: # 입력 자료의 차원이 2 일 경우에만 작동
        print("Input variable should be in the form of [variables, time_series].")
        print("Current input data shape = ", arr.shape)
        sys.exit()
    if len(wt)>0 and len(wt)!=N: # 입력 가중치의 값이 없거나 길이 N 일 경우만 작동
        print("Length of wt should be 0 or N.")
        print("Len(wt), N= {}, {}".format(len(wt), N))
        sys.exit()

    if len(wt)==0: # 가중치 값들을 Numpy 배열로 변환
        wt=np.ones([N,], dtype=float)
```

```
    else:
        wt=np.asarray(wt)
    pd0= N//2; pd1= N-1-pd0  # 양 끝에 개수가 모자라 정상적인 이동평균이 계산 안 되는 
부분. 예) N=5: pd0=2, pd1=2
    arr_padded= np.pad(arr, ((0,0), (pd0,pd1)), mode='constant', 
constant_values=undef)  # 양 끝에 미씽값을 덧붙여서 배열을 확장
    if np.isnan(undef):
        miss_idx= np.isnan(arr_padded)
        arr_padded[miss_idx]= 0.  # NaN 은 계산에 방해가 되므로 숫자로 변환
        no_miss_idx= np.logical_not(miss_idx)
    else:
        no_miss_idx= arr_padded>undef  # 손실값은 음수를 가정 (예: -999.)

    wt_arr= np.zeros_like(arr, dtype=float)  # 가중치가 더해질 공간
    work_arr= np.zeros_like(arr, dtype=float)  # 실제 이동평균이 계산될 작업공간
    count_arr= np.zeros_like(arr, dtype=int)  # 미씽이 아닌 값들의 개수를 추적

    ### Sum for N period
    nt=arr.shape[1]
    for ishift in range(-pd0, pd1+1,1):
        it0, it1= pd0+ishift, nt+pd0+ishift
        work_arr+= arr_padded[:,it0:it1]*no_miss_idx[:,it0:it1]*wt[ishift+pd0]
        wt_arr+= no_miss_idx[:,it0:it1]*wt[ishift+pd0]
        count_arr+= no_miss_idx[:,it0:it1]
    ### Decide missings and average them
    miss_idx= count_arr<crt*N  # 일정 개수 이상의 값으로 평균이 계산될 때만 평균값을 보존
    work_arr[miss_idx]= undef
    work_arr[~miss_idx]/= wt_arr[~miss_idx]
    return work_arr

# 장주기 값을 얻기 위한 Lanczos 필터의 계수를 계산하는 함수
def get_lanczos_lp_weights(N):
    '''
    N= low-pass cut-off, unit= number of data points
    co= decide how many data to be used to apply time filter
      (suggested as 0.66 or 1.09, which makes sum of wgt close to 1.0)
    Return: 1-d numpy array
    '''
    co= 0.66  #1.09
    fc1= 1/N
    nn= int(N*co)+1
```

```
    n1= np.arange(-nn,nn+1,1)
    wgt= (np.sinc(2*fc1*n1)*2*fc1)*np.sinc(n1/nn)
    print("Length of weight coefficients, and wgt_sum= {}, {}".format(2*nn+1,
wgt.sum()))
    return wgt  # Numpy 배열로 반환
```

"running_mean()" 함수는 주어진 1 차원 배열(=벡터)에 대하여 주기 N 만큼의 이동평균을 계산합니다. 이 함수에서는 "np.cumsum()"이라는 함수를 이용하여 이동평균을 효과적으로 계산하고 있습니다. "running_mean_bunch()" 함수는 "running_mean()" 함수의 2 차원 배열 버전입니다. Numpy 의 경우 2 차원 배열에 이동평균을 적용할 때, "running_mean()" 함수를 필요한 만큼 반복해서 사용하는 것 보다 "running_mean_bunch()" 함수에서 하듯이 2 차원 배열을 통째로 계산(vectorizing)하는 게 더 효과적입니다. "running_mean_general_bunch()" 함수는 일반화된 버전입니다. "running_mean_general_bunch()" 함수에서의 계산 방식은 "running _mean_bunch()" 함수보다 느리지만, 주어진 시계열 자료가 완전하지 않을 때, 즉 일부 자료가 손실되었을 때에도 적용할 수 있다는 장점이 있습니다. 마지막으로 "get_lanczos_lp_weights()" 함수는 Lanczos 필터링에 쓰일 계수를 생성하는 역할을 합니다. 함수 이름에서 "lp"는 "low-pass," 즉 주어진 주기보다 긴 신호만 얻는다는 뜻입니다.

형식		
np.cumsum(*a, axis=None, dtype=None, out=None*)		
매개변수	설정하는 특성	옵션
a	입력 데이터	배열 혹은 배열과 유사한 형식
axis	계산될 자료의 축	기본은 None
dtype	결과물의 데이터 형식	기본은 입력 데이터의 데이터 형식을 따른다
out	계산 결과물	계산 결과물을 따로 저장할 필요가 있을 때 사용

표 6-8. 누적 합을 계산하는 "np.cumsum()" 함수

아래는 위의 함수들을 간단히 시험해 보는 코드입니다.

```
###-------------------------
### Test with simple example
###-------------------------
a= (np.arange(6)-2).reshape([2,3]).swapaxes(0,1).reshape(-1)  # 예제 배열을 생성
print("Input =\n", a)
N=3  # 자료 3 개의 이동평균
print("Method1 =\n", running_mean(a, N))
print("Method2 =\n", running_mean_bunch(a.reshape([1,-1]), N)[0,:])
print("Method3 =\n", running_mean_general_bunch(a.reshape([1,-1]), N)[0,:])

wt= [1, 2, 1]  # 자료 3 개 길이의 가중치
print("Method3 with weight {} =\n".format(wt),
running_mean_general_bunch(a.reshape([1,-1]), N,wt=wt)[0,:])
print("\n")
```

실행시키면 다음과 같은 결과를 얻습니다.

```
> python3 Code4_Time_Filtering_py3.py
Input =
 [-2  1 -1  2  0  3]
Method1 =
 [-0.5        -0.66666667  0.66666667  0.33333333  1.66666667  1.5        ]
Method2 =
 [-0.5        -0.66666667  0.66666667  0.33333333  1.66666667  1.5        ]
Method3 =
 [-0.5        -0.66666667  0.66666667  0.33333333  1.66666667  1.5        ]
Method3 with weight [1, 2, 1] =
 [-1.   -0.25  0.25  0.75  1.25  2.  ]
```

형식		
np.swapaxes(*a, axis1,axis2*)		
매개변수	설정하는 특성	옵션
a	입력 데이터	배열
axis1	대상 축 1 번	정수
axis2	대상 축 2 번	정수

표 6-9. 배열의 축 1 번과 축 2 번을 교환하는 "np.swapaxes()" 함수

b. 텍스트 파일을 읽어 RMM Index 를 불러들이고 Time Filtering 적용하기

```
def read_rmm_text(fname, date_range=[]):
    """
    6-1-1 에 소개된 함수와 거의 같지만 돌려주는 결과물이 약간 다릅니다.
    """
    if not os.path.isfile(fname):  # 파일이 존재하는지 확인
        sys.exit("File does not exist: "+fname)

    if len(date_range)!=0 and len(date_range)!=2:  # 입력이 올바른지 확인
        print("date_range should be [] or [ini_date,end_date]")
        sys.exit()
    time_info, pc, phs=[], [], []
    with open(fname,'r') as f:
        for i,line in enumerate(f):
            if i>=2:  # 헤더 2 줄은 그냥 넘어감
                ww=line.strip().split()
                onedate=date(*map(int,ww[0:3]))  # "map()": "int()" 함수를 ww[0:3]의 각
원소에 적용; "*" 표시는 리스트 객체에서 모든 원소 각각 소환
                if len(date_range)==0 or (len(date_range)==2 and onedate>=date_range[0]
and onedate<=date_range[1]):
                    pc.append([float(ww[3]),float(ww[4])])  # RMM PC1 and PC2
                    phs.append(int(ww[5]))  # MJO Phase
                    #months.append(onedate.month)
                    time_info.append(onedate)  # 시간 정보를 통째로 보관

    print("Total RMM data record=",len(phs))
```

```
    return np.asarray(time_info),np.asarray(pc),np.asarray(phs)  # Numpy 배열로 반환

### Parameters
rmm_fname= './Data/rmm.74toRealtime.txt'
tgt_dates= (date(2000,11,1), date(2001,3,31))
### Read RMM data
times, pcs, phs= read_rmm_text(rmm_fname, tgt_dates)
print(pcs.shape)  # 차원 확인을 위해 출력
### Calculate strength from PCs
strs= np.sqrt((pcs**2).sum(axis=1))  # 강도는 제곱-합-근으로 정의
print(strs.min(), strs.max())  # 계산된 강도의 범위를 확인
### PC1, PC2, and Strength time-series together
data= np.concatenate((pcs, strs.reshape([-1,1])), axis=1)  # 이제 배열의 모양=[days, 3
vars]
data= data.T  # 행/열 바꿈; 이제 모양=[3 vars, days]
print(data.shape)

### Running Mean
N=21
rm_data= running_mean_bunch(data,N)  # 이동평균 계산

### In order to test running mean with time-series having missings,
### artificially adding missings at random locations
### 인위적으로 무작위로 선택된 자료값을 미씽값으로 치환
idx= np.arange(data.shape[1])
RS= np.random.RandomState(seed=1234)  # 씨앗(seed)을 설정하여 같은 무작위값을
재현 가능.
RS.shuffle(idx)  # 인덱스를 무작위로 섞음
data_ms= np.copy(data)
data_ms[:, idx[:30]]= -999.9  ### 전체 중 30 개의 값만 -999.9 로 치환

### Lanczos Filter
lz_wgt= get_lanczos_lp_weights(N)
lz_data= running_mean_general_bunch(data_ms,len(lz_wgt), undef=-999.9,
wt=lz_wgt)
### The results are changed to "masked array" in order to display properly
### 결과물을 masked array 로 형태를 바꿔야 그림이 의도한 대로 그려짐
data_ms= np.ma.masked_less(data_ms, -999.)
lz_data= np.ma.masked_less(lz_data, -999.)
```

“read_rmm_text()” 함수는 6-1 절에서 사용된 함수와 거의 같지만 돌려주는 결과물이 월(month) 정보가 아니라 날짜(date 객체) 그대로입니다. 추후 시계열을 그림으로 그리기 위해 날짜 정보가 필요하기 때문입니다. 이후 불러온 MJO 인덱스 PC1 과 PC2 를 이용해 MJO 강도를 계산하고, 그래서 얻어진 모두 3 가지의 시계열 자료를 2 차원 배열로 만들어서 “running_mean_bunch()” 함수를 이용하여 21 일 이동평균을 계산합니다.

후반부에는 일부 손실된 시계열 자료에 이동평균을 적용하는 예제입니다. Numpy 의 Random 모듈을 이용하여 전체 기간 중 임의의 30 일 자료값을 -999.9(손실 부분을 의미)로 치환합니다. 이번에는 Lanczos 필터를 이용해보기 위해 Lanczos 계수를 불러온 후 “running_mean_general _bunch()” 함수에 적용시킵니다. 이번에도 같은 21 일 low-pass filter 를 적용하지만, Lanczos 의 계수는 21 개보다 많으므로 매개변수에 N=21 이 아닌 Lanczos 계수의 실제 개수를 입력해야 합니다. 마지막으로 손실된 시계열 자료를 적절히 그림으로 표현하기 위해 손실된 원본 자료와 필터링된 결과물을 모두 Masked Array 로 바꿔 줍니다.

c. 그림 객체 생성하기

위에서 계산한 이동평균과 Lanczos 필터링의 결과물을 확인하기 위하여 3 가지 변수(PC1, PC2, MJO 강도) 각각의 시계열을 그립니다.

```
# 그림 그리는 데 사용되는 패키지 불러오기
import matplotlib.pyplot as plt
from matplotlib.ticker import AutoMinorLocator
from matplotlib.dates import DateFormatter

# 그림에 공통적으로 적용되는 부분을 모아 놓은 함수
def plot_common(ax, subtit):
    """
    Decorating time-series plot
    """
    ### Title
    ax.set_title(subtit, fontsize=13, ha='left', x=0.0)
```

```
    ### Ticks and Grid
    ax.yaxis.set_minor_locator(AutoMinorLocator(2)) # 작은 눈금은 큰 눈금 사이에
자동으로 1 개만 들어갑니다 (=2 구역으로 나눕니다).
    ymin,ymax= ax.get_ylim()
    if ymin*ymax<0: # 만약 y 범위 중간에 0 이 포함되어 있으면 수평선을 그리고 범위를
조정합니다.
        ym=max(-ymin, ymax)
        ax.set_ylim(-ym, ym)
        ax.axhline(y=0., ls='--', c='0.3', lw=1)
    else:
        ax.set_ylim(0, ymax)
    ax.grid(axis='y', color='0.7', linestyle=':', linewidth=1)
    ax.yaxis.set_ticks_position('both')
    ax.tick_params(axis='both', which='major', labelsize=10)
    return

fig= plt.figure()
fig.set_size_inches(8.5, 6) # 페이지의 가로세로 크기 (xsize, ysize in inch)

### Page Title
suptit= "Time Filter Example with MJO RMM Index"
fig.suptitle(suptit, fontsize=17, y=0.97, va='bottom') #stretch='semi-condensed'

### Parameters for subplot area
left, right, top, bottom= 0.05, 0.95, 0.92, 0.05
npnx, gapx, npny, gapy= 2, 0.03, 3, 0.11 # 2 열 3 행으로 설정
lx= (right-left-gapx*(npnx-1))/npnx
ly= (top-bottom-gapy*(npny-1))/npny; ly2=ly*1.3
ix,iy= left, top

abc= 'abcdefg'
var_name= ['PC1', 'PC2', 'Str']
###-- Left Side
### Each panel for PC1, PC2, and Strength time-series
for k in range(data.shape[0]):
    ax1= fig.add_axes([ix, iy-ly, lx, ly]) # 좌측 axes 를 차례로 생성
    ax1.plot(times, data[k,:], c='0.4') # 본래의 시계열 그리기
    ax1.plot(times, rm_data[k,:], c='orange') # 이동평균 결과 그리기
    subtit= '({}) {} {}-day Running Mean'.format(abc[k], var_name[k], N)
    plot_common(ax1, subtit)
```

```
    iy= iy-ly-gapy

ix= ix+lx+gapx; iy= top
###-- Right Side
### Each panel for PC1, PC2, and Strength time-series
for k in range(data.shape[0]):
    ax1= fig.add_axes([ix, iy-ly, lx, ly])  # 우측 axes 를 차례로 생성
    ax1.plot(times, data_ms[k,:], c='0.4')  # 손실된 시계열 그리기
    ax1.plot(times, lz_data[k,:], c='RoyalBlue')  # Lanczos 필터가 적용된 결과를 그리기
    subtit= '({}) {} {}-day Lanczos Filtered'.format(abc[k+3], var_name[k], N)
    ax1.yaxis.tick_right()
    plot_common(ax1, subtit)
    ax1.xaxis.set_major_formatter(DateFormatter("%b\n%Y"))  # x 축 눈금 이름표의 시간
표시 형식을 지정
    iy= iy-ly-gapy

###--- Save or Show
#plt.show()
outdir = "./Pics/"
fnout = "Code4_Time_Filter_example.png"

plt.savefig(outdir+fnout, bbox_inches='tight', dpi=150)  # 고품질 그림의 위해서는 dpi
값을 증가시키길 권장합니다. 'tight' 옵션은 'plt.tight_layout()'과 같은 효과를 냅니다.
print(outdir+fnout)
```

그림을 그리는 데 필요한 패키지/라이브러리를 불러오고 관련된 함수를 정의하였습니다. "plot_common()" 함수는 시계열 그래프를 그린 후 꾸며 주는 부분 중 공통적인 것들을 모아 놓았습니다. 같은 패널(axes) 안에서 "Axes.plot()" 함수를 각각 다른 색으로 2 번 실행하여 원본 자료와 이동평균/Lanczos 필터된 자료를 겹쳐 그렸습니다. 같은 "Axes.plot()" 함수라도 x 값으로 "Datetime" 객체가 입력되면 x 축 눈금이 자동으로 시간 형식으로 표시됩니다. 우측 그림에서는 "Matplotlib.dates" 패키지를 이용하여 축 눈금의 시간 표시 형식을 바꾸었습니다. 다양한 시간 표시 형식은 https://docs.python.org/3/library/datetime.html#strftime-strptime-behavior 여기에서 확인할 수 있습니다.

6-2-2. Grid Interpolation

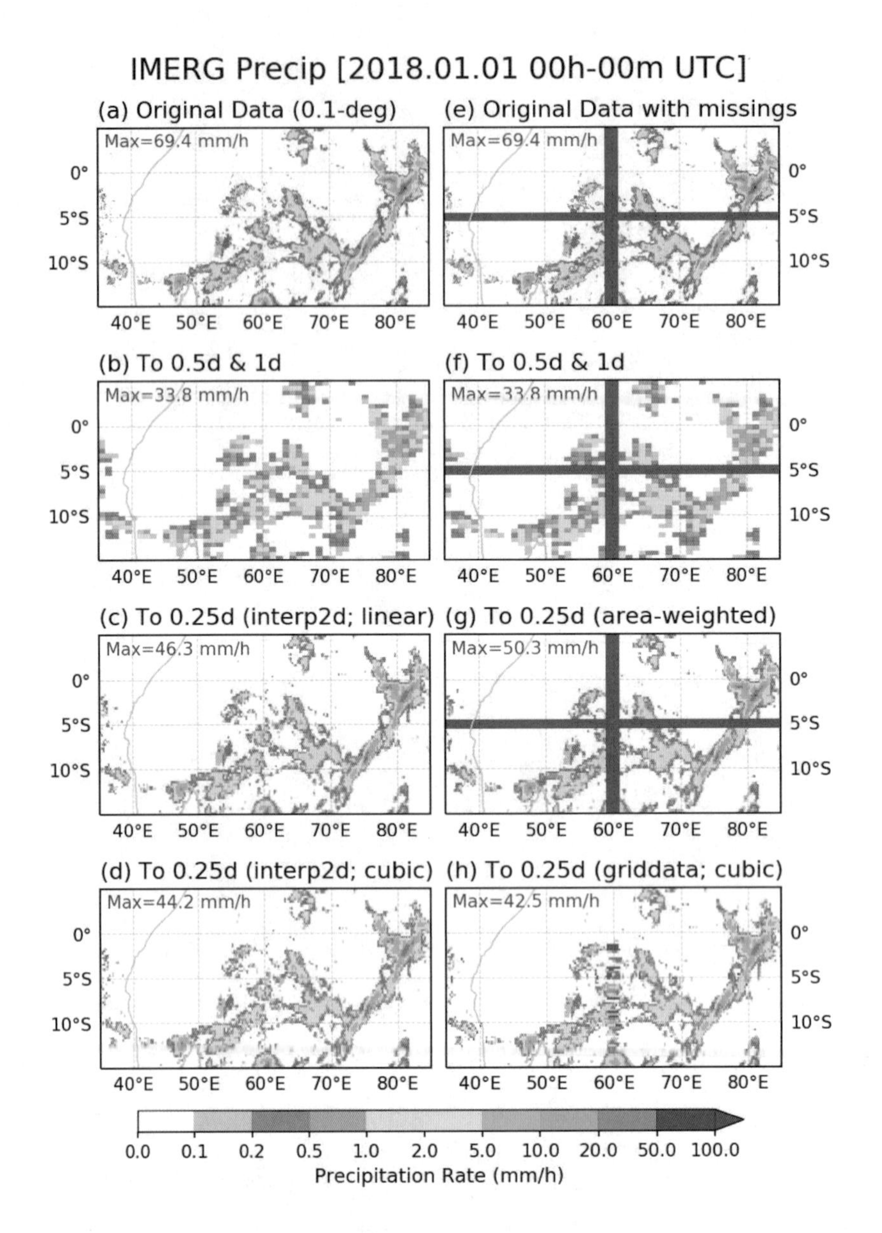

그림 6-5. 0.1 도 해상도의 원본 강수 자료(IMERG V06B)에 다양한 Grid Interpolation 을 적용한 모습. 빨간색 픽셀은 자료가 손실된 부분을 뜻한다.

많은 자료를 다루다 보면 서로 다른 격자를 통일하기 위해 Grid Interpolation 이 필요합니다. 여기에서는 Grid Interpolation 을 행하는 간단한 방법부터 외부 라이브러리를 불러오는 방법까지 몇 가지 경우에 대하여 자료가 완전한 상태 그리고 일부가 손실된 상태로 나누어 처리해 보겠습니다. 예제에 사용될 자료는 Integrated Multi-Satellite Retrievals for Global Precipitation Measurement(IMERG; Huffman and coauthors, 2018)[3] Level-3 강수자료(Research/Final run)[4]이며, 원본 HDF5 파일은 편의상 미리 바이너리 파일로 변환되었습니다.[5] 다음은 프로그램의 진행 순서입니다.

1) Grid Interpolation 과 관련된 함수들 정의하기
2) 바이너리 형식의 강수자료를 읽어 들이고 원하는 지역으로 잘라 내기
3) 무손실 원본자료에 대하여 다양한 Interpolation 적용하기(그림 좌측 열)
4) 원본자료의 일부를 임의로 손실시키고 여기에 Interpolation 적용하기(그림 우측 열)
5) 그림에 사용될 함수와 그림 객체를 정의하고 서브플롯 패널(axes) 크기를 지정하기
6) 각각의 서브플롯 패널에 결과물 그리기
7) 그림 세부 설정 조정 후 파일로 그림을 저장

a. Grid Interpolation 관련된 함수들의 정의

```
# 사용되는 패키지 불러오기
import sys
import os.path
import numpy as np
from math import ceil

# 경도를 배열의 해당 인덱스로 바꿔 주는 함수
def lon_deg2x(lon, lon0, dlon):
    """
    Transform Lon in degree into array index
      based on pre-known resolution characteristics,
      lon0(starting longitude) and dlon(lon resolution)
    """
```

[3] Huffman, G. J., & Coauthors. (2018). GPM Integrated Multi-Satellite Retrievals for GPM (IMERG) Algorithm Theoretical Basis Document (ATBD) v5.2. NASA. Retrieved from https://pmm.nasa.gov/resources/documents/gpm-integrated-multi-satellite-retrievals-gpm-imerg-algorithm-theoretical-basis

[4] http://dx.doi.org/10.5067/GPM/IMERG/3B-HH/05. 더하여 자료를 받을 수 있는 곳은 https://gpm.nasa.gov/data-access/downloads/gpm 입니다.

[5] Code5supp_IMERG_Lv3_HDF2bin_py3.py

```
    x= ceil((lon-lon0)/dlon)
    if lon0<0 and lon>180:
        x-= int(360/dlon)
    if lon0>0 and lon<0:
        x+= int(360/dlon)
    return x
# 위도를 배열의 해당 인덱스로 바꿔 주는 함수
lat_deg2y = lambda lat, lat0, dlat: ceil((lat-lat0)/dlat)

# 고해상도에서 저해상도로 변환하는 간단한 방법의 함수
def interp2d_fine2coarse_simple(arr, x_scaler=2, y_scaler=2):
    """
    Interpolation: Simple Case
    - Fine to Coarse grid(Should be multiple of fine grid size)
    - Assume no missings
    - Input arr: 2-D Numpy array, [y, x]
    """
    ny, nx= arr.shape
    if ny%y_scaler!=0 or nx%x_scaler!=0:  # 배수가 맞는지 확인
        print("Coarse grid size is not a multiple of fine grid size", ny, y_scaler, nx, x_scaler)
        sys.exit()
    ny2, nx2= ny//y_scaler, nx//x_scaler  # 목표로 하는 저해상도 격자 개수
    new_arr= arr.reshape([ny2, y_scaler, nx2, x_scaler]).swapaxes(1,2).reshape([ny2,
nx2, -1]).mean(axis=2)
    return new_arr

# 고해상도에서 저해상도로 변환하는 함수(손실된 자료에도 적용 가능)
def interp2d_fine2coarse_simple_wMissings(arr, x_scaler=2, y_scaler=2, undef=-999.,
crt=0.5):
    """
    Interpolation: Simple Case
    - Fine to Coarse grid (Should be multiple of fine grid size)
    - If ratio of missing grids is more than crt, then it will be set as missing.
    - Input arr: 2-D Numpy array, [y,x]
    - Output: masked array
    """
    ny,nx= arr.shape
    if ny%y_scaler!=0 or nx%x_scaler!=0:  # 배수가 맞는지 확인
        print("Coarse grid size is not a multiple of fine grid size", ny, y_scaler, nx, x_scaler)
        sys.exit()
    ny2, nx2= ny//y_scaler, nx//x_scaler  # 목표로 하는 저해상도 격자 개수
```

```
    new_arr= arr.reshape([ny2, y_scaler, nx2, x_scaler]).swapaxes(1, 2).reshape([ny2,
nx2, -1])
    new_arr= np.ma.masked_less_equal(new_arr, undef)
    new_arr, wsum= np.ma.average(new_arr,axis=2, returned=True)
    ms_idx= wsum < crt*x_scaler*y_scaler  # 손실자료가 기존보다 많은지 확인
    new_mask= np.full(wsum.shape, False)
    new_mask[ms_idx]= True
    new_arr.mask= new_mask
    return new_arr  # masked_array 로 반환
```

“lon_deg2x()” 함수와 “lat_deg2y()” 함수는 각도로 주어진 경도/위도를 주어진 자료의 인덱스(index)로 변환하는 함수입니다. “interp2d_fine2coarse_simple()” 함수는 작은 격자의 자료를 큰 크기의 격자로 변환할 때 이용하는 함수입니다. 이 함수는 Numpy 배열이 저장되는 방식을 이용하여 축을 늘리고 바꾸는 방법으로 작동하기 때문에 큰 격자의 크기가 작은 격자 크기의 정수 배수일 때만 사용할 수 있습니다. 위의 “interp2d_fine2coarse_simple()” 함수는 2 차원 공간 자료를 입력받아 변환하고 있는데, 만약 시공간의 3 차원 자료를 변환해야 한다면 그에 맞게 함수를 수정할 필요가 있습니다(현재 모습의 “interp2d_fine2coarse_simple()” 함수를 시간 축으로 반복시키는 것은 효율이 떨어집니다[6-2-1 절의 “running_mean_bunch()” 함수 참조]. 하지만 만약 자료가 상당히 클 경우 메모리 용량을 넘지 않기 위해 최소한의 시간 축 반복이 필요할 수도 있습니다). “interp2d_fine2coarse_simple_wMissings()” 함수는 입력 자료가 일부 손실되었을 때 사용합니다. 큰 격자로 변환하였을 때, 원본의 손실된 자료의 비율을 따져서 일정 비율 이상이면 큰 격자 자체를 손실된 걸로 처리합니다.

b. 강수 자료를 읽어 다양한 Grid Interpolation 적용하기

```
# 바이너리 파일을 읽어 Numpy 배열로 반환하는 함수
def bin_file_read2arr(fname, dtype=np.float32):
    """ Open a binary file, read data, and return as Numpy 1-D array
        fname : file name
        dtype  : data type; np.float32 or np.float64, etc.
    """
    if not os.path.isfile(fname):  # 파일이 존재하는지 확인
        sys.exit("File does not exist:"+fname)
    with open(fname,'rb') as f:
```

```
    bin_arr = np.fromfile(file=f, dtype=dtype)
  return bin_arr

### Precip File Info
### This is a binary file, so this information should be known already.
nlon, lon0, dlon= 3600, -179.95, 0.1  # 읽어 들일 강수 자료의 경도 정보
nlat, lat0, dlat= 1800, -89.95, 0.1  # 읽어 들일 강수 자료의 위도 정보
### Build Lons and Lats based on above information
lon= np.arange(nlon)*dlon + lon0  # 입력자료의 경도/위도 정보의 생성
lat= np.arange(nlat)*dlat + lat0

### Limit region for simpler example
tgt_lats= [-15, 5]  # in degree; 목표로 하는 위도 범위
tgt_lons= [35, 85]  # in degree; 목표로 하는 경도 범위
latidx= [lat_deg2y(y, lat0, dlat) for y in tgt_lats]  # 목표 위도에 해당하는 인덱스
lonidx= [lon_deg2x(x, lon0, dlon) for x in tgt_lons]  # 목표 경도에 해당하는 인덱스
lat, lon= lat[latidx[0]:latidx[1]], lon[lonidx[0]:lonidx[1]]
print("Lon:", lon.shape, lon[[0,-1]])
print("Lat:", lat.shape, lat[[0,-1]])

### Read Precipitation data
indir= './Data/'
infn= indir+'IMERG_precipitationCal_V06B.20180101-
0000.{}x{}.f32dat'.format(nlat,nlon)

### Two methods to read binary. Screen one method, and use the other.
### 바이너리 파일을 읽는 2 가지 방법입니다. 둘 중 한 가지만 이용하시면 됩니다.
## In the case of small sized binary file and better to read as a whole
## 상대적으로 파일 크기가 작거나 전체를 다 읽을 필요가 있을 때
pr= bin_file_read2arr(infn, dtype=np.float32).reshape([nlat, nlon])
pr_ref= pr[latidx[0]:latidx[1], lonidx[0]:lonidx[1]]  # 목표로 하는 지역의 정보만 선택
## In the case of large sized binary file like some GBytes and only need a part of the file.
## 바이너리 파일이 매우 크거나 파일 중 일부만 필요할 때
offset= nlon*latidx[0]*4  # 단위가 Byte 이므로 끝 "4"는 4 Bytes(float_32bit)을 의미
pr= np.memmap(infn, mode='r', dtype=np.float32, offset=offset, shape=(latidx[1]-
latidx[0], nlon))  # 경도가 먼저 변하고 위도가 나중에 변하는 구조임을 유의
pr_ref= np.array(pr[:, lonidx[0]:lonidx[1]])  # 슬라이싱 후 memmap 객체를 Numpy 배열
형태로 컴퓨터 메모리에 저장.
print("Precip:", pr_ref.shape, pr_ref.min(), pr_ref.max())  # 읽어 들인 강수자료의 확인

### Build grid boundaries to be used for "pcolormesh()"
```

```
lon_b= np.insert(lon,0, lon[0]-dlon) + dlon/2 # 격자 중앙값에서 격자 경계값을 계산
lat_b= np.insert(lat,0, lat[0]-dlat) + dlat/2
print("Lon_b:", lon_b.shape, lon_b[[0,-1]])
print("Lat_b:", lat_b.shape, lat_b[[0,-1]])
x_ref,y_ref= np.meshgrid(lon_b, lat_b) # 나중에 pcolormesh()에 사용될 2 차원 격자 정보
### Reference data to be displayed
display_data= [dict(x=x_ref, y=y_ref, data=pr_ref, title='Original Data (0.1-deg)'),]

### Method1: Simple interpolation
### (0.1-deg, 0.1-deg)에서 (0.5-deg, 1.0-deg)로 변환
x_scaler=10 ## 1-deg / 0.1-deg
y_scaler=5 ## 0.5-deg / 0.1-deg
pr_intpl1= interp2d_fine2coarse_simple(pr_ref, x_scaler=10, y_scaler=5)
### Build grid boundaries to be used for "pcolormesh()"
lon_b_intpl1= np.linspace(lon_b[0], lon_b[-1], pr_ref.shape[1]//x_scaler+1) # 변환된
저해상도 격자의 경계값 계산
lat_b_intpl1= np.linspace(lat_b[0], lat_b[-1], pr_ref.shape[0]//y_scaler+1)
x_intpl1,y_intpl1= np.meshgrid(lon_b_intpl1, lat_b_intpl1)
### Simple interpolation data to be displayed
display_data.append(dict(x=x_intpl1, y=y_intpl1, data=pr_intpl1, title='To 0.5d & 1d'))

### Method2: Using "interp2d()"
### 위도/경도 모두 0.1-deg 에서 0.25-deg 로 변환
from scipy.interpolate import interp2d
### First, set-up Interpolation object with input data
### 먼저 기존 자료의 격자 정보로 interp2d 객체를 생성하고
intpl_f0= interp2d(lon, lat, pr_ref, kind='linear') # Linear interpolation
intpl_f1= interp2d(lon, lat, pr_ref, kind='cubic') # Cubic interpolation
### Second, interpolate to new grid
### 이후 목표로 하는 격자로 변환
new_resol= 0.25
lon2= np.arange(lon_b[0]+new_resol/2, lon_b[-1], new_resol) # 목표로 하는 격자
중앙값
lat2= np.arange(lat_b[0]+new_resol/2, lat_b[-1], new_resol)
pr_intpl_lin= intpl_f0(lon2, lat2) # x 축과 y 축의 격자 정보를 1 차원 배열로 입력
pr_intpl_cu= intpl_f1(lon2, lat2)
### Build grid boundaries to be used for "pcolormesh()"
lon_b_intpl2= np.insert(lon2, 0, lon2[0]-new_resol) + new_resol/2 # 목표로 하는 격자
경계값
lat_b_intpl2= np.insert(lat2, 0, lat2[0]-new_resol) + new_resol/2
x_intpl2,y_intpl2= np.meshgrid(lon_b_intpl2, lat_b_intpl2)
```

```
### "interp2d()" interpolation data to be displayed
display_data.append(dict(x=x_intpl2, y=y_intpl2, data=pr_intpl_lin, title='To 0.25d
(interp2d; linear)'))
display_data.append(dict(x=x_intpl2, y=y_intpl2, data=pr_intpl_cu, title='To 0.25d
(interp2d; cubic)'))
```

바이너리 자료는 "np.fromfile()" 함수를 이용하여 쉽게 읽을 수 있습니다. 다만 바이너리 자료의 크기가 매우 크고(예: 몇 기가바이트 혹은 그 이상), 그중 일부만 읽어도 된다면 "np.memmap()" 클래스가 유용합니다. "np.fromfile()"는 저장장치의 자료 전체를 바로 메모리로 불러들이지만, "np.memmap()" 클래스는 일단 자료의 형태와 저장 위치에 대한 정보만 가져오기 때문에 컴퓨터의 메모리가 제한적일 때 특히 유용합니다.

형식		
class np.memmap(filename, mode='r+', dtype=uint8, ...)		
매개변수	**설정하는 특성**	**옵션**
filename	입력 파일 이름	문자열 혹은 파일 객체
mode	읽을 파일을 어떻게 다룰지 설정	'r': 읽기 'r+': 읽고 쓰기 'w+': 새로 만들거나 덮어쓰기 'c': 메모리로 올라온 자료는 수정 가능하나 디스크에 저장된 자료는 변화 안 줌
dtype	데이터 형식	기본은 uint8
offset	디스크에 저장된 파일 자료 중 읽기 시작하는 위치 지정	단위가 Byte 이므로 데이터 형식에 따라 적절한 단위 Byte 숫자를 곱해 줘야 함.
shape	읽을 배열의 형태 지정	튜플 입력
order	자료가 저장된 방식	'C': "row-major" 'F': "column-major"(포트란 스타일)

표 6-10. 큰 크기의 바이너리 파일을 읽는 "np.memmap()" 클래스

첫 번째 Interpolation 방법은 위에서 정의된 함수 "interp2d_fine2coarse_simple()"를 이용한 간단한 방법입니다. [0.1 도, 0.1 도]에서 [0.5 도, 1.0 도]로 변환하였습니다. 두 번째 방법은 "Scipy.interpolate.interp2d()" 클래스를 이용한 방법입니다. Scipy 에는 다양한 조건의 Interpolation 방법들이 구축되어 있는데, 이 중 "interp2d()" 클래스는 2 차원 평면상의 Interpolation 을 지원합니다. 위의 예에서처럼 입력 자료가 일반적인 격자에 정의되었으면 "Scipy.interpolate.rectbivariatespline()" 클래스가 더 효율적일 수 있습니다. 주의할 점은 "Scipy.interpolate.interp2d()" 클래스는 손실 자료에 대한 처리를 지원하지 않습니다. Interpolation 처리된 결과물은 display_data 리스트에 각 원소가 딕셔너리인 형태로 저장되어 이후 그림을 그릴 때 사용됩니다.

형식		
class Scipy.interpolate.interp2d(x, y, z, kind='linear', copy=True, ...)		
매개변수	설정하는 특성	옵션
x, y	격자 정보	(유사) 배열 형태 일반적인 격자의 경우 x 는 행(row) 좌표, y 는 열(column) 좌표를 입력한다 아니면 x 와 y 는 입력 자료와 같은 크기의 모든 좌표여야 한다
z	x, y 격자에 정의된 값	(유사) 배열 형태 크기는 x 및 y 의 크기와 같거나 아니면 x 크기 * y 크기여야 한다
kind	Interpolation 방법	'linear', 'cubic', 'quintic.' 기본은 'linear'
copy	계산할 때 입력 자료의 복사본으로 할지 여부	기본은 'True'
bounds_error	주어진 도메인 바깥 자료의 계산에 대해 계산을 멈출지 여부	기본은 'False'이며 이 경우 아래의 'fill_value' 옵션이 이용됨
fill_value	주어진 도메인 바깥을 채울 숫자	아무 숫자도 주어지지 않으면 입력 z 자료 중 가장 가까운 근처의 값 이용

표 6-11. 2 차원 Interpolation 을 수행하는 "Scipy.interpolate.interp2d()" 클래스

이어서 입력 자료의 일부가 손실된 경우를 살펴보겠습니다.

```
#------------
### Interpolation with data having some missings
#--------------
### Artificially adding missings
pr_ms= np.copy(pr_ref)
pr_ms[95:105,:]= -999.9  # 강수 자료의 중앙 부근의 값들을 -999.9 로 치환합니다.
pr_ms[:,240:260]= -999.9
### Reference data with missings to be displayed
display_data2=[dict(x=x_ref, y=y_ref, data=np.ma.masked_less(pr_ms,0.),
        title='Original Data with missings'),]

### Method1b: Simple interpolation with Missings
### (0.1-deg, 0.1-deg)에서 (0.5-deg, 1.0-deg)로 변환
x_scaler= 10 ## 1-deg / 0.1-deg
y_scaler= 5 ## 0.5-deg / 0.1-deg
pr_ms_intpl1= interp2d_fine2coarse_simple_wMissings(pr_ms, x_scaler=10,
y_scaler=5, undef=-999.9, crt=0.5)
### Simple method interpolation data to be displayed
display_data2.append(dict(x=x_intpl1, y=y_intpl1, data=pr_ms_intpl1, title='To 0.5d &
1d'))

### Method3: Area-weighted Interpolation
### 위도/경도 모두 0.1-deg 에서 0.25-deg 로 변환
from Area_weighted_intpl_mod import area_weighted_intpl
awi= area_weighted_intpl(old_lons=lon, old_lats=lat, new_lons=lon2, new_lats=lat2)
# 면적 가중 변환 클래스의 객체를 생성
awi.get_boundaries()
awi.get_weights()
pr_ms_intpl_aw= awi.interpolate2d(pr_ms, ud=-999.9)
### Area-weighted interpolation data to be displayed
display_data2.append(dict(x=x_intpl2, y=y_intpl2,
            data= np.ma.masked_less(pr_ms_intpl_aw, 0.),
            title='To 0.25d (area-weighted)'))

### Method4: Using "griddata()"
### 무격자자료를 (0.25-deg, 0.25-deg)로 변환
from scipy.interpolate import griddata
### Input data in the form of (x, y, val), all 1-D, same length
```

```
### 입력자료는 x 좌표, y 좌표, 그리고 자료값의 순으로 같은 길이의 1 차원 배열로 준비
valid_idx= pr_ms>=0.  # 강수 자료에서 손실이 없는 부분만 선택
grid_x, grid_y= np.meshgrid(lon,lat)  # 기존 격자
new_grid_x, new_grid_y= np.meshgrid(lon2,lat2)  # 목표로 하는 0.25-deg 격자
pr_ms_gridded= griddata((grid_x[valid_idx], grid_y[valid_idx]), pr_ms[valid_idx],
        (new_grid_x, new_grid_y), method='cubic', fill_value=-999.9)  # "Cubic"
방법 이용
### "griddata()" interpolation data to be displayed
display_data2.append(dict(x=x_intpl2, y=y_intpl2,
            data= np.ma.masked_less(pr_ms_gridded, -0.1),
            title='To 0.25d (griddata; cubic)'))
```

이번 실습을 위해 먼저 기존 강수 자료의 임의의 위치에 손실자료를 뜻하는 “-999.9” 값이 할당되었습니다. 손실 포함 자료의 첫 번째 Interpolation 방법은 처음에 위에서 정의된 함수 “interp2d_fine2coarse_simple_wMissings()”를 이용한 간단한 방법입니다. 마찬가지로 [0.1 도, 0.1 도]에서 [0.5 도, 1.0 도]로 변환하였으며, 만약 손실자료가 새 격자의 반 이상을 차지하면 새 격자를 손실로 처리하도록 하였습니다(crt= 0.5). 두 번째 방법은 면적 가중치를 적용하는 방법입니다. 면적 가중치를 적용하는 함수는 따로 구현하여 “Area_weighted_intpl_mod.py” 파일에 저장되었고, 여기서는 이 파일 안의 “area_weighted_intpl()” 클래스를 불러들였습니다. 마지막 방법은 “Scipy.interpolate.griddata()” 클래스를 이용하는 방법입니다. “griddata()” 클래스는 원래 격자가 없는 자료(예: 스테이션 관측 자료)를 격자로 구현하는 함수인데, 자료에 손실이 있을 경우 손실이 없는 자료만 따로 모아 입력하는 방식으로 이용할 수 있습니다. 이 경우 주의할 점은 원래 음수 값이 없는 강수자료이지만, 계산 결과 일부 음의 값이 나타날 수 있으므로 적절한 기준을 세워 판단해야 합니다. 위의 예에서는 (임의로) -0.1 값을 기준으로 부적격 여부를 판단하였으며, “cubic” 방식을 “linear” 방식으로 변환하면 부적격 격자의 수는 줄어들 수 있습니다.

형식		
class Scipy.interpolate.griddata(points, values, xi, method='linear', ...)		
매개변수	설정하는 특성	옵션
points	자료의 좌표 정보	2 차원 배열 (크기: (n, D)), 혹은 1 차원 배열 (크기: (n,))의 튜플 형태
values	각 좌표에 정의된 값	1 차원 배열, 크기는 (n,)
xi	Interpolation 될 좌표 정보	2 차원 배열 (크기: (m, D)), 혹은 같은 크기 배열의 튜플 형태
method	Interpolation 방법	'linear', 'nearest', 'cubic.' 기본은 'linear'
fill_value	주어진 도메인 바깥을 채울 숫자	기본은 Nan

표 6-12. 2 차원 격자 자료를 생성하는 "Scipy.interpolate.griddata()" 클래스

c. 그림 객체 생성하기

위에서 수행한 Interpolation 결과가 저장된 display_data 와 display_data2 를 이용하여 각각 지도상에 그립니다.

```
# 그림 그리는 데 사용되는 패키지 불러오기
import matplotlib.pyplot as plt
import matplotlib.colors as cls
from matplotlib.ticker import FixedLocator, MultipleLocator
import cartopy.crs as ccrs
from cartopy.mpl.gridliner import LONGITUDE_FORMATTER, LATITUDE_FORMATTER

# 지도상 그림을 꾸며 주는 명령어들을 모아 놓은 함수
def map_common(ax, subtit, gl_lab_locator=[False,True,True,False]):
    """ Decorating Cartopy Map
    """
    ### Title
    ax.set_title(subtit, fontsize=13, ha='left', x=0.0)

    ### Coast Lines
    ax.coastlines(color='silver', linewidth=1.)
```

```
    ### Grid Lines
    gl= ax.gridlines(crs=ccrs.PlateCarree(), draw_labels=True,
              linewidth=0.6, color='gray', alpha=0.5, linestyle='--')
    ### x and y-axis tick labels
    gl.xlabels_top,gl.xlabels_bottom,gl.ylabels_left,gl.ylabels_right = gl_lab_locator
    gl.xlocator = FixedLocator(range(30,100,10))  # 경도 눈금은 30 도에서 90 도까지
10 도 간격
    gl.ylocator = MultipleLocator(5)  # 위도 눈금은 5 도 간격
    gl.xformatter = LONGITUDE_FORMATTER
    gl.yformatter = LATITUDE_FORMATTER
    gl.xlabel_style = {'size': 10, 'color': 'k'}
    gl.ylabel_style = {'size': 10, 'color': 'k'}
    ### Aspect ratio of map
    ax.set_aspect('auto') ### 'auto' 옵션은 위도/경도 비율을 무시하고 정의된 axes 의
크기에 맞춰 변환
    return

# 컬러바를 그리는 함수
def draw_colorbar(ax, pic1, type='vertical', size='panel', gap=0.06, width=0.02,
extend='neither'):
    '''
    6-1-3 절에 소개된 것과 동일하므로 생략합니다.
    '''

###-- Plotting basics
fig= plt.figure()
fig.set_size_inches(6, 8.5)  # 페이지의 가로세로 크기 (xsize, ysize in inch)

### Page Title
suptit= "IMERG Precip [2018.01.01 00h-00m UTC]"
fig.suptitle(suptit, fontsize=17, y=0.97, va='bottom') #stretch='semi-condensed'

### Parameters for subplot area
left, right, top, bottom= 0.05, 0.95, 0.93, 0.05
npnx, gapx, npny, gapy= 2, 0.02, 4, 0.07  # 2 열과 4 행으로 설정
lx= (right-left-gapx*(npnx-1))/npnx
ly= (top-bottom-gapy*(npny-1))/npny; ly2=ly*1.3
ix, iy= left, top

### Precip values vary exponentially, hence decide to use non-linear levels
p_lev= [0., 0.1, 0.2, 0.5, 1, 2, 5, 10, 20, 50, 100]  # 강수 기준값(비선형)
cm= plt.cm.get_cmap('terrain_r')  # 'terrain'을 뒤집은 색지도(colormap) 정의
```

```
cm.set_bad('r')  # masked_array 의 미씽 자료에 적용될 색 지정
norm= cls.BoundaryNorm(p_lev, ncolors=cm.N, clip=True)  # 색지도에서 강수 
기준값들에 할당될 색을 할당
props = dict(edgecolor='none', alpha=0.8, cmap=cm, norm=norm)  # 'pcolormesh()' 
함수에 적용될 공통 특성
abc= 'abcdefg'

###-- Left Column
for i, dp_data in enumerate(display_data):  # 좌측 무손실 자료
    ax1= fig.add_axes([ix, iy-ly, lx, ly], projection=ccrs.PlateCarree())
    ax1.set_extent([*tgt_lons, *tgt_lats], crs=ccrs.PlateCarree())  # 지도의 구역을 제한
    pic1= ax1.pcolormesh(dp_data['x'], dp_data['y'], dp_data['data'], **props)
    subtit= '({}) '.format(abc[i])+dp_data['title']
    map_common(ax1, subtit, gl_lab_locator=[False,True,True,False])  # [Top, Bottom, 
Left, Right]
    ax1.text(0.02, 0.97, 'Max={:.1f} mm/h'.format(dp_data['data'].max()), ha='left', 
va='top',
            fontsize=10, color='0.3', transform=ax1.transAxes)  # 지도에 문자열 쓰기
    iy=iy-ly-gapy

###-- Right Column
iy=top; ix=ix+lx+gapx
for i,dp_data in enumerate(display_data2):  # 우측 손실 포함 자료
    ax2= fig.add_axes([ix, iy-ly, lx, ly], projection=ccrs.PlateCarree())
    ax2.set_extent([*tgt_lons, *tgt_lats], crs=ccrs.PlateCarree())  # 지도의 구역을 제한
    pic2= ax2.pcolormesh(dp_data['x'], dp_data['y'], dp_data['data'], **props)
    subtit= '({}) '.format(abc[i+len(display_data)])+dp_data['title']
    map_common(ax2, subtit, gl_lab_locator=[False, True, False, True])  # [Top, 
Bottom, Left, Right]
    ax2.text(0.02, 0.97, 'Max={:.1f} mm/h'.format(dp_data['data'].max()), 
ha='left',va='top',
            fontsize=10, color='0.3', transform=ax2.transAxes)  # 지도에 문자열 쓰기
    iy=iy-ly-gapy

### Draw Colorbar
cb=draw_colorbar(ax2, pic2, type='horizontal', size='page', extend='max', 
width=0.02)
cb.ax.set_xlabel('Precipitation Rate (mm/h)', fontsize=11)
cb.set_ticks(p_lev)  # 눈금의 위치를 지정

###--- Save or Show
#plt.show()
```

```
outdir = "./Pics/"
fnout = "Code5_Grid_Interpolation_example.png"

plt.savefig(outdir+fnout,bbox_inches='tight',dpi=150)  # 고품질 그림의 위해서는 dpi 값을 증가시키길 권장합니다. 'tight' 옵션은 'plt.tight_layout()'과 같은 효과를 냅니다.
print(outdir+fnout)
```

그림을 그리는 데 필요한 패키지/라이브러리를 불러오고 관련된 함수를 정의하였습니다. "map_common()" 함수는 Cartopy 패키지를 이용하여 그린 지도 기반 그림을 꾸며 주는 부분을 모았습니다. "draw_colorbar()" 함수는 주어진 조건에 맞추어 적절한 Colorbar 를 그립니다. 지도상에 강수를 표시할 때, ColorMap 객체를 정의한 후, "set_bad()" 함수를 이용하여 Masked Array 가 입력되었을 때, 가려진 부분의 색을 지정할 수 있습니다(위에서는 빨간색['r']으로 지정되었습니다). 추가적으로 각 패널(axis)상에 강수 최대값을 "Axes.text()" 함수를 이용하여 표시하였는데, 문자를 쓰는 위치는 기본적으로 데이터값으로 정의되지만, 여기에서는 "transform" 옵션을 이용하여 패널의 가로세로 전체 크기를 1 로 해서 위치를 0 과 1 사이의 상대값으로 지정할 수 있게 하였습니다.

클래스 이름		
class Matplotlib.colors.Colormap()		
함수	설정하는 특성	옵션
reversed()	색지도를 뒤집는지 여부	name=None; 색지도 이름 참고로 색지도 이름에 '_r'을 붙이는 것과 같은 효과이다. 예) 'jet' vs. 'jet_r'
set_bad()	가려진 값(masked value)에 사용될 색	color='k', alpha=None; 색 이름 및 투명도
set_under()	하단 범위 바깥값에 사용될 색	color='k', alpha=None; 색 이름 및 투명도 참고: Colormap Normalization
set_bad()	상단 범위 바깥값에 사용될 색	color='k', alpha=None; 색 이름 및 투명도 참고: Colormap Normalization

표 6-13. "Matplotlib.colors.Colormap()" 클래스에 포함된 함수들

6-3. 다중 동시 작업(기초)

컴퓨터 기술의 발달로 현재는 하나의 CPU 가 여러 작업을 동시에 진행하는 것이 일반적입니다. 효과적인 CPU 자원의 배분은 프로그램 실행 시 필요한 시간을 단축시키는 효과가 있습니다. CPU 의 다중 동시 작업을 지원하는 방법에는 크게 Multithreading 과 Multiprocessing 이 있습니다. 아주 간단히 설명하자면, 2 가지 방법은 메모리를 공유하느냐 아니냐의 차이가 있습니다. 예를 들면 OpenMP 는 Multithreading 이고, MPI 는 Multiprocessing 방식입니다. 여기서는 파이썬에서 이 2 가지 방식이 어떻게 구현되는지 간단한 예를 통해 알아보겠습니다. 아래는 프로그램의 진행 순서입니다.

1) 다중 동시 작업과 관련된 함수들 정의하기 2) 바이너리 형식의 강수 자료를 읽어 들이고 원하는 형태로 배열 모양 변화시키기 3) 다중 동시 작업을 실행시키고 시간을 측정하기

a. Multithreading 과 Multiprocessing 관련된 함수들의 정의

```
# 사용되는 패키지 불러오기
import sys
import os.path
import numpy as np
from math import ceil
import time

from concurrent.futures import ThreadPoolExecutor, ProcessPoolExecutor
from itertools import repeat

# Multithreading 을 실행시키는 함수
def awi_thread_executor(func, indata, ud=-999., nThreads=1, chunk_size=0):
    """
    ThreadPoolExecutor
    - The asynchronous execution can be performed with threads
    - https://docs.python.org/3.7/library/concurrent.futures.html

    Function "chunks" provides parts of indata.
```

```
    Usually large chunks rather than small chunks perform faster.
    For the constant input required for given function,
    it is needed to "repeat" it for each thread/process.
    """
    if chunk_size<=0:  # 덩어리(chunk)의 크기가 주어지지 않았을 경우 직접 설정
        chunk_size= indata.shape[0]//nThreads
        if indata.shape[0]%nThreads != 0:
            chunk_size+=1

    with ThreadPoolExecutor(max_workers=nThreads) as executor:
        results= executor.map(func, chunks(indata, chunk_size), repeat(ud))
    return results

# Multiprocessing 을 실행시키는 함수
def awi_process_executor(func, indata, ud=-999., nThreads=1, chunk_size=0):
    """
    ProcessPoolExecutor
    - The asynchronous execution can be performed with separate processes
    - https://docs.python.org/3.7/library/concurrent.futures.html

    Function "chunks" provides parts of indata.
    Usually large chunks rather than small chunks perform faster.
    For the constant input required for given function,
    it is needed to "repeat" it for each thread/process.
    """
    if chunk_size<=0:  # 덩어리(chunk)의 크기가 주어지지 않았을 경우 직접 설정
        chunk_size= indata.shape[0]//nThreads
        if indata.shape[0]%nThreads != 0:
            chunk_size+=1

    with ProcessPoolExecutor(max_workers=nThreads) as executor:
        results= executor.map(func, chunks(indata, chunk_size), repeat(ud))
    return results

# 배열을 작은 덩어리(chunk)로 나누어 공급해 주는 함수
def chunks(data, chunk_size=1):
    """
    Overly-simple chunker...
    Basic idea here is that, assumed that given input data is 3-D,
    "yield" chunks of data by dividing the first axis of input data
    into a few sub-groups (chunks).
```

```
"""
intervals = list(range(0, data.shape[0], chunk_size)) + [None]
for start, stop in zip(intervals[:-1], intervals[1:]):
    yield data[start:stop,:] # 0 번 축을 기준으로 조각난 덩어리(chunk)를 제공
```

"awi_thread_executor()" 함수와 "awi_process_executor()" 함수는 면적 가중 Interpolation (awi)에 특화된 Multithread 와 Multiprocess 를 각각 지원합니다. awi 함수를 부를 때 필요한 매개변수들을 요구하며, 또한 chunk_size 는 선택 사항입니다. chunk_size 는 전체 입력 자료 중 주어진 개수의 threads/processes 에 적절히 배분될 자료의 크기를 의미합니다. 위에서는 "chunks()" 함수를 이용하여 각각의 threads/processes 에 작은 조각의 입력 자료를 공급하고 있습니다. "chunks()" 함수에서는 끝에 "return" 대신 "yield"가 쓰였는데, "yield"는 일회성으로 생성된 후 곧 소모될 상황에 적합합니다. 만약 대용량의 자료를 "np.memmap()"을 통해 읽어 들였을 경우에는 "chunks()" 함수는 반드시 끝에서 memmap 객체를 Numpy 배열 형태로 변환한 후 다중 동시 작업에 공급해야 함을 주의합니다. '각 "executor()" 함수'의 결과물은 Numpy 배열이나 리스트가 아닌 generator 객체이므로 추후 List 로, 그 후 Numpy 배열로 변환할 필요가 있습니다.

형식		
class concurrent.futures.ThreadPoolExecutor(*max_workers=None, thread_name_prefix='', initializer=None, initargs=()*)		
매개변수	설정하는 특성	옵션
max_workers	쓰레드 개수의 최대값	정수. 주어지지 않았을 경우 해당 컴퓨터의 프로세서×5 (I/O 작업을 상정)
thread_name_prefix	실행될 쓰레드의 공통 이름	문자열
initializer	각 쓰레드가 일을 시작하기 전 먼저 실행될 필요가 있는 작업 지정	함수 또는 유사한 불러올 수 있는 것
iniargs	initializer 에서 불러오는 함수가 필요로 하는 매개변수	튜플

표 6-14. 멀티쓰레드를 실행하는 "ThreadPoolExecutor()" 클래스

형식		
class concurrent.futures.ProcessPoolExecutor(*max_workers=None, mp_context=None, initializer=None, initargs=()*)		
매개변수	설정하는 특성	옵션
max_workers	사용될 프로세스 개수의 최대값	정수. 주어지지 않았을 경우 해당 컴퓨터의 프로세서의 개수로 설정
mp_context	각 프로세서 작업자의 시작 방법을 설정	
initializer	각 쓰레드가 일을 시작하기 전 먼저 실행될 필요가 있는 작업 지정	함수 또는 유사한 불러올 수 있는 것
iniargs	initializer 에서 불러오는 함수가 필요로 하는 매개변수	튜플

표 6-15. 멀티프로세싱를 실행하는 "ProcessPoolExecutor()" 클래스

형식		
concurrent.futures.Executor.map(*func, *iterables, timeout=None, chunksize=1*)		
매개변수	설정하는 특성	옵션
func	동시 다중 작업으로 실행될 함수	
*iterables	위 함수에 입력될 객체(들)	반복 가능 형태(iterable)
timeout	함수가 결과물을 도출할 때까지의 제한시간 설정	정수 혹은 실수. 안 주어지면 무제한
chunksize	일을 할당할 때 *iterable 에서 몇 개씩 주어질지 결정	양의 정수. ProcessPoolExcuter 에만 해당

표 6-16. 동시 다중 작업에 특화된 "map()" 함수

강수 자료를 읽어 테스트에 적합한 모양으로 변환하기

```
# 바이너리 파일을 읽어 Numpy 배열로 반환하는 함수
def bin_file_read2arr(fname, dtype=np.float32):
    """
    6-2-2-b 에 소개된 함수와 동일하므로 생략합니다.
    """

### Precip File Info
### This is binary file, so this information should be known already.
nlon, lon0, dlon= 3600, -179.95, 0.1  # 읽어 들일 강수 자료의 경도 정보
nlat, lat0, dlat= 1800, -89.95, 0.1  # 읽어 들일 강수 자료의 위도 정보
### Build Lons and Lats based on above information
lon= np.arange(nlon)*dlon+lon0  # 입력 자료의 경도/위도 정보의 생성
lat= np.arange(nlat)*dlat+lat0

### Read Precipitation data
indir= './Data/'
infn= indir+'IMERG_precipitationCal_V06B.20180101-0000.{}x{}.f32dat'.format(nlat,
nlon)
### In the case of small sized binary file and better to read as a whole
pr= bin_file_read2arr(infn, dtype=np.float32).reshape([nlat, nlon])  # 강수 자료를 [위도,
경도] 형태로 불러들임
### In the case of large sized binary file like some GigaBytes
### and only need a part of the large file.
#pr= np.memmap(infn,mode='r',dtype=np.float32,shape=(nlat,nlon))
#pr= np.array(pr[300:1500,:])
## Cut the area of missings, so now 60S-60N
pr= pr[300:1500,:]; nlat= 1200  # 60S-60N 구간에서 위도상 격자 개수 1200 개

### Transform current 2-D precip array into artificial 3-D array
### 인위적으로 2-D 강수 자료를 3-D 형태로 변환
lat_scaler= 4; nlat2= nlat//lat_scaler ## 위도상 30 도의 조각
lon_scaler= 6; nlon2= nlon//lon_scaler ## 경도상 60 도의 조각
pr=pr.reshape([lat_scaler, nlat2, lon_scaler,nlon2]).swapaxes(1,2)
pr=pr.reshape([lat_scaler*lon_scaler, nlat2, nlon2])
### Now the array represents 24 sub-regions of 45-deg x 60-deg size
### 결과적으로 [24, 300, 600]의 형태
print("Precip:", pr.shape)  # 결과물을 출력해서 확인
lon_sub= lon[:nlon//lon_scaler]
```

```
lat_sub= lat[:nlat//lat_scaler]

### Interpolate from 0.1-deg to 0.25-deg.
new_resol= 0.25
lon_target= np.arange(lon_sub[0]-dlon/2+new_resol/2, lon_sub[-1]+dlon/2,
new_resol)
lat_target= np.arange(lat_sub[0]-dlat/2+new_resol/2, lat_sub[-1]+dlat/2, new_resol)
### Area-weighted Interpolation
from Area_weighted_intpl_mod import area_weighted_intpl
awi= area_weighted_intpl(old_lons=lon_sub, old_lats=lat_sub,
                new_lons=lon_target, new_lats=lat_target) # 면적 가중 변환 설정
awi.get_boundaries()
awi.get_weights()
```

60°S-60°N 지역의 강수 자료는 [1200, 3600] 크기의 배열입니다. 편의를 위하여 이 배열을 [24, 300, 600] 크기로 조정하여, 마치 크기가 [300, 600]인 2 차원 자료가 24 개 있는 것으로 만들었습니다. 이후 6-2-2 절에서 이용되었던 면적 가중 Interpolation(awi) 클래스를 불러들이고 초기화하였습니다. 6-2-2 절에 사용된 여러 방법들 중 awi 가 시간이 가장 많이 소모되기 때문에 선택되었습니다. 여기서는 0.1°의 강수자료를 0.25°로 변환하는 프로그램을 가지고 Multithreading/Multiprocessing 을 테스트해 보겠습니다.

b. Multithreading/Multiprocessing 실행하기

위에서 주어진 입력 자료에 대하여 Multithreading/Multiprocessing 을 실행합니다.

```
# 동시 다중 작업을 설정하는 매개변수를 명령어창에서 불러옴
try:
    nThreads= int(sys.argv[1]) # 동시 작업자의 개수
except:
    sys.exit("Number of Thread(s) is necessary")
# 덩어리 조각의 크기를 설정
if len(sys.argv) >= 3 and int(sys.argv[2]) <= ceil(pr.shape[0]/nThreads):
    chunk_size= int(sys.argv[2])
else:
```

```
    chunk_size= ceil(pr.shape[0]/nThreads)
    print("chunk_size is changed to optimal number, {}".format(chunk_size))

### Run1: ThreadPool
time0= time.time().  # 시작 시간 저장
results= awi_thread_executor(awi.interpolate3d, pr, ud=-9999.9,
                             nThreads=nThreads, chunk_size= chunk_size)
pr_intpl_aw_t= np.concatenate(list(results))  # 결과물은 리스트로 변환 후 Numpy 배열로
변환
time1= time.time().  # 끝난 시간 저장
print("Interpolated to:", pr_intpl_aw_t.shape)
print("Thread_Pool_executor with {} threads and {} chunk_size: {:.3f}
sec".format(nThreads, chunk_size, time1-time0))

### Run2: ProcessPool
time0= time.time()  # 시작 시간 저장
results= awi_process_executor(awi.interpolate3d, pr, ud=-9999.9,
                              nThreads=nThreads, chunk_size= chunk_size)
pr_intpl_aw_p= np.concatenate(list(results))  # 결과물은 리스트로 변환 후 Numpy 배열로
변환
time1= time.time()  # 끝 시간 저장
print("Interpolated to:", pr_intpl_aw_p.shape)
print("Process_Pool_executor with {} threads and {} chunk_size: {:.3f}
sec".format(nThreads, chunk_size, time1-time0))

### Run3: Single Thread
time0= time.time()  # 시작 시간 저장
pr_intpl_aw= awi.interpolate3d(pr, ud=-9999.9)
time1= time.time()  # 끝 시간 저장
print("Interpolated:", pr_intpl_aw.shape)
print("Single Thread: {:.3f} sec".format(time1-time0))

### Test the results if they are equivalent.
print("Test if ech value is same between single vs. multi-thread")
print(np.array_equal(pr_intpl_aw, pr_intpl_aw_t))  # 두 배열이 서로 일치하는지 확인
print(np.array_equal(pr_intpl_aw, pr_intpl_aw_p))
```

위 프로그램을 다양한 설정으로 실행하기 위해 실행 전용 프로그램을 따로 만들었습니다.

```
from subprocess import run

prog = "python3"
file_name = "Code6_Hint_of_multithreading_py3.py"

exec0 = "{} {}".format(prog, file_name)  # 아무 입력값 없이 실행
print("> "+exec0)
run(exec0, shell=True)

exec1 = exec0+" 4"  # 쓰레드 개수만 지정
print("\n> "+exec1)
run(exec1, shell=True)

options = [(4,1), (3,4), (2,4)]  # 쓰레드 개수와 덩어리(chunk) 크기를 다양하게 입력
for opt in options:
    exec2 = exec0+" {} {}".format(*opt)
    print("\n> "+exec2)
    run(exec2, shell=True)
```

"subprocess" 패키지의 "run()" 함수를 이용하면 문자열을 명령창(command window)에서 실행시킨 결과를 얻을 수 있어서 쉘 스크립트(shell script)를 대체할 만한 파이썬 프로그램을 작성할 수 있습니다. 위 코드를 실행한 결과는 다음과 같습니다.

```
> python3 Code6_Hint_of_multithreading_py3.py
Precip: (24, 300, 600)
Number of Thread(s) is necessary

> python3 Code6_Hint_of_multithreading_py3.py 4
Precip: (24, 300, 600)
chunk_size is changed to optimum number, 6
Interpolated to: (24, 120, 240)
Thread_Pool_executor with 4 threads and 6 chunk_size: 129.043 sec
Interpolated to: (24, 120, 240)
Process_Pool_executor with 4 threads and 6 chunk_size: 58.796 sec
Interpolated: (24, 120, 240)
Single Thread: 124.150 sec
Test if ech value is same between single vs. multi-thread
True
True
```

```
> python3 Code6_Hint_of_multithreading_py3.py 4 1
Precip: (24, 300, 600)
Interpolated to: (24, 120, 240)
Thread_Pool_executor with 4 threads and 1 chunk_size: 125.840 sec
Interpolated to: (24, 120, 240)
Process_Pool_executor with 4 threads and 1 chunk_size: 58.026 sec
Interpolated: (24, 120, 240)
Single Thread: 123.210 sec
Test if ech value is same between single vs. multi-thread
True
True

> python3 Code6_Hint_of_multithreading_py3.py 3 4
Precip: (24, 300, 600)
Interpolated to: (24, 120, 240)
Thread_Pool_executor with 3 threads and 4 chunk_size: 128.685 sec
Interpolated to: (24, 120, 240)
Process_Pool_executor with 3 threads and 4 chunk_size: 58.942 sec
Interpolated: (24, 120, 240)
Single Thread: 125.761 sec
Test if ech value is same between single vs. multi-thread
True
True
```

Thread 개수와 자료를 분배할 크기인 chunk_size 를 명령창 Command Line 에서 읽어 옵니다. 각각의 단일 작업/동시 다중 작업의 전후에서 시간을 기록하여 각 작업이 걸린 시간을 계산합니다. 여러 가지 다른 설정에 따른 결과를 보면, 첫 번째로 위 상황에서 "ThreadPoolExecutor()"는 동시 다중 작업의 효과를 내지 못하고 있습니다. 그 이유는 파이썬 자체의 "Global Interpreter Lock (GIL)" 설정 때문인 걸로 생각됩니다(참조: https://stackoverflow.com/questions/21210254/concurrent-futures-threadpoolexecutor-map-is-slower-than-a-for-loop). 만약 주어진 작업이 CPU 상에서의 계산이 아니라 Input/Output 에 관한 작업이라면 "ThreadPoolExecutor()"도 동시 다중 작업을 잘 수행할 수 있습니다(예: https://docs.python.org/3.3/library/concurrent.futures.html#threadpoolexecutor-example). 두 번째로 4-코어 cpu 환경에서 "ProcessPoolExecutor()"는 작업자(nThreads)를 3 개를 선택하나 4 개를 선택하나 결과에 큰 차이가 없습니다. 위 프로그램이 돌아갈 때 컴퓨터의 작업관리자를 살펴보면 작업자를 3 개로 선택했을 때 실제로 3 개의 작업자 외에 1 개의 메인 작업자가 각각의 하부 작업자를 관리하게 되어 총 4 개의 코어가 이용됨을 알 수 있습니다. 따라서 4-코어 CPU 환경에서는 nThread=3 이 적절한 환경이라고 볼 수 있습니다. 세 번째로 위의 예에서 분배되어 함수에 입력되는 덩어리의 크기(chunk_size)는 결과에 별 영향이 없어 보입니다. 하지만 이는 예제에 쓰인 자료의 크기가 작기 때문이며, 대용량의 자료를 처리해야 할 경우 메모리가 허락하는 한에서 큰 덩어리를 적은 개수로 분배하는 것이 작은 덩어리를 많은 개수로 분배하는 것보다 대체로 더 효율적입니다. 여기에서 언급된 방법들 외에도 동시 다중 작업의 또다른 접근 방법으로 OpenMP 가 적용된 Fortran 모듈을 F2PY3 명령어를 이용해 파이썬에서 불러들일 수 있는 형태로 변환한 후 사용하는 방법도 가능합니다(참조: https://docs.scipy.org/doc/numpy/f2py/).

크라우드 펀딩 후원자

김백민, 김선화, 김응섭, 김정규, 김주완, 김주홍, 김진은, 김힘찬, 문일주, 박두선, 박혜진, 박훈영, 서명석, 양금희, 오혜련, 이명우, 이상현, 이수정, 이주희, 이준영, 이준이, 최다니엘, 최다영, 최용상, 최용한, 최유미, 현종훈